JN222575

シリーズ＝怪獣化するプラットフォーム権力と法 Ⅳ巻

プラットフォームと社会基盤

How to engage the Monsters

磯部 哲 Tetsu Isobe 編集代表

河嶋春菜、柴田洋二郎、堀口悟郎、水林 翔 編

本講座の刊行にあたって

「近代」なる時代が前提にしてきた「人間の秩序」は、決して所与のものではない。むしろある時代には、「神の秩序」にこそ圧倒的な所与性があった。ルネサンスを一つの画期に、人間は、自らに宿る理性を究極の権威として「神の秩序」に挑み、幾度も血を流しつつも、神ではなく人間を中心とした「人間の秩序」を獲得していったのである。

この近代的秩序の重要な守護者が、リヴァイアサン、すなわち主権国家であった。

この〈怪獣〉の暴力性は、憲法によって管理されながら、主として秩序破壊者に対し向けられ、そうして、種々の課題を抱えながらも、近代というパラダイムは数百年（仮にヴェストファーレン条約を起点とするならば約350年以上）に亘り維持されてきたといってよい。

しかし、人工知能（AI）を中心としたInformation Technologyが急速な発展を遂げたいま、リヴァイアサンに対抗するもう一つの〈怪獣〉が現れた。GAFAM（Google、Amazon、Facebook〔Meta〕、Apple、Microsoft）に代表されるメガ・プラットフォームである。もちろん、これまでもリヴァイアサンに影響を与えるグローバルな主体は存在したが、一主権国家の人口を遥かに超える数のユーザーをもち、その包括的な生活基盤（インフラ）として機能する主体は歴史上存在してこなかったように思われる。しかもそこでは、各ユーザーの行動および精神は、膨大なデータに基づき全面的に把握・管理され、情報・コンテンツの個別的で選択的なフィードにより効果的に形成・誘導される。ある国際政治学者の言葉を借りれば、メガ・プラットフォームは、これまでのグローバル企業とは「まったく別次元」の存在なのである（イアン・ブレマー）。

　実際、仮想的存在でもある彼らは、物理的障壁をすり抜けて国家の領土奥深くにまで侵入し、国家の権力行使のありようをコントロールし始めているだけでなく、情報戦・認知戦の「戦場」として、国家間の戦争や安全保障のありようをもコントロールし始めている。かくして、かつて絶対的な権力を誇ったリヴァイアサンは、このもう一つの〈怪獣〉によって既にその手足を縛られているようにも思われる。実際、彼らのその比類なき地政学的影響力のために、主要国首脳会議（G7）のような国際会議にもプラットフォーム企業の「首脳」が列席するようになり、リヴァイアサンらによる国際的なルール形成に実質的な影響力を与えるようになってきている（渡辺淳基「AIルール動かすのは『G11』　G7と肩を並べた巨大IT企業たち」朝日新聞デジタル2023年6月11日）。

　思えば、教会や諸侯といった他の権力を抑え込むことで誕生した近代の主権国家体制において、〈怪獣〉として存在してよいのはリヴァイアサンだけであった。しかしいま、急成長する情報技術、とりわけAIの力を背景に、それとは異なる〈怪獣〉が再び姿を現し、リヴァイアサン一強を前提とした近代的法システムを強く揺さぶり始めている。それは、リヴァイアサンの力（主権＝法）によって維持されてきた「人間の秩序」の危機ともいえるだろう。リヴァイアサンの力を制御する憲法の存在と実践により我々が辛うじて支えてきた自由で民主的な秩序の命運は、いまやリヴァイアサンとは異なるこのもう一つの〈怪獣〉の手に握られている。が、それにもかかわらず、この〈怪獣〉を統制する理論と技術を、我々は未だ十分に知らないからである。

　「怪獣化するプラットフォーム権力と法」と題する本講座は、グローバルなメガ・プラットフォームを、海獣リヴァイアサンと二頭一対の陸獣として旧約聖書（ヨブ記40－41章）に描かれる「ビヒモス」に喩えて、リヴァイアサンとビヒモスの力の対抗と、その制御のあり方を法学的に検討し、自由と民主主義の行く末を展望しようとするものである。その検討には、この二対の〈怪獣〉がもつ力の本質や正統性、それぞれが発する「法」（法／アルゴリズムまたはコード）の本質や正統性、「人間の秩序」と「アルゴリズムの秩序」の本質や正統性などに関する根源的な問いも含まれるはずである。

――ビヒモス。周知のとおり、晩年のトマス・ホッブスもまた、リヴァイアサンに挑戦し、その手から主権を奪おうとする権力的存在を、この異形の〈怪獣〉に擬えた（ホッブス〔山田園子訳〕『ビヒモス』〔岩波書店、2022年〕）。もっとも、ホッブスがそこで念頭に置いていたのは、イングランド内戦時（1640年～50年代）に世俗の王権（チャールズ1世）に反逆した長老派聖職者や教皇主義者、そして彼らに協力した議会派であり、現在のメガ・プラットフォームとは大きく異なる。しかし、内戦時、長老派聖職者らが、説教により人民（demos）の良心を操作して反逆へと駆り立て、政治的分断や混乱を惹起することでリヴァイアサンを動揺させた点において、メガ・プラットフォームと共通する要素を見出すこともできる。現代の〈ビヒモス〉もまた、偽・誤情報や誹謗中傷を広く流通・拡散させるアルゴリズムによって人民の良心を操作し、分断や混乱を惹起することでリヴァイアサンをすくみあがらせているからである。ビヒモスという歴史ある比喩を借りることを、ホッブスもきっと許してくれるだろう。

　もっとも、ホッブスがリヴァイアサンに制圧されるべき内乱勢力としてビヒモスを徹底して暗く描いたのに対して、本講座は全体として、ビヒモスの位置付けについてより自由な立場をとる。確かに欧州連合（EU）は、情報技術が加速するなかにあっても、主権はなお人民の同意により設置される「国家」が保持すべきとの考えに立ち、「デジタル主権」なる標語の下、一般データ保護規則（GDPR）やデジタルサービス法（DSA）といった立法を通じてビヒモスの力を抑制しようと試みている。しかし、それは「国家」に一応の信頼が置かれているからで、軍事政権下にあるアジアの国などでは、むしろビヒモス（GAFAM）

こそが自由と民主主義の旗手のように見えるかもしれない。また、各領土においてリヴァイアサンが絶対的権力をもち、領土を超越した——リヴァイアサン間の争いを調停する——メタ的な権力主体を想定し得ない近代主権国家体制は、国際的平面においては「自然状態」を帰結するため、グローバルな課題に対処するには不都合であり、かつまた、戦争なるものを究極的に防ぐことができない。このように近代主権国家体制の限界を強調するならば、国家を股にかけるグローバルな権力主体としてのメガ・プラットフォームに一定の期待を寄せるという考えも成り立ち得よう。かくして本講座は、ビヒモスに対しリヴァイアサンが完全勝利するというホッブス的帰結を、各執筆者に、また読者諸氏に強制するものではない。

かように、本講座は「リヴァイアサン vs. ビヒモス」に関するあらゆる考察を受容するが、次のような認識については多くの執筆者が共有しているものと考える。それは、ビヒモスとその支配形式であるAI・アルゴリズムが、「人間の秩序」を一部代替しつつあり、我々はいまやリヴァイアサンの力、リヴァイアサンの法だけを見ていればよいというわけにはいかなくなった、ということである。我々は、ビヒモスの力、ビヒモスの「法」(アルゴリズムまたはコード)にも目配せしながら、二つの権力主体の対抗関係に学問的関心を向けなければならない。これは、近代の伝統的な法学からは大胆な提案であろうが、その意義が歴史的に証明される日は、近い将来必ず来るように思われる。

各巻では、リヴァイアサンとビヒモスとの相克・協働、そこでの問題点やあるべき姿が描かれる。第Ⅰ巻『プラットフォームと国家——How to settle the battle of Monsters』(山本龍彦編集代表/ポリーヌ・トュルク、河嶋春菜編)では、欧州連合の「デジタル主権」など、ビヒモスの権力化に対する各国・地域の対応が比較され、リヴァイアサンとビヒモスとのあるべき関係性が検討される。第Ⅱ巻『プラットフォーム権力——How to tame the Monsters』(石塚壮太郎 編)では、プラットフォーム権力の統制理論と、その具体的な手法が、憲法や競争法などの視点から検討される。第Ⅲ巻『プラットフォームとデモクラシー——The Future of Another Monster 'Demos'』(駒村圭吾編)では、プラットフォームの台頭による「人民(demos)」の変容が理論的に検討され、デモクラシーの未来が展望される。第Ⅳ巻『プラットフォームと社会基盤——How to engage the Monsters』(磯部哲 編集代表/河嶋春菜、柴田洋二郎、堀口悟郎、水林翔編)では、プラットフォームが社会基盤としての地位を獲得することで、これまで国家が中心的に担うものとされてきた労働、教育、医療政策のあり方がいかに変容するかが検討される。

また、「講座本」という難易度の高い企画が実現に至ったのは、慶應義塾大学出版会・岡田智武氏の適切なペース管理と、編者・執筆者への温かい励ましのおかげだと思っている。深く感謝申し上げたい。

慶應義塾大学グローバルリサーチインスティテュート(KGRI)副所長、
慶應義塾大学大学院法務研究科教授
山本龍彦

目次

第2章 DPFは健康の擁護者たりうるか

第3章　AIが人間を教育する時代？

第4章　国家はＤＰＦをどう統御しうるか
——新たな労働と法のありかたを求めて

提　言

磯部 哲
河嶋 春菜、柴田 洋二郎
堀口 悟郎、水林 翔

扉画像：The frontispiece of Leviathan. From “Leviathan” by T. Hobbes, 1651, engraving by A. Bosse.
Album met prenten door William Blake gebaseerd op het boek Job. From “Illustrations of the Book of Job” by W. Blake, 1859–1921, Rijksmuseum, Amsterdam.

Ⅰ　前　文

　近代社会において私たちはリヴァイアサンに権力を与え、それが暴走しないよう憲法という楔を用意しつつ、自分たちの生活、自由、安全を保障する仕組みを構築してきた。それが、デジタル技術・空間なしには人々の生活が成り立ち得なくなった時代になると、新たな怪獣ビヒモス（ＤＰＦ）の影響力はあまりに甚大で無視できなくなっている。本書及び本書を含むシリーズは、リヴァイアサン（国家）とビヒモス（ＤＰＦ）の二匹の怪獣がしのぎをけずる中で、現在／未来の社会がどのように変容するのか／してはならないのかを縦横無尽に考えてみようとする野心的な試みである。

　もっとも、自由と権力、デモクラシーなど、本シリーズの別巻が取り上げるテーマであれば、二匹の怪獣は専ら対立関係でとらえられ、怪獣大戦争の様相を呈することとなりそうであるが、本書は少し趣を変えて、いくつかの「社会基盤」を取り上げている。以下の提言は健康、教育、労働という各項目に分けられているが、例えば難病に苦しむ患者さんは、ＤＰＦを通じて海外で承認されている治療薬等の情報を入手できるかもしれず、パンデミック時のワクチン・治療等に関する最新情報の普及にもＳＮＳは欠かせない。Uberによって日々の仕事を得ている労働者もいるし、教育現場でも物理的に学校に行けない生徒さんへのサポートなどにタブレットは有用であろう。このように、ビヒモスという新たな怪獣の登場によって何かと何かが大きく対立するばかりというよりは、むしろ、患者・子どもたち・労働者の新たな味方が登場し、彼らの健康、学習、労働の助けになってくれるイメージも可能である。

言うまでもなく、健康（医療）、教育、労働の領域では、国やDPF以外のアクター、医療でいえば患者さんの治療に当たる医療従事者や医薬品等製造事業者、教育であれば教職員、労働であれば企業や組合などが存在し、彼らがそれぞれ社会基盤を支えてきたわけである。その中で、そもそも誰が怪獣で誰が神様か？などを一様にモデル化することは困難であるので、本書では、当然のように新旧二匹の怪獣が跋扈して対立するという構図ではなく、各領域において、例えばリヴァイアサンには何が期待されてきたのか、新しい怪獣ビヒモスはどのようなインパクトを持ち得ていて、何が期待できそうであるが、どのようにその影響力をコントロールする必要があるかといった問題を、具体的な場面をイメージしながら多面的に考えられるよう工夫しているつもりである。

本書の各章、健康（医療）、教育、労働のどこから読み進めていただいてもよいが、上記の次第でビヒモスへの期待と警戒の度合いには諸相がある。それはとりわけ、各領域で中心的に活躍してきたアクター、具体的には、専門職・中間団体（医師、教師）や中間機関（医療機関、学校、企業）についての過去・現在・未来の役割への眼差しが様々であることに起因しているように思われる。

医療であれば、一般の消費者関係とは大きく異なり医師患者間の信頼をベースとする営みであることに加え、人の生死や生命の神秘の前に医学や人間の力には限界もある中で、どのようにDPFを通じた情報の流通や患者の医療選択があり得るかが問われてくるのであって、DPF上の広告規制などを考えていく場合でも、単純な消費者法的な対応では全くもの足りず、患者の利益を守ろうとする医療プロフェッションの営みやその職業倫理のあり方を中心に考えていく必要性が指摘されている。

教育現場であれば、学校・教師が子どもの教育を受ける権利のために機能すべきことが憲法からも求められてきたわけであるが、ＤＰＦ登場以前から物理的な学校空間こそある意味で昔からプラットフォームだったわけで、子どもの学習のみならず、健康診断、給食、部活、避難訓練等々、児童・生徒の生活の多くを学校空間が占めているとも言える。それはＤＰＦ登場以降も本質的には変わらないのかもしれないが、物理的な学校空間のその先に、例えば不登校児や同調圧力に耐えがたい児童・生徒をサポートする役割などは期待できるわけで、旧来のプラットフォームを補完代替する存在として相互に協力するのでなければならない。その場合には、学校・教師の職責をモデルとしながらビヒモスをいかに手懐けるかが問われるのであって、怪獣同士が戦争するイメージからは程遠い（その上で、本書では、ＤＰＦの利活用に欠かせない、子どものプライバシー侵害を防ぐための検討や提言がなされている）。

労働については、そもそも使用者と被用者の関係じたい世界的にも日々変化するもので、一般企業でも近時は被用者を積極的に自営業者化する動きもあるが、ＤＰＦ就労者も一見して自由な就労スタイルで、実際のところ自営業者に位置付けられている。一般企業もＤＰＦも、旧来の日本型雇用的な使用者の役割を放棄し、健康保険などの社会保障制度等から労働者がこぼれ落ちてしまう部分が生じるとすれば、歴史的に労働者保護のための企業の役割に期待し責任の一端を負わせてきたかなりの部分が溶解（少なくとも縮小）しかねず、その穴を誰がどう埋めるのかについて、真剣に問い直す時期に来ていると言えよう。けっきょくここでも、ＤＰＦ就労が登場した現代において、労働者保護における企業の役割を一方的に縮小させるのではなく、むしろＤＰＦ時代に企業が担うべき役割を厳密に考えようという視点が示唆されているとみることができよう。

各提言に目を通して関連各章論稿も読んでいただくと、分野により論者により様々な視点や視線が交錯しているようでいて、実は通底していそうな〃ものの見方〃が示唆されていることにも気づいていただけるのではないかと期待している。

本書を通じて、DPF時代の社会基盤をどのようによりよいものとして維持・向上させていけるか、二匹の怪獣のみならず私たちの社会の誰がどのような役割を担っていけばいいのかについて、様々に思索を巡らしていただきたい。

（編集代表　磯部 哲）

II　提　言

1　デジタル医療広告の健全化にむけた提言

【事例】 美容整形、AGA治療、健康サプリ等のターゲティング広告がDPF上で展開されている。各ユーザーのDPFにおける行動履歴から、健康上の特性や不安をプロファイリングして、心理的に興味を惹きやすい商品を掲載するのである。また、ダークパターンなどを利用して、行動心理に訴えかけるような広告内容もあり、健康を気にするユーザーが、広告をみて不安になり、健康上の不安を払拭するために広告をクリックし、商品を購入することもあるだろう。そうした広告を通じてエビデンスの乏しい自由診療にアクセスすることとなり、健康被害や公衆衛生上のリスクが生じるケースもあり得る。

【課題】 医療広告規制をめぐって、消費者庁は、２０１５年には10件以下だった広告の改善措置命令を、２０２０年には20件以上出している。とくに「がんに効く」、「コロナを防ぐ」といった、健康上、深刻な不安を抱えていると思われるユーザーの心理を利用しようとする広告を警戒しているという。一方、近年では、ＤＰＦ自身も、健康に関するターゲティング広告対策を講じている。Google は「医療広告ポリシー」を独自に策定。ＡＩを活用して、薬機法の広告制限に反するような広告を強制的に削除することとし、これまでに数十万件単位の広告を YouTube から削除している。

インターネット広告はＤＰＦにとって健康に関する情報を提供し、ユーザーの選択肢を増やすという利点がある。一方、ＤＰＦにとっては、広告収入が主な収入源となるため、広告のクリックがＤＰＦの収益に直結する。ＡＩを駆使してユーザーのネット上の行動を分析し、ユーザーの興味を惹く（であろう）広告をピンポイントで表示させ、消費行動心理にはたらきかけるターゲティング広告は、クリックを得るための効率的な方法である。健康に関する広告も、本人の行動から健康上の不安や悩みを予測し、それに対応するような広告が表示されることになる。

従来、医療広告は、国民がその商品さえ使用しておけば、本来受けるべき医療を受けなくてもよいと誤解してしまうという、機会喪失を防ぐために厳しい法規制が敷かれてきた。つまり、本人が好むか好まざるかにかかわらず、患者に正確な情報が提供されるような環境を整備することで、適切な医療選択をすることができるように支援するという観点から、広告規制がなされてきたのである。一方、新たな手法としてのターゲティング広告は、よりダイレクトにユーザーの心理にはたらきかけるうえ、ユーザーがＤＰＦのヘビーユーザーであればあるほど、常に同じような広告に浸されるため、テレビや雑誌等の広告よりもユーザーを惑わせる可能性が高いかもしれない。そのため、医療ターゲティング広告は、適切な医療選択を阻害し、もっといえば、健康への弊害を誘発してしまうおそれがある。

このように、医療に関する広告表示問題は、ＤＰＦが健康に関するユーザーの個人情報やCookie情報を広告に使用することについて本人が同意していさえすればよいという、プライバシーの問題に留まらない広がりを有しており、現在の医療広告規制で十分に対応できているかは疑わしい。ターゲティング広告対応を含めて、ＤＰＦの特性に着目した新たな規制が必要とされているのではないか。

提言1　国民の健康保護の観点からＤＰＦ上の健康に関する広告表示を適正化すべきである

(1)　国は、ＤＰＦのビジネスモデルを十分に考慮して、広告規制の制度を見直し、実効性を高めるべきである

医療に関する不適切な広告表示が、国民の健康被害に直結しかねないことに十分に留意すべきである。そのためにも、ネットパトロールを充実させると同時に、SNS上に現れる新たなタイプの広告にも適時かつ迅速に対応できるよう、関係法令、「医療広告ガイドライン」及び「事例解説集」等を不断に見直し、医療法等に基づく規制の実効性を高める必要がある。

また、所管官庁・地方公共団体代表・医療関係団体・各種業界団体等との協議の場として設置されている医療広告協議会の仕組みを強化し、透明性を高めて、DPF広告表示の適正化に着実につなげ、健康被害や消費者トラブルの予防・減少を目指すべきである。

⑵ 医療に関する広告表示を行う者は、DPFによる広告表示のメリットとデメリットをよく理解した上で、広告表示の適正化を確保するべきである

医療に関する広告表示を行う者（医療機関等）は、広告表示に関する関係法令及び医療広告ガイドライン等を適切に遵守しなければならない。ターゲティング広告が患者・国民の適切な医療選択を阻害し、健康への弊害を誘発しかねない面があることにも留意し、提供する医療の内容とその広告表示の適正化を自ら図る必要がある。

⑶ DPFは、健康への弊害を防止するための広告ポリシーを策定し、適切に運用すべきである

近時、一部のDPFは、AIを活用して薬機法の広告制限に反する広告を強制的に削除するなど、健康に関するターゲティング広告対策を講じているが、医療に関する広告表示が患者・国民の適切な医療選択を阻害しかねないことに留意し、立法が追い付いていない部分を含めて、各DPFは積極的に健康への弊害を防止するための広告ポリシーを策定し、適切に運用すべきである。

詳細は第2章Ⅲ、Ⅳを参照

2 インフォデミックの防止にむけた提言

【事例】 新型コロナウイルス感染症（以下、「コロナ」）対応にあたったドナルド・トランプ元大統領（当時）が、「コロナワクチンを接種すると、体に磁石がくっつく」、「消毒剤を点滴すればコロナが治る」など、誤った情報のリツイートを自身のSNSで発信した。これらの情報は、政府のコロナ対策チームの医師を含む多くの専門家が否定したにもかかわらず、SNS上で世界中に拡散された。WHOによれば、SNSで拡散された誤情報を信じたユーザーが――例えば消毒液を自己投与して――死亡した例さえある。

【課題】 WHOは、インターネット上で健康に関する誤った情報が大量に発信される状況を「インフォデミック」とよび、それがわたしたちの生命と健康に対する深刻なリスクになっていると警鐘を鳴らした。インフォデミックがもたらすリスクには、①閲覧者が誤情報を信じてとった行動のせいで、現実に健康を害するリスクと、②閲覧者がどの情報を信じたらよいか分からなくなってしまうリスクがある。

事例でインフォデミックが生じた原因は、誤情報の発信者が大統領であったことのみならず、彼が医師のツイートを引用していたという事実にもある。医師による「元ツイート」がトランプ元大統領の投稿に信ぴょう性を与え、①のリスクが現実のものとなった。また、SNS上で医師たちが誤情報に応戦しても、一般人はどの見解を信じたら良いか迷い、②のリスクが高まる。そんなとき、多くの「いいね」を集めた投稿が、DPFのアルゴリズムによってより目につくように何度も表示されたら、それを信じてしまいそうになる。インフォデミックは、医師による誤情報の発信とDPFのアルゴリズムによって一層悪化する。

提言2　インフォデミックを防ぐための倫理確保のしくみを構築すべきである

(1)　医師は、結束して公衆衛生に関する情報を発信する際に求められる医の職業倫理を検討し、宣言すべきである

医師は、インフォデミックが自らの情報発信によって複雑化しうることを理解し、職業団体や学術団体を通じて、情報発信に関する職業倫理を検討し、医の職業倫理に組み込むべきである。

(2)　DPFは、SNS等がインフォデミックの「感染源」となり、現実に人々の健康を害していることの責任を自覚し、継続的な自主規律を行うべきである

DPFは、WHO、国、医師団体等と公開の協定を締結して、科学的根拠のない健康情報が真実のように流通することを防ぐための自主規律ポリシーを公開し、恒常的に運用すべきである。

詳細は第2章Ⅴを参照

3　教育データ利活用のＥＬＳＩにむけた提言

【事例】　文部科学省は、２０２３年３月に「教育データの利活用に係る留意事項（第１版）」を公表した。これは、「教育データを利活用するに当たって安全・安心を確保するために、教育委員会・学校が留意すべき事項を整理したもの」とされているが、その大部分は個人情報保護法の解説に割かれている。

【課題】　デジタル教育プラットフォーム等のＥｄＴｅｃｈを用いた教育データ利活用には、様々なＥＬＳＩ（倫理的・法的・社会的課題）が想定されるが、国は、個人情報保護法との適合性を詳細に検討する反面、憲法（最上位の「Ｌ」）との適合性や、倫理的課題（「Ｅ」）、社会的課題（「Ｓ」）については十分に検討していない。前掲・留意事項も、憲法上のプライバシー権に関する解説はごくわずかであり（ただし、２０２４年３月に公表された第2版では、ある程度拡充された）、「プライバシーの保護に関連して、ＥＬＳＩ……という考え方があります」と紹介しつつも、教育データ利活用における具体的なＥＬＳＩには言及していない。また、他の権利（教育を受ける権利、教育の自由、内心の自由、平等権等）に関わる留意事項はほとんど記していない。

提言3　教育データ利活用は、ＥＬＳＩとその対応方策を踏まえて進められるべきである

(1) 国は、多様な専門家やステークホルダーと対話しながら教育データ利活用に係るＥＬＳＩを検討すべきである

国が教育データ利活用に係るＥＬＳＩを見定めるためには、様々な学問領域の専門家や、ＥｄＴｅｃｈ企業、教師、児童生徒、保護者など多様なステークホルダーと対話を行い、それらの意見を十分に尊重することが不可欠である。

(2) 国は、教育データ利活用に係るＥＬＳＩのガイドラインを策定すべきである

国は、教育委員会、学校、教師、ＥｄＴｅｃｈ企業等がＥＬＳＩに配慮して教育データ利活用を行うよう、それらの関係者が遵守すべきＥＬＳＩのガイドラインを策定すべきである。

(3) ＥｄＴｅｃｈ企業は、教育データ利活用のＥＬＳＩに係るプレッジを宣言すべきである

ＥｄＴｅｃｈを開発・提供する企業は、自主規制的なプレッジ（pledge）を宣言することで、立法が追いついていない法的課題や、倫理的課題および社会的課題に対応すべきである。

詳細は第3章Ⅰを参照

4　プロファイリング規制と子どもの保護にむけた提言

【事例】ＥｄＴｅｃｈを用いた教育データ利活用においては、子どもに対するプロファイリングが積極的に進められようとしている。たとえば、大阪府箕面市では、従来分散的に管理されてきた「子どもの貧困」に関わる諸情報を教育委員会内に設置した「子ども成長見守り室」のデータベースに一元化したうえ、システム上のアルゴリズムにより生活困窮判定、学力判定、非認知能力等判定を行い、それら3つの要素をかけ合わせて「子どもの状態の総合判定」を行っている。また、滋賀県東近江市では、ＧＩＧＡスクール端末に搭載されたカメラをセンサーとして利用し、脈波・瞳孔の状態・加速度などから各児童の感情を推測するという実証研究が行われている。

【課題】ＡＩ等のアルゴリズムに基づいて個人的特性を推測するプロファイリングは、その推測が真実に合致していた場合には、センシティブな情報を「取得」するのと同様の結果をもたらし、真実に合致していなかった場合には、誤った「個人像」を形成するという問題を生じさせる。特に、本人の意思や努力によって変えられない「生体情報」を用いたプロファイリングはリスクが高い。また、とりわけ子どものプロファイリングは、学習の選択肢を狭め、成長発達の可能性を制限するおそれがあるとも指摘されている。

しかし、個人情報保護法は、プロファイリングを正面から規制していないうえ、子どもに対する特別の保護も定めていない。そのような法制度のもと、学校現場では、生体情報を用いた感情分析などのプロファイリングが積極的に進められようとしている。

提言4　国は、立法により、プロファイリングを正面から規制するとともに、個人情報保護に関して、子どもに対する特別の保護を定めるべきである

(1)　国は、法律でプロファイリングを規制すべきである

ＥＵのＧＤＰＲは、プロファイリングを明示的に規制している。また、ＥＵのＡＩ法は、職場や教育機関において、ＡＩを用いて感情分析を行うことを、「許容しえないリスク」にあたるとして禁止している。日本においても、これらの国際的な法制度を参考にしながら、個人情報保護法等の法律によってプロファイリングを規制すべきである。

(2)　国は、子どもの個人情報に係る特別の保護を立法化すべきである

ＥＵのＧＤＰＲは、子どもは個人データの処理に関するリスク等を十分に認識できないかもしれないため、その個人データについて特別の保護を享受すべきであると定めている。日本においても、個人情報保護に関して、子どもに対する特別の保護を立法化すべきである。

詳細は第3章II、IIIを参照

5　プラットフォーム就業者の労働上の保護にむけた提言

【事例】 ある企業は、社員の半数を個人事業主に移行し業務委託契約を締結することを決定した。その背景には、個人事業主化することで労働者の継続的な業務スキル向上へのインセンティブを上昇させるという狙いがあった。

この会社の社員であるＡさんは、個人事業主となることで自身の裁量で業務を進められること、成果次第では報酬がアップする可能性があると聞き、個人事業主となることを検討している。しかし、社会保険や年金が自己負担となることや労働時間が増える可能性があること、業務次第では業務委託契約が終了する可能性があることで収入や将来設計が不安定化するなどデメリットがあることも理解している。Ａさんには小さな子どもがおり、持ち家のローンもあることから、これまで通り社員として働くべきか、それとも個人事業主となるべきか、決断しかねている。

【課題】 近年、プラットフォームエコノミーが急速に拡大している。プラットフォームエコノミーによる労働形態としては、①Uber型：画一的労働（労働内容特化型）、と②クラウドソーシング型（ＣＳ型）：労働内容非特化型（専門的業務含む）とがある。また、近年では一部の大企業に見られるように、従来の雇用契約から業務委託契約に基づく労働への移行が模索されている。従来の雇用契約と近年の「雇用によらない働き方」の特徴を対比的にまとめると表のようになる。

	従来型の雇用	「雇用によらない働き方」
労働形態	賃金労働者	個人事業主
労使関係	従属性（人格的、経済的）	対等な契約主体（そもそも労使＝労働者と使用者、という関係性ではない）
法的保護のありかた	労働法等に基づく保護	×
法領域	労働法（私法の特殊領域としての労働法が、現実の権力勾配に基づいて労働者を保護する）	民法（対等な法主体同士の契約という建前となるため、一般法たる民法によって規律される）

※なお上記表の「従来型の雇用」及び「雇用によらない働き方」という区分は、提言6の表の「会社員（賃金労働者）」と「Uber Eatsの配達員（個人事業主）」とそれぞれ概ね対応している。

しかし、こうした働き方は、しばしば使用者側の労働コスト削減といった目的のために追求されることからも明らかなように、働く人に対する真の保護に結びつくものとは言い難い。それではこうした現状に対してどのようなかたちで法制度を整備すべきだろうか。

提言5　国は労働を巡る法体系を抜本的に再構築するべきである

(1)　〝雇用によらない労働〟が拡大することによって被用者を主たる対象とする従来の労働法ではカバー出来ない領域が今後さらに拡大してゆくことに鑑み、国は多様な働き方を包摂しうる新たな法体系の構築を検討すべきである

(2)　現代社会においては、かつて共同体が有して来た社会的紐帯が弱まることで個人の孤立化が進行してきた。プラットフォームがもたらす雇用によらない働き方もまた、従来の〝会社〟が担保してきた共同体機能を切り縮めることで、労働の場において人々の孤立化をもたらす危険性がある

そのため国は、新たな法体系の構築に際して社会的包摂という概念を参照し、労働に限られない多様な社会的紐帯の維持・創出を図るべきである

詳細は第4章Ⅰを参照

6 プラットフォーム就業者の社会保障上の保護にむけた提言

【事例】 Uber Eats（ウーバーイーツ）配達員として働いているXさんが、配達中にひき逃げ事故に遭った。Xさんは、労災未加入だったため治療費も休業補償も受けられない。Uber（ウーバー）によると、配達員は雇用契約を結んでいない「個人事業主」に当たるため、配達員の被害を補償する仕組みはなく、配達員には個人で保険に加入するよう勧めているが、実際にどのくらいが加入しているか掌握していない。

Xさんが会員となっている商工会では、配達業務を行うフリーランスが加入できる一人親方労災組合を設立し、労災加入を呼び掛けようと準備を進めている。

（全國商工新聞第3370号2019年7月22日付を一部改変。法制度や状況は当時のもの）

【課題】 ①社会保険の適用・負担・給付が、被用者（雇われて働く人。会社員・公務員・教職員）と、そこから外れた「働き方」（Uber Eats の配達員のようにデジタルプラットフォームを介した働き方も含まれうる）をし

会社員と Uber Eats の配達員との社会保険の適用・負担・給付の違い

	会社員（賃金労働者）	Uber Eats の配達員（個人事業主）
医療保険	健康保険の適用を受ける ・保険料は会社員と会社で折半 ・傷病や出産を理由とする休業に対して義務的補償がある	国民健康保険の適用を受ける ・保険料は全額自己負担 ・傷病や出産を理由とする休業に対して義務的補償がない
公的年金	国民年金＋厚生年金の適用を受ける ・保険料は会社員と会社で折半 ・定額給付＋所得比例給付	国民年金の適用を受ける ・保険料は全額自己負担 ・定額給付のみ
労災保険	会社員を雇用する会社に適用され、会社が保険料を全額負担する	任意加入の制度（特別加入制度）があるが、保険料は全額労働者負担
雇用保険	被保険者となる	被保険者とならない
介護保険	加入する制度は個人事業主と同じだが、保険料は会社員と会社で折半	加入する制度は賃金労働者と同じだが、保険料は全額自己負担

ている非被用者（自営業者〔個人事業主も含まれる〕）とで差があり、非被用者を対象とする社会保険制度は、被用者を対象とする制度よりも保障が十分でない（表参照。なお、「労働形態」の違いに関わる点で提言5の表と関連することにも留意されたい）。

そこで、「被用者」と「そうでない者」という二分法の妥当性が課題となる。

②それでは、単純に自営業者まで「被用者」の範囲を拡大すればよいか、というと必ずしもそうではない。なぜなら、その場合には、被用者でないことゆえの時間的・場所的な拘束の少ない働き方（自由度の高い働き方）のメリットが失われたり、デジタルプラットフォームを介した働き方（社会・経済・環境に好影響を与えうる）の発展を阻害するというデメリットがあるからである。

こうして、デジタルプラットフォームを通じて仕事を行う労働者（プラットフォーム就業者）に対する社会保障（特に社会保険）による保護のあり方が課題となる。

③プラットフォーム就業者に社会保障（特に社会保険）による保護を及ぼすとしても、デジタルプラットフォームに使用者と同じ負担を

課す（たとえば、使用者負担保険料）ことができるかは自明ではない。

そのため、デジタルプラットフォームの労働者保護への関わり方が課題となる。

提言6　国は、プラットフォーム就業者の社会保障法上の保護のあり方について、「誰に」「何を」「どのように」保障するのかを、この3点が互いに関連していることに留意しながら、検討すべきである

⑴　国は、「誰に」対する保障かについては、①非就労者（失業者や退職者等）を含むすべての者、②被用者と自営業者を包含するすべての就業者、③被用者と（自営業者のなかの）プラットフォーム就業者（の一部）、といった形で、「労働」（「雇用」ではない）との関係から社会保障法上の諸権利の人的対象を検討すべきである

⑵　国は、「何を」保障するのかについては、①職業活動と切り離されたリスクか、あるいは職業活動と関わるリスクであれば、②職業活動自体の喪失というリスクか、③職業活動中の傷病というリスクか、といった形で、カバーされるリスクと仕事との関わりを踏まえて、どのようなリスクについてプラットフォーム就業者を保護するのかを検討すべきである

⑶　国は、「どのように」保障を行うかについては、①制度のあり方（社会保険〔公保険〕か民間保険〔私保険〕か）、②財源負担（税財源か保険料か。財源負担の算定方式や担い手。フランスでは、一定の条

件でデジタルプラットフォームがプラットフォーム就業者の労災保険料を負担する場合がある)、③給付方式(均一・定額給付か所得比例給付か)といった観点から、プラットフォーム就業者を保護する際の保障方法を検討すべきである

詳細は第4章Ⅲを参照

第1章
社会、システムと
デジタルプラットフォーム（DPF）

I　データをめぐる科学技術と社会
――STSの観点から

鈴木　舞

現代社会は、デジタルプラットフォームに代表されるように、多種多様なデータが収集され様々な場面で活用される時代である。そうした場面は、健康、教育、労働等、我々の生活のあちこちに及び、本書の各章で議論されるように、その結果個人に応じた医療や教育や労働が可能になるといった利点と共に、様々な問題も発生している。本稿では、個別事例に先立ち、こうしたデータの収集と利用全般に関してどのような課題が生じているのかを、ＳＴＳという研究分野の枠組みから考察する。

1 STSとは

科学技術は我々の日常のあらゆるところに浸透し、もはやそれなしでは生活できないほど重要なものになっているが、一方で地球温暖化をはじめとした環境破壊や様々な事故等、科学技術が社会にマイナスの影響を与えることもある。こうした科学技術について、そもそも科学的知識や技術がどのように生み出されるのか、また科学技術が社会とどのように関係しているのかを、人文・社会科学の観点から検討するのがＳＴＳ（Science and Technology Studies）である。[1]

ＳＴＳは１９７０年代から発展した学際的な研究分野であり、ＳＴＳの研究者たちは、実験室（laboratory）等の科学技術の現場に赴き、ヒトやモノの相互作用の中でいかに科学的知識や技術が生み出されるのかや、生み出された科学的知識や技術が社会に対してどのような影響を及ぼすのか、逆に社会が科学的知識や技術にどのように作用するのかを分析してきた［Felt et al.（eds.）2016; 藤垣責任編集 2020; 日比野ほか編 2021; 松本編 2021; Sismondo 2010; 塚原ほか編著 2022］。

本稿はこうしたＳＴＳの観点からデータの収集や利用について検討する。データの収集や利用に関しては、データサイエンス等の科学技術の専門家や、非専門家である一般の人々が関わってくる。以下では科学技術の専門家がデータと関わる際に生じる課題、科学技術の非専門家がデータと関わる際に生じる課題について順に考察する。

2 データと科学技術

(1) データ中心主義

科学技術が進展し大量のデータの収集と処理が可能になる中で、実験・観測科学、理論科学、計算科学等の既存の科学に対し、「第4のパラダイム」としてデータ集約型科学(data intensive science)やデータ駆動型科学(data driven science)といったデータ中心科学が台頭し、大量のデータからなるデータベースを構築し、その分析を通して新たな知見を得る科学研究が実施されている[北本 2021]。こうしたデータ中心主義に基づく科学の台頭に対し、多種多様な分野で収集されたデータの相互利用が可能となり、革新的視点の導入や研究の加速、コストの削減等に貢献すると期待が寄せられている[Edwards et al. 2011]。一方でデータに焦点化した科学の拡大は、科学分野に様々な影響を及ぼしている。

例えば、生物学は従来生物の形態に着目した分析が主に行われてきたが、生物を物理学の観点から考察する分子生物学が誕生し、生物がA(アデニン)、T(チミン)、G(グアニン)、C(シトシン)という4種類の塩基から分析されるようになった。生物の設計図であるDNAは、4種類の記号の並びで記録されたデジタルデータであり[田口 2020]、このデータの分析を通して生物の理解を目指すのが分子生物学である。分子生物学の誕生により、生物学の中にデータ中心主義が導入され、大量のデジタルデータに基づいて生物が把握されるようになった。こうした科学におけるデータ中心主義の拡大は、他の科学分野にも見られるが、そこでは抵抗も散見される。

毒に対する生物の反応を分析してきた毒性学という研究分野では元来、毒への生物の反応がその形状の変化から把握されてきた。しかし、毒への生物の反応を生物の塩基配列の解析によって把握する毒性ゲノム学という領域が誕生した。こうした新たな学問領域に対しては伝統的な毒性学から反発があり、それに対して毒性ゲノム学は、多くの研究者が利用可能なデータベースを構築したり、毒性学以外の様々な研究分野を味方につけたりし、その影響力を拡大させている［Shostak 2005］。同様に、微生物をその形状や行動等から分析する微生物生態学と、微生物をその塩基配列から分析する分子微生物学との間でも摩擦が生じているが、データ中心主義の中で微生物生態学が分子微生物学に圧倒されているという［Sommerlund 2006］。

（2）データ統合

データ中心主義の拡大とそれへの反発の一方で、近年は科学の取り扱う範囲が広がり、一つの分野だけではなく多分野で協力してプロジェクトを行う機会が増えている。またデータ集約型科学やデータ駆動型科学の台頭を受け、異なる科学分野のデータが共有され活用されることが期待されている。こうした学際的研究の潮流の中で、それぞれの科学分野で得られたデータを統合した分野間データベースの構築が行われているが、そこでは様々な課題が発生している。その一つが、科学分野が異なるとそもそも何をデータと捉えるのか、どのような目的でデータを収集するのか、どのようにデータを集めるのか等が異なっており、それらをまとめて皆が納得し利用できるようなデータベースを作るのが困難になるという点である［Leonelli 2012; Star and Ruhleder 1996］。

こうしたデータ統合に関しては、メタデータに関する問題も指摘されている。メタデータとは、データに関するデータ［Hey and Trefethen 2003］やデータに関する情報［Michener 2006］のことを意味し、データの概要やデータがいつどこでどのように作成されたのか等が含まれる［Edwards et al. 2011］。メタデータは、データの信頼性の担保や共有、有効活用のために重要であり［Bowker 2005; Mayernik 2019］、学際的研究においてはメタデータについて共通の基盤を作ることが必要となる。しかし、科学分野によって、また科学者によっても何をメタデータと考えるのかや、そもそもメタデータを重視するか否かが異なってくるために、メタデータに関する基準を作る際には、科学分野間や科学者間で対立が生じ、その調整に多大な時間と労力を要するという。さらに、メタデータについて共通の基準が作られたとしても、実際の学際的研究においてはその基準が使われない場合もあるという［Edwards et al. 2011］。科学においてデータ中心主義が拡大する中で、科学研究の発展や効率化の為に学際的データ共有が期待されているが、こうした期待には楽観的な側面も存在している。

（3） 科学技術と文化

データ統合をめぐる問題は、科学の分野ごとに異なる文化が存在していることとも関係している。STSの研究者であるクノール＝セティナ（K. Knorr-Cetina）は、分子生物学と高エネルギー物理学との比較を行っている［Knorr-Cetina 1999］。その中で、分子生物学では科学者自身が直接実験対象を取り扱い、対象となる生物を機械のように扱うのに対し、高エネルギー物理学では巨大な実験機器を大人数で操作し、実験機器を生物のように取り扱いながら間接的に把握可能な対象の分析が行われていることを明らかにした。さらに、分子生物学では個人が重視され、研究成果の発表においても個人の名前が明記されるのに対し、高エネルギー物理学では、他者との協調性が重視され、成果発表でも多数の共著者の中に個人が埋没してしまうといった形で、二つの科学分野には、研究対象や研究手法、研究者としての振舞い等に違いが存在していることを示した［Knorr-Cetina 1999; 鈴木 2022］。

クノール＝セティナはこうした分子生物学と高エネルギー物理学との違いを、両者の間の認識的文化（epistemic cultures）の違いとしている［Knorr-Cetina 1999］。異なる社会に生きる人々が異なる文化を持っているように、科学の諸分野もそれぞれ異なる文化を持っており、それゆえにデータの解釈や収集方法等に差異が存在し、データの統合には困難が生じる。

また、科学技術は世界のどこでも同じように研究・開発が行われ、その結果が利用されていると考えられる場合が多い。しかし実際には、それぞれの国の政策や国民の期待等に応じて科学研究や技術開発のあり方が異なり、また科学的知識や技術の受容や利用のされ方についても国や地域によって違いが生じている［日比野ほか編 2021］。こうした、場所によって科学技術のあり方が異なることに注目した研究は、科学の地理学と呼ばれている［Livingstone 2003］。

データベースに関しては、科学の分野間だけではなく、国際的にそれを統合することが期待される機会も多い。しかし、科学の地理学という観点から国際的なデータベース統合には課題も発生している。

特にヒトに関するデータベースにおいては、データの収集や登録、利用等について各国で関連法が存在し、それに基づき各国で異なるデータベースが構築され運用されている場合が多い。そのため、データベースを国際的に統合する際には各国の関連法も統一する必要があり、法という各地の文化や社会状況と密接に関連しているものを国際的に統一することは難しく、国際的データベースの統合は相当の労力を必要とする［鈴木 2017］。

以上のように、データをめぐっては、データに焦点化した科学の影響力が拡大する中で他の科学分野に与える影響や、他の科学分野との協働やデータの共有の中で生じる課題等、様々な作用や課題を見てとることができる。一方でデータに関わるのは専門家だけではない。続いて、データに関して非専門家との関係でどのような課題が生じているのかを考察する。

3 データと市民

（1） 市民科学

科学の活動はその専門家によって担われてきたが、近年科学の非専門家である一般の人々（citizen：市民）が科学研究に参画するようになっている。こうした活動は市民科学（citizen science）と呼ばれ、「研究者等の専門家と市民が協力して行う市民参加型のプロジェクト」［一方井 2020］、「一般の人々によって行われる科学であり、職業的な科学者や研究機関と協力して行われることが多い」［林 2015］等と定義される。市民科学はその目的や参加方法が多岐にわたるが［原ほか 2020; 一方井 2020］、AIDS の患者団体が独自に研究を行い、新しい治験方法の発展に貢献したり［Epstein 1996］、オープンソースのデータを活用して家のガレージ等でバイオテクノロジーを生み出す、ＤＩＹバイオ（Do It Yourself Biology）といった活動が行われている［日比野ほか編 2021; Mirowski 2018; Wohlsen 2011］。

市民科学の動きはデータとも関連しており、昨今はデジタルプラットフォームを活用することで新たな市民科学のあり方が誕生している。一般の人々がデータの収集や分析の形で、科学研究にオンラインで参加するようになり、例えば２００７年にオックスフォード大学で開始された Galaxy Zoo というプロジェクトでは、オンライン上で一般市民の参加者が銀河の画像をその形状に基づいて分析・分類している。Galaxy Zoo は、２００９年に Zooniverse という科学研究プラットフォームに統合され、そこでは自然科学や人文科学の様々な研究プロジェクトが公開され、市民がそれぞれのプロジェクトにボランティアで参加し、オンラインでデータ分析を行っている。また、ワシントン大学の研究者らによって開発された Foldit という市民科学プロジェクトでは、コンピュータゲームを通してどのようにＤＮＡからタンパク質分子が生じるのかを市民が予測したり、コーネル大学鳥類学研究所が運営している eBird という市民科学プロジェクトでは、市民が観察した鳥についての情報をオンラインサイトにアップロードし、世界の鳥類分布図の作成に貢献するといった活動が行われている［Nielsen 2011］。

このように科学研究に関して、市民参加のためのデジタルプラットフォームが構築され、プラットフォームに継続的に参加してもらえるような様々な仕組みが生み出されている。こうした科学研究に関するプラットフォームの拡大は、科学者の特権的地位がなくなり、科学者も市民もプラットフォームのユーザの一人になるといった形で、科学者と市民との関係性の変化を生み出し得ることが指摘されている［Baudry et al. 2022; Nielsen 2011］。

（2） 民主化

市民によるデータの収集や活用が期待されている領域としては、医療があげられる［cf. 厚生労働省保健医療分野におけるＡＩ活用推進懇談会 2017］。患者から収集されたデータが集約され活用されることで、医師と患者が対面ではなくとも診療が可能になったり、個々人に応じた医療等が可能となる。こうしたデータを活用した医療は、患者の健康の促進に貢献できるとして大きな期待を受けている一方で、課題も指摘されている。

例えば、ウェアラブル端末やオンライン症状チェッカー等によって、患者自身が健康に関するデータを生成できるようになり、そうしたデータを収集し統合することが重視されている。ＥＵでは、欧州保健データスペース（ＥＨＤＳ：European Health Data Space）の構築に多額の投資を行い、患者のウェアラブル端末からのデータと他の健康データとの統合が促進されている。そうした投資によって、個人が自分の健康データを管理し、より効果的でアクセスしやすい医療やより良い生活が可能になること、患者の健康データにより効率的にアクセスできることで、医療従事者の仕事がより容易かつ効果的に遂行できるようになることが期待されている［Dorazil 2020; European Commission 2022a; 2022b］。しかし、こうした期待は楽観的であることも指摘されている。デンマークでは、患者が自分の情報を医療システムと共有できるようにすることは国民の権利とされ、医療のデジタル化が進み、患者のウェアラブル端末からのデータを含めた様々な健康データの統合が目指されている［Finansministeriet 2022; Langstrup 2019］。しかし、実際に患者の診療にあたる一般開業医（GP：general practitioner）へのインタビュー［Haase et al. 2023］からは、患者がウェアラブル端末やオンライン症状チェッカー等に基づく、自分自身で生成した健康データを持ち込むことはほとんどないこと、また持ち込まれた健康データに関して、一般開業医はそれを客観的な検査値として扱うのではなく、患者の語りと同等の主観的なものと見做していることが明らかにされている。患者が生成したデータについて、実際の診療現場でどのように活用するのかに関して十分な準備ができておらず、患者が持ち込んだデータが疾患とどのように関連するのかを解釈したり説明したりするためにかなりの労力が必要となる。そのため、持ち込まれたデータが軽視されたり、うまく利用されていないといった状況が生じているという。ウェアラブル端末をはじめとして、患者個人が生成した健康データの利用は、医療の民主化や効率化につながると期待されているが、現状はその逆であり、健康データを患者も医師も効果的に活用できておらず、むしろ負担が増えるといった事態になっている［Haase et al. 2023］。

（3）プライバシー

また、収集され利用されるデータについて、個人のプライバシーとの関連でも課題が指摘されている。スマート家電やソーシャルロボットのように様々なデータを収集し、それに基づいて家電の操作や情報の検索、利用者とのコミュニケーション等を行う技術は、人々の生活をより便利にしてくれる。しかし、例えばGoogleが利用者の様々な言動をデータとして収集し、反応するぬいぐるみの特許を取得していたことが明らかになり、批判を受けている［BBC 2015; 久木田ほか 2017］。ぬいぐるみの形をしていることで、子供が一緒に遊び、知らず知らずのうちにプライバシーが侵害されることが懸念の一つであるが、Amazonが提供する子供向けのスマートスピーカーが利用者の音声を無期限で収集・記録していたことが明らかになったり［BBC 2019; 2023］、Appleの提供する音声アシスタントに関して、利用者の音声を外部の人間が聞いていたことが判明する等［The Guardian 2019］、データ収集と利用に関するプライバシーの問題は大きな議論の的である。特に、利用者の中には子供や高齢者のように他の利用者と比して脆弱な人々もおり、そういった人々のプライバシーが容易に侵害されたり操作されたりしてしまうリスクが問題視されている［Coeckelbergh 2020］。

（4）人間関係／差別

大量のデータに基づく生活やデジタルプラットフォームの出現は、我々の人間関係のあり方にも多大な影響を与えている。STS研究者のタークル（S. Turkle）は、デジタル社会の中で人々は世界中の人々とオンラインでつながることができるようになった一方で、対面でのコミュニケーションの機会を失い、結果として自分自身を知る能力、相手への配慮、共感能力を失っていくのではないかと懸念している[Turkle 2011; 2015]。実際にミシガン大学で行われた調査では、今日の大学生が20〜30年前に比べて他者への共感を欠いており、その要因として、対面ではないソーシャルメディア等の気軽な人間関係の存在も指摘されている[久木田ほか 2017]。

また、データに関連した技術により、差別が生じたり助長されたりしてしまうという問題が提起されている。様々な企業が提供している顔認識の技術は、白人男性に対する精度が高く、黒人女性に対する精度が低いことが明らかになっている[Najibi 2020]。これは白人よりも黒人の方が、男性よりも女性の方が誤って認識されやすいことを意味するが、実際2020年に顔認識システムの誤判断により、黒人男性が誤って逮捕されるという事態が生じている[CNN 2020]。また、患者のデータに基づいて病変の識別等を行う技術に関しても、患者データの大部分が特定の集団のデータであることが多く、それ以外の集団に属する患者に対しては大きく性能が低下し、不公平な診断バイアスがもたらされることが指摘されている[日本医師会生命倫理懇談会 2022]。こうしたデータに基づく技術や判断にバイアスが存在していることは様々な現場で見られるが[cf. 山本・尾崎 2018]、その背景にはデータを収集したり、データを分析したりする際のアルゴリズムを作成する人間の集団に、さらにより広い社会全体にバイアスが潜んでいることがあげられる[Coeckelbergh 2020; 江間 2021]。アルゴリズム作成者が、特権的で教育を受けた若い白人男性の世界観を持っていることが、こうした差別の原因ではないかといった指摘もなされている［Hu 2015］。

加えて、科学技術の研究・開発の現場そのものに存在する差別も問題視されている。例えば、アメリカやヨーロッパでは、高度なスキルを持つ国外のソフトウェアエンジニアに対してビザが発行されており、臨時労働者として企業で雇用されている。こうした臨時労働者にはアジアの人々が多いが、その背景には、アジアのプログラマーは数学的思考力が高く、機械的な作業を好み、競争が激しく自然と勤勉になる過密地域の出身であるため、退屈でつらい仕事が向いているといった、偏見が存在していることが分析されている［Amrute 2020］。

4　データ社会を生きる

大量のデータの収集と利用のもとで成り立っている現代社会では、個人が望むようなモノやサービスが提供され、専門家のものであった知識や技術にも非専門家が関わることが可能となり、科学技術の民主化が進むとも考えられている。一方で、こうしたデータ社会では、様々な課題も指摘されており、描いていた未来が必ずしも薔薇色のものではないということも明らかになっている。前述した課題以外にも、プラットフォームの安全性や問題が生じた時の責任、プラットフォームにアクセスできる人とできない人との間で生じるデジタルデバイドの問題、プラットフォームの透明性、現行の制度とプラットフォームとの関係性等、様々な課題が現在あるいは将来発生すると考えられる。

こうした明暗の中にあるデータ社会においてまず重要なのは、科学技術に対する冷静な視点である。科学技術については、確実で厳密で信頼できるものとして人々にイメージされることが多い［藤垣 2005; Renn 1995］。しかし本稿で見てきたように、科学技術にも様々な課題や限界も存在している。科学技術によって我々の生活はますます豊かになる可能性があるが、一方で科学技術は万能のものではなく、様々な課題を内包し、時に社会に対して不利益をもたらすこともある。科学技術を盲信しすぎず、かといってそれを全否定するのでもない、その中間に立つことが重要になる。

その上で、科学技術に関する様々な問題を解決するためには、社会の中に生きる多様な人々が共に科学技術のあり方やそれによって生み出される社会のあり方について、議論する必要がある。核物理学者のワインバーグ（A. M. Weinberg）は、科学が巨大化し社会への影響力を増す中で、科学だけでは答えることのできない問題が存在しているとして、そうした問題を科学を超えた問題群、トランス・サイエンス問題群（trans-scientific questions）とした［Weinberg 1972］。本稿で議論してきたデータに関連する諸問題の中にも、トランス・サイエンス問題群の側面を含んでいるものがある。

従来、科学技術に関する問題はその専門家である科学者や技術者によって解決が図られてきたが、トランス・サイエンス問題群をはじめとした科学技術と社会との接点で生じる問題については、科学者や技術者のみで解決することはもはや不可能である。こうした状況の中で、参加型テクノロジーアセスメントと呼ばれる参加型社会的意思決定の手法が実施されてきた。参加型テクノロジーアセスメントとは、科学技術をめぐる問題の検討からは排除されてきた一般の人々が、専門家との対話を通して科学技術による社会への影響やもたらされる問題を分析・評価し、それへの解決策を指し示すものである［cf. 廣野ほか編 2023］[2]。科学技術に関する問題を一部の人たちに閉じるのではなく、それを開き、多くの人々との対話の中で問題や解決策を検討する必要がある。

近年、先端科学技術に関して、それが社会に対してどのような影響を及ぼすのか、具体的には新たな科学技術により、どのような倫理的・法的・社会的影響／課題群（ＥＬＳＩ：Ethical, Legal, and Social Implications/Issues）[3]が生じるのかを検討することが重視されている。ＥＬＳＩは、１９９０年に開始されたヒトゲノム計画の中で提唱されたものであり、その後バイオテクノロジーだけではなく、ナノテクノロジーや人工知能等の様々な科学技術が対象となっている［廣野ほか編 2023］。さらにＥＬＳＩは、欧州を中心に「責任ある研究・イノベーション（ＲＲＩ：Responsible Research and Innovation）」へと展開を見せている。ＲＲＩは、科学技術の倫理的・法的・社会的課題群に加え、経済にも着目することに特徴があり、新しい科学技術の研究・開発の初期段階から、科学者や技術者、市民、政策決定者、産業界、人文・社会科学の研究者、ＮＰＯ等の第３セクター等が協力しながら、科学技術に付随する課題やその解決策を考え、より良い科学技術や社会を目指す試みである［藤垣 2018; 神里 2022; 国立研究開発法人科学技術振興機構研究開発戦略センター 2021］。またＲＲＩでは、科学技術の研究・開発の現場における差別の解消等の、科学技術が生み出される現場の公正さも重視されている［藤垣 2018; 国立研究開発法人科学技術振興機構研究開発戦略センター 2021］。

ＥＬＳＩやＲＲＩは、ともすればそれによって科学技術への規制が強まり、科学技術の発展を阻害するブレーキであるかのように認識される場合があるが、むしろ科学者や技術者自身が科学技術に関わる課題に積極的に取り組み、様々なステークホルダーと協力することで、人々から科学技術への信頼を獲得し研究・開発の進展にもつながる。その意味でＥＬＳＩやＲＲＩは、科学技術をより良い発展へと導くハンドルの役割を果たしている［国立研究開発法人科学技術振興機構研究開発戦略センター 2021］。

本稿で議論してきたデータに関わる様々な課題も、こうしたＥＬＳＩやＲＲＩの観点から検討していく必要があるだろう。データに関してはこれからも新規の科学技術が誕生し、社会に導入されていくことが予想されるが、その際、多様なステークホルダーとの協力の元で課題を解決していくことが求められる。科学技術はそれによって新たな社会を生み出す可能性を秘めたものである。そうした社会がより良いものとなるように、データ社会を生きる我々は意識し行動する必要がある。

【注】

1 日本語では科学技術社会論、科学社会学等と呼ばれる。

2 一方でこうした参加型社会的意思決定のあり方には、課題も指摘されている［日比野ほか編 2021］。

3 欧州ではＥＬＳＡ（Ethical, Legal, and Social Aspects）として取り組まれている。

【参考文献】

Amrute, Sareeta, 2020, "Bored Techies Being Casually Racist: Race as Algorithm", *Science, Technology, & Human Values* 45 (5): 903-933.

Baudry, Jérôme, Élise Tancoigne, and Bruno J. Strasser, 2022, “Turning Crowds into Communities: The Collectives of Online Citizen Science”, *Social Studies of Science* 52（3）: 399-424.

BBC, 2015, “Google Patents ‘Creepy’ Internet Toys to Run the Home”.（https://www.bbc.com/news/technology-32843518）

BBC, 2019, “Amazon Sued over Alexa Child Recordings in US”.（https://www.bbc.com/news/technology-48623914）

BBC, 2023, “Amazon to Pay $25m over Child Privacy Violations”.（https://www.bbc.com/news/technology-65772154）

Bowker, Geoffrey C., 2005, *Memory Practices in the Sciences*, The MIT Press.

CNN, 2020, “This May Be America’s First Known Wrongful Arrest Involving Facial Recognition”.（https://edition.cnn.com/2020/06/24/tech/aclu-mistaken-facial-recognition/index.html）

Coeckelbergh, Mark, 2020, *AI Ethics*, The MIT Press.（直江清隆訳者代表、２０２０、『ＡＩの倫理学』、丸善出版）

Dorazil, Martin, 2020, “European Health Data Space”.（https://health.ec.europa.eu/system/files/2021-02/ev_20201027_co03_en_0.pdf）

Edwards, Paul N., Matthew S. Mayernik, Archer L. Batcheller, Geoffrey C. Bowker, and Christine L. Borgman, 2011, “Science Friction: Data, Metadata, and Collaboration”, *Social Studies of Science* 41（5）: 667-690.

江間有沙、２０２１、『絵と図でわかるＡＩと社会：未来をひらく技術とのかかわり方』、技術評論社。

Epstein, Steven, 1996, *Impure Science: AIDS, Activism, and the Politics of Knowledge*, University of California Press.

European Commission, 2022a, “A European Health Data Space: Harnessing the Power of Health Data for People, Patients and Innovation”.（https://health.ec.europa.eu/document/download/17c7065c-c432-445f-9b27-8ccf283581bc_en?filename=com_2022-196_en.pdf）

European Commission, 2022b, “Proposal for a REGULATION OF THE EUROPEAN PARLIAMENT AND OF THE COUNCIL on the European Health Data Space”.（https://eur-lex.europa.eu/legal-content/EN/TXT/?uri=CELEX%3A52022PC0197）

Felt,Ulrike, Rayvon Fouché, Clark A. Miller, and Laurel Smith-Doerr（eds.）, 2016, *The Handbook of Science and Technology Studies, Fourth Edition*, The MIT Press.

Finansministeriet, 2022, “Danmarks Digitaliseringsstrategi”.（https://www.regeringen.dk/media/11324/danmarks-digitaliseringsstrategi-sammen-om-den-digitale-udvikling.pdf）

藤垣裕子、２００５、「『固い』科学観再考：社会構成主義の階層性」『思想』（９７３）：27-47頁。

藤垣裕子、２０１８、『科学者の社会的責任』、岩波書店。

藤垣裕子責任編集、２０２０、『科学技術社会論の挑戦１：科学技術社会論とは何か』、東京大学出版会。

Haase, Christoffer Bjerre, Rola Ajjawi, Margaret Bearman, John Brandt Broderse, Torsten Risor, and Klaus Hoeyer, 2023, "Data as Symptom: Doctors' Responses to Patient-Provided Data in General Ppractice", *Social Studies of Science* 53（4）: 522-544.

原塑・水島希・東島仁・石原孝二、２０２０、「市民科学、医学・臨床研究への市民参画と当事者研究の相互関係を考える」『科学技術社会論研究』第18号：9–32頁。

林和弘、２０１５、「オープンサイエンスをめぐる新しい潮流（その５）：オープンな情報流通が促進するシチズンサイエンス（市民科学）の可能性」『科学技術動向』１５０号：21–25頁。

Hey, Tony and Anne Trefethen, 2003, "The Data Deluge: An E-Science Perspective", Berman, Fran, Geoffrey Fox, and Anthony J. G. Hey（eds.）, *Grid Computing: Making the Global Infrastructure a Reality*, Wiley: 809-824.

日比野愛子・鈴木舞・福島真人編、２０２１、『ワードマップ　科学技術社会学（ＳＴＳ）：テクノサイエンス時代を航行するために』、新曜社。

廣野喜幸・藤垣裕子・定松淳・内田麻理香編、２０２３、『科学コミュニケーション論の展開』、東京大学出版会。

Hu, Tung-Hui, 2015, *A Prehistory of the Cloud*, The MIT Press.

一方井祐子、２０２０、「日本におけるオンライン・シチズンサイエンスの現状と課題」『科学技術社会論研究』第18号：33–45頁。

神里達博、２０２２、「ＥＬＳＩの誕生：その前史と展開」『IEICE FUNDAMENTALS REVIEW』15巻4号：３１８–３３２頁。

北本朝展、２０２１、「Ｘ—インフォマティクス：第四パラダイムに基づく科学研究の変化とデータ中心科学の発展」『情報の科学と技術』71巻6号：２４０–２４６頁。

Knorr-Cetina, Karin, 1999, *Epistemic Cultures: How the Sciences Make Knowledge*, Harvard University Press.

国立研究開発法人科学技術振興機構研究開発戦略センター、２０２１、「自然科学系研究者のためのＥＬＳＩ解説」。（https://www.jst.go.jp/crds/pdf/2021/XR/CRDS-FY2021-XR-02.pdf）

厚生労働省保健医療分野におけるＡＩ活用推進懇談会、２０１７、「保健医療分野におけるＡＩ活用推進懇談会報告書」。（https://www.mhlw.go.jp/file/05-Shingikai-10601000-Daijinkanboukouseikagakuka-Kouseikagakuka/0000169230.pdf）

久木田水生・神崎宣次・佐々木拓、２０１７、『ロボットからの倫理学入門』、名古屋大学出版会。

Langstrup, Henriette , 2019, "Patient-Reported Data and the Politics of Meaningful Data Work", *Health Informatics Journal* 25（3）: 567-576.

Leonelli, Sabina, 2012, "When Humans Are the Exception: Cross-Species Databases at the Interface of Biological and Clinical Research", *Social*

Studies of Science 42（2）: 214-236.

Livingstone, David N., 2003, *Putting Science in Its Place: Geographies of Scientific Knowledge*, The University of Chicago Press.（梶雅範・山田俊弘訳、２０１４、『科学の地理学：場所が問題になるとき』、法政大学出版局）

松本三和夫編、２０２１、『科学社会学』、東京大学出版会。

Mayernik, Matthew S., 2019, "Metadata Accounts: Achieving Data and Evidence in Scientific Research", *Social Studies of Science* 49（5）: 732-757.

Michener, William K., 2006, "Meta-Information Concepts for Ecological Data Management", *Ecological Informatics* 1（1）: 3-7.

Mirowski, Philip, 2018, "The Future(s) of Open Science", *Social Studies of Science* 48（2）: 171-203.

Najibi, Alex, 2020, "Racial Discrimination in Face Recognition Technology".（https://sitn.hms.harvard.edu/flash/2020/racial-discrimination-in-face-recognition-technology/）

Nielsen, Michael, 2011, *Reinventing Discovery: The New Era of Networked Science*, Princeton University Press.（高橋洋訳、２０１３、『オープンサイエンス革命』、紀伊國屋書店）

日本医師会生命倫理懇談会、２０２２、「『医療ＡＩの加速度的な進展をふまえた生命倫理の問題』について（令和２・３年度答申）」。（https://www.med.or.jp/dl-med/teireikaiken/20220309_3.pdf）

Renn, Ortwin, 1995, "Style of Using Scientific Expertise: A Comparative Framework", *Science and Public Policy* 22（3）: 147-156.

Shostak, Sara, 2005, "The Emergence of Toxicogenomics: A Case Study of Molecularization", *Social Studies of Science* 35（3）: 367-403.

Sismondo, Sergio, 2010, *An Introduction to Science and Technology Studies, Second Edition*, Wiley-Blackwell.

Sommerlund, Julie, 2006, "Classifying Microorganisms: The Multiplicity of Classifications and Research Practices in Molecular Microbial Ecology", *Social Studies of Science* 36（6）: 909-928.

Star, Susan Leigh and Karen Ruhleder, 1996 "Steps Toward an Ecology of Infrastructure: Design and Access for Large Information Spaces", *Information Systems Research* 7（1）: 111-134.

鈴木舞、２０１７、『科学鑑定のエスノグラフィ：ニュージーランドにおける法科学ラボラトリーの実践』、東京大学出版会。

鈴木舞、２０２２、「認知文化論」、塚原東吾・綾部広則・藤垣裕子・柿原泰・多久和理実編著、『よくわかる現代科学技術史・ＳＴＳ』、ミネルヴァ書房：２０６-２０７頁。

田口善弘、２０２０、『生命はデジタルでできている：情報から見た新しい生命像』、講談社。

The Guardian, 2019, “Apple Contractors ‘Regularly Hear Confidential Details’ on Siri Recordings”.（https://www.theguardian.com/technology/2019/jul/26/apple-contractors-regularly-hear-confidential-details-on-siri-recordings）

塚原東吾・綾部広則・藤垣裕子・柿原泰・多久和理実編著、２０２２、『よくわかる現代科学技術史・ＳＴＳ』、ミネルヴァ書房。

Turkle, Sherry, 2011, *Alone Together: Why We Expect More from Technology and Less from Each Other*, Basic Books.（渡会圭子訳、２０１８、『つながっているのに孤独：人生を豊かにするはずのインターネットの正体』、ダイヤモンド社）

Turkle, Sherry, 2015, *Reclaiming Conversation: The Power of Talk in a Digital Age*, Penguin Press.（日暮雅通訳、２０１７、『一緒にいてもスマホ：ＳＮＳとＦＴＦ』、青土社）

Weinberg, Alvin M., 1972, “Science and Trans-Science”, *Minerva* 10（2）: 209-222.

Wohlsen, Marcus, 2011, *Biopunk: DIY Scientists Hack the Software of Life*, Current.（矢野真千子訳、２０１２、『バイオパンク：ＤＩＹ科学者たちのＤＮＡハック！』、ＮＨＫ出版）

山本龍彦・尾崎愛美、２０１８、「アルゴリズムと公正：State v. Loomis 判決を素材に」『科学技術社会論研究』第16巻：96－１０７頁。

Ⅱ　おせっかいDPFがコントロールする健康とは
――システムデザインによる新社会システムの提案

鳥谷真佐子

1　我が国のヘルスケアシステムの課題

現下の我が国は世界に類を見ない超高齢社会であり、2040年には65歳以上の高齢者人口が約4000万人に達するとも言われている。他方、少子化の影響を受けて現役世代の労働者人口は急減することが確実視され、社会保障費の増大が懸念されている。こうした将来の状況を鑑み、社会の活力の維持・向上、個人の人生の充実に欠かせぬものとして、「健康上の問題によって日常生活が制限されることなく生活できる期間」である健康寿命の延伸が重要な課題となっている。2000年には、WHOが「健康寿命」を提唱し、世界的に寿命と健康的な生活への関心が高まっているものの、現在でも日常生活に制限のある「不健康期間」が長期化しているのが現状である。健康寿命を延伸するためには、個人による日常生活における健康管理が要になるが、日本では疾病予防の関心が高まらない構造的な問題があると指摘されている。具体的には、日本の医療制度を諸外国と比較すると、国民皆保険制度があり、医療機関へ支払う自己負担額が低く、希望する医療機関を自由に利用できるなど、病気にかかった際に医療機関にかかりやすい環境が整備されている[1][2]。一方、このような医療に関して恵まれた環境により気軽に医療サービスを受けることができるため、予防に関する意識が低く、日本では予防的なヘルスケア[3]サービス市場が成長しにくいとも言われている。対してアメリカでは、公的医療保険制度は高齢者および障害者、低所得者を対象としたものに限られ、医療費が高額になることも多く、また、保険料も高額なため、必要な医療サービスを受けられないという問題が生じている[4]反面、ヘルスケアサービスに対する支出の低い[5]日本とは異なり、予防関連サービスの利用が盛んで市場が大きいという特徴がある。

　日本の医療の質・アクセスの良さは誇るべき点であるが、社会問題化している医療費の高騰を少しでも抑制し、より長く健康で充実した人生を送るために、公的な医療、介護保険制度によるサービスを受ける前の段階で自身の健康に気を配る「健康行動」が求められる。そこで本稿では、医療・介護保険制度の範囲外の予防的ヘルスケアに特に焦点を絞って論を展開することとする。

　近年ヘルスケアに関して注目されているのが、デジタル技術の活用である。デジタルは低コストで、処理スピードが速く、ほかのデータとの連携がたやすいという特徴を持ち、サービスの即時対応やパーソナライズが容易であるため、手軽に高品質な健康サービスを提供しやすい。しかしながら現在日本では、デジタルヘルスケアの領域において、特定のメガＤＰＦは生まれておらず、各種ヘルスケアサービス事業者がユーザー向けに個別にサービスを提供するケースが多い。[6] このため、個人のヘルスデータは個別のサービス事業者に散在している。それぞれのサービス事業者は中心的なＤＰＦとなり市場シェアを握ることを目指すものの、実際は中小規模のサービスが乱立する膠着状態にある。このため、特にユーザーが複数サービス（アプリ）を利用している場合は、それらの管理の負担をユーザーに負わせることになる。複数のサービスを連携させて使用したい場合、相互利用を想定したデータの相互運用性（サービスとサービスをつなげて動作させること、「インターオペラビリティ」とも呼ばれる）が必要であるが、現在そのような相互運用性は我が国ではまだ確立されているとは言い難い。[7] 例えば異なる企業が運営している睡眠状態をモニタリングするアプリのデータと、ストレスチェックのアプリのデータを統合的に分析することで、うつ状態を的確に捉えることができる可能性があるとき、企業間での連携がない場合、そうした便益をユーザーが享受することができないという状況が生じうる。連携が進まない主な要因としては、データを統合的に扱うためのデータ標準化が進んでいないことが挙げられる。また、医療情報・健康診断情報以外の、個人が自ら日々計測するバイタルデータを扱う事業者に対するルール形成やガイドライン・第三者認証の仕組み等の整備も不十分な状況である。[8]

一方、アメリカでは、Apple や Google のようなメガＤＰＦを中心として、ＡＰＩによるデータ連携が進んでいる。また、ユーザーは自身のヘルスデータをコントロールする権限を有しており、アプリを通して簡易に病院や事業者などにデータを渡すことができるため、複数のデータを集約して管理・活用することができる。[9]

とはいえ、日本でもヘルスケアに関するデータ連携を進める努力はなされてきた。例えば、Personal Health Record（以下「PHR」）の普及推進活動を行っている一般社団法人PHR普及推進協議会[10]はデータ標準化の取り組みの一つとして、特に、生活習慣病を改善するエビデンスのある体重、血圧、歩数、血糖値を反映するHbA1c（ヘモグロビンA1c）、救急災害時に役立つ服薬に関わる情報や重篤なアレルギー情報等のデータ交換規格の標準化を計画している。[11] また、厚労省は標準規格として「HL7 FHIR（ファイア、医療情報交換のフレームワーク）」を推進し、特定健診・健診データ、退院サマリ、患者診療情報提供書のそれぞれの規約で準拠することが明記された。今後、Open FHIRで情報交換基盤が設定されるようになると、病院間でのデータ連携はもちろんのこと、個人によるスマートフォン等でのPHRでの一次利用や、情報銀行へのデータの二次利用委託など、迅速・容易な情報の活用が可能になる。[12]

2　デジタルヘルスケア普及の課題

では、データの相互運用性に関わるデータ標準化やルール整備などのデータマネジメントに関する課題が解決されれば、デジタルヘルスケアは普及し、健康保持や病気の予防の目的が果たされるのだろうか。デジタルヘルスケアサービスを利用していても、健康状態を自身で把握し管理、継続することがうまくいかない人は依然として多い。デジタルヘルスケアサービスが健康効果を十分に発揮しないことも、市場が拡大しない要因の一つであると考えられる。我々の研究チームはシステム思考の手法を用いた分析により、ユーザーの健康のための行動変容が、現況では自分自身による意識向上に頼っていることがボトルネックになっているということを見出した。[13] そこで、ユーザー自身の内発的な変化だけでなく、環境の変化を起こすルートを強化する必要があると考えた。デジタルで生活環境をコントロールし、モチベーション向上や介入を起こして行動変容につなげるということである。例えばeコマースがデジタルヘルスケア事業に参入するなどして健康情報と接続すれば、eコマース消費を介して個々人の健康状態に対応した生活環境の構築は今後加速していくであろう。さらに、我々を取り囲む物理的なモノとインターネットとの接続（Internet of Things）[14] が拡大していけば、住居やオフィスといった生活環境がデジタルで管理、更にはパーソナライズされ、我々の行動に介入する世界が実現するだろう。環境からの介入は、運動などの健康のための行動変容を増やし、ひいては健康増進に結び付く。健康増進という効果が定量的にモニタリングされれば、さらにヘルスケアに対する意識の高まりを引き起こし、デジタルヘルスケアの利用が増していくという好循環を形成することが期待できる。

3　「おせっかいな」デジタルヘルスケアシステムの提案

以上の考察から、我々の研究チームは健康寿命延伸に向けた行動変容促進のために、ユーザーの生活環境への積極的な介入にデジタル技術を活用する新たなシステムを提案している。注意喚起や励ましなどユーザー個人の認知に働きかけるのみならず、ユーザーを取り巻く物理的な生活環境の変化やユーザーの周囲の人間の態度変化を含む生活環境を変化させ、行動や生活習慣の変容を促す「おせっかいな」サポートを行うシステムである。様々なユースケースが考えられるが、例えばオフィス内で長時間の座位姿勢が続いた場合に、何らかの装置からストレッチを促されたり、食事制限に取り組んでいる際にフードデリバリーで注文した食事が通常より低カロリーなものになっていたり、といった具合である。適切な「おせっかい」を行うためには、対象者の心身の状態やコンテクストを把握し、適切な介入サービスを適切なタイミングで提供しなければならない。そのため、このシステムは健康状態、生活行動をモニタリングする仕組み、取得したデータを統合・分析して適した介入サービスを判断する仕組み、行動変容のための介入サービスを提供する仕組みを少なくとも持つ必要がある。

生活環境への介入の実例としては、1時間ごとにパソコンを強制的にロックし、ロックを解除するために腕立て伏せを要求するシステムが開発されている[15]。もっと緩やかな介入の例では、大学のカフェテリアの本日のおすすめメニュー4つのうち1つがベジタリアン食であったところを、2つに増加させた結果、それまでにベジタリアン食を選んでいない人の購入が増加したという実験[16]がある。ここに挙げたような物理的な環境変容だけでなく、周囲の人のサポート行動などを引き出すことで人的環境を変容することも考えられる。例えば、オフィスでの過度な労働負荷によるストレスを検知したシステムが上司や同僚に何らかの形で知らせ、仕事の負担軽減や再配分による労働環境の改善を促すなどである。この仕組みをうまく活用すれば、周囲の環境が自然に変化し、多大な努力なしに食、運動、過労、ストレスなどの健康に関する問題を解決することができるだろう。「おせっかいな」行動変容システムが発展すれば、究極的にはユーザーのあらゆる目的遂行のために生活空間全体が行動に介入することができるようになると考えられる。障がい者などに対して必要なサポートを適切に提供するプラットフォームとしても利用できる可能性がある。

現在、ここで示したように、生活環境からの介入の実験や個別のサービスは散見されるものの、種々のモニタリングと介入を接続したＤＰＦはまだ実装されていない。しかし、我々の行動にさまざまな物理的介入を引き起こし、行動をコントロールする何らかのＤＰＦは遅かれ早かれ出現するものと思われる。

「おせっかいな」デジタルヘルスケアシステムがもたらしうるリスクに備える

我々の物理的な行動をもコントロールするＤＰＦは、継続しにくい健康のための行動変容には有益である可能性がある一方で、すでに我々の購買や視聴行動に影響を与えている現存のＤＰＦと比較しても、はるかに強い影響力を持ちうると考えられる。そのため、第三者の悪意からユーザーを守るための個人情報保護やセキュリティが極めて重要であることはもちろんのこと、ユーザーの自己決定範囲を越えたコントロールがなされないよう、何らかの制御がなされる仕組みづくりが必要であろう。

「おせっかいな」ＤＰＦが持ちうる個人への影響力を考えるにあたり、運営形態のパターンを整理する必要がある。筆者は、ヘルスケア領域においては企業以外もＤＰＦの運営主体となりうると考えている。自治体がヘルスケアＤＰＦの主体となった実例として、神戸市の「MY CONDITION KOBE」事業がある。これは、利用登録した市民が歩数や食事、健康診断結果等の生活データを記録し、健康情報を自身が確認することができるようにするとともに、市内企業・団体の協賛による特典と交換可能な健康ポイントを付与するというものである（神戸市による事業は２０１９年４月から開始し２０２２年10月で終了したが、健康管理アプリサービスは運営元企業に引き継がれ、現在でも利用可能となっている）。[17] この例のように自治体が主体となる場合は、システムを導入した当該自治体の住民のみがサービス提供対象者となり、自治体を越えたサービス提供を行うことが難しく、普及の面では問題が生じるだろう。また、「おせっかいな」ＤＰＦをマイナポータル（個人向け行政ポータルサイト）に接続し、国が管理主体となることも理論上は可能である。この場合は広域での普及と機会の不平等性の問題は無くなる。ただし、行政が個人情報を管理する安心感から個人情報活用に対する理解を得やすい面があると思われる一方で、行政が住民をコントロールする仕組みであると認識され、反発が起きる懸念もある。では、「おせっかいな」ＤＰＦを行政ではなく営利企業が運営する場合、どのような問題が起きてくるだろうか。ユーザーのデータ管理と活用に対する信頼性の懸念はさることながら、利用料を多く支払う特定の介入サービス事業者を優遇し、特定の介入サービスに誘導される可能性も生じる。その場合、ユーザーの望まない介入サービスに対する購買行動が誘導される懸念があり、なんらかの抑制的機構として機能するガバナンスが必要となるだろう。ただ、冒頭に述べたように、個別のサービス事業者が接続せず、かつメガＤＰＦによる市場支配がおそらく生じにくい我が国のヘルスケア市場の独自性を考えると、このまま支配的な「おせっかいな」DPFは生じないか、または「別の形態」を取る可能性がある。

我々は、「別の形態」の一案として、ユーザーと健康・行動モニタリングサービス（ウェアラブルデバイスによる心拍計測、歩行計測など）および介入サービスを提供する複数の事業者をつなぎ、マッチングさせる構造を提案している。当初我々は、主体となるDPFが健康・行動モニタリング運営も兼ねることを想定していた。しかし、いくつかの健康モニタリングサービス事業者らと共に「おせっかいな」DPFの実証実験計画を立てるうちに、健康モニタリングサービス事業者らは自らが開発したデバイスを用いて取得したデータを外部に提供することに抵抗を持つことに気がついた。データの二次利用に関する問題をクリアするために事前にユーザーの同意取得を取らなければならないことや、データを囲い込むことで技術価値を保持したいという意向によるものだろう。そこで、健康モニタリングサービス事業者らが独自に取得したデータを外部に渡さずに活用する方法を検討した結果、要注意状態であるのか、緊急対応が必要であるのかといった「健康状態の意味」のみをプラットフォームに提供する形式が、我が国のプラットフォームのあり方として現実的なのではないかと考えるに至った。また、もし個々の介入サービス事業者がユーザーの詳細な健康状態の情報を得て介入サービスを提供する形式を取ると、介入サービス事業者が増えるほどユーザーの情報が世の中に拡散していくことになる（図1右上）。自宅、オフィス、街中のあらゆる場所で、多数の事業者に自分の個人情報を知られて介入される状況が起きうるということである。オフィスでのおせっかいを例に考えると、介入／サポートを実行するのは事業者だ

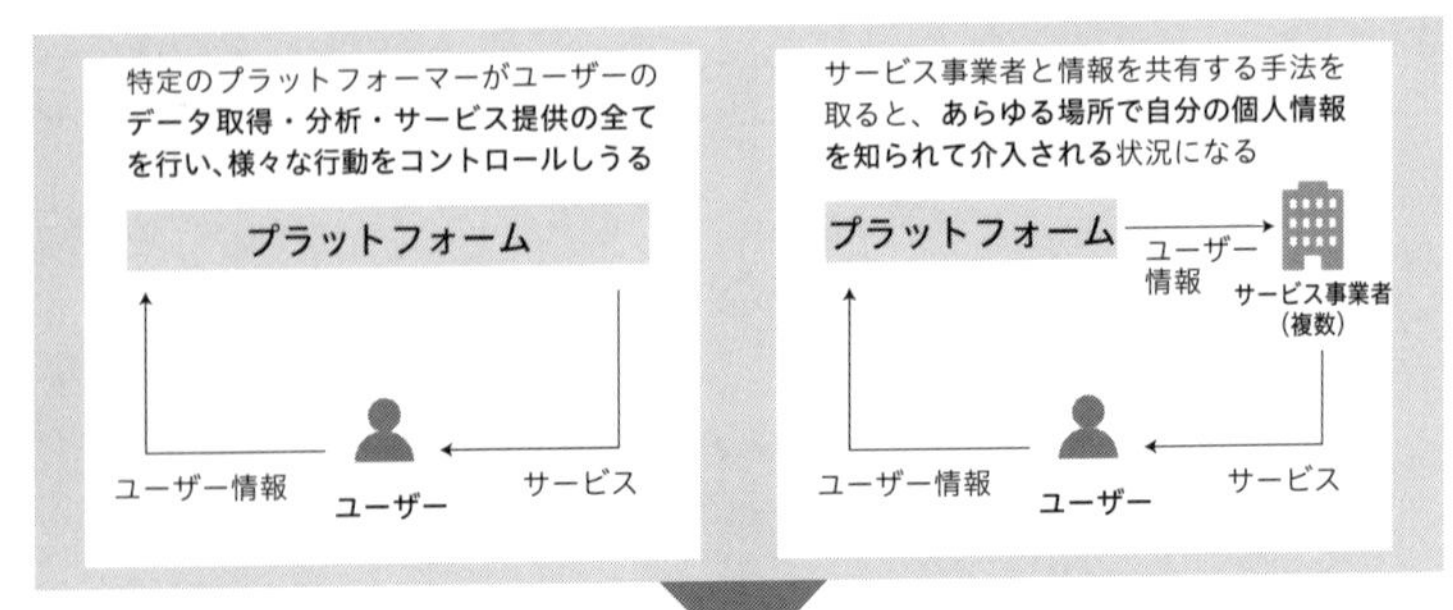

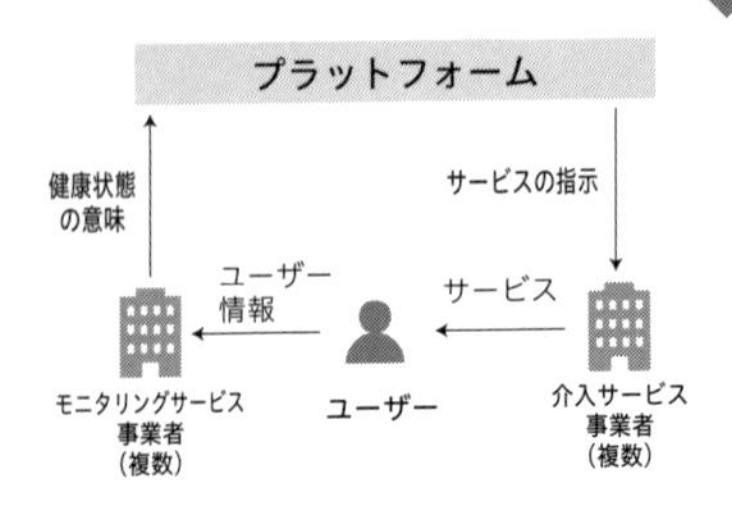

提案

モニタリングサービス事業者はプラットフォームに健康状態の意味のみを、プラットフォームは事業者にサービスの指示のみを伝えることで、ユーザーの健康に関する個人情報保持をモニタリングサービス事業者のみに提供しながら、全体が接続する構造を提案。

図1　「おせっかいな」DPFの構造提案

けでなく、ユーザーの周囲にいる同僚や上司になる可能性もある。しかも、健康に関するサービスが対象であるために、生のデータをそのまま伝えるということは、健康状態という非常にセンシティブな個人情報が知られるということである。そこで我々は、前述の「健康状態の意味」を伝える仕組みに加え、介入サービス事業者がユーザーの個人情報を得ることなくサービス提供を実現できる構造にするため、プラットフォームがサービス事業者にサービスの指示やサービス改善のための情報のみを伝え、ユーザーの個人情報を伝えない構造を提案している（図1下）。あるタイミングでユーザーAにサービスXを提供することのみ、DPFが介入サービス事業者に伝えるというものである。オフィスでユーザーAが過重労働によりうつ状態にあったとして、システムから上司へは特定の個人の具体的な心身の健康状態の情報は伝えられず、部下への仕事の配分を緊急に見直すよう指示のみが出るということになる。このように、我々が提案するのは、情報の全てを掌握しコントロールする従来型のＤＰＦではなく、意味に変換された情報を伝達することで、ユーザーの個人情報の伝達を分断しながら事業者を接続するＤＰＦである。現在、複数の大学・企業と共同で、この提案の実現可能性を検証するための実証実験に取り組んでいる。

しかしながら、このような構造により個人情報の拡散と支配はある程度抑えられても、倫理面の課題は残る。我々の提案する「おせっかい」サービスの利用にあたり、ユーザーは介入サービスの利用を自らの意思で決定することが前提であるが、もし介入が本人の気づかない形で行われたとしたら、それは主体的・自律的な選択・決定ができていると言えるのか。また、全ての介入履歴が可視化され、介入を取捨選択できる仕組みを作ったとして、本当に主体性・自律性が担保されるのかといった議論も出てくるだろう。もし「おせっかいな」ＤＰＦが社会実装される場合、特に昨今の健康経営を重視する流れから、企業がサービスの購入者となる可能性が高いとみており、個人よりも企業の意思が優先されることが懸念される。諸処の介入条件の可視化により、形式的にはユーザーが同意をする条件が揃っているように見えても、利用規約を全て読まない場合も多く、十分納得した上での同意を得られるとは言い難い。さらに、ユーザーの認知バイアスを利用して同意を誘導するダークパターン[18]と呼ばれるサイト設計がなされた場合、本人が自己決定しているつもりでも、それは誘導された自己決定であるかもしれず、無意識のうちの自己決定権の侵害も生じかねない。ユーザー本人が主体的に決定したからといって、どのような介入も許されると考えるべきではなく、当プラットフォームの仕組みにおいては、ユーザーには見えない部分で様々な決定が行われることを前提として、いかなる場合でもユーザー個人の自律性が担保されるようにしなければならない。また、自治体が公的サービスの一環としてこのサービスを提供する場合、たとえ個人の意思でサービス利用を決定したとしても、行政が個人の行動に介入することには公的な正当性があると言えるのか、といった問題もあるだろう。したがって社会実装にあたっては、社会やコミュニティのコンセンサスや信頼をいかに得るかが重要になると思われる。いずれにせよ、今後、DPF上で実際に提供される「おせっかいな」サービスの具体実例を見ながら、将来的に起こりうる倫理的課題について議論を進めておくことが重要だろう。

＊本論考は、慶應義塾大学グローバルリサーチインスティテュート独立自尊プロジェクト健康寿命延伸プロジェクトチームメンバーである木村徹、河合伸悟、福原麻希、木村富也、鷲谷佳宣、井出充、宝本茉侑、楢崎佳代子、鈴木羽留香、当麻哲哉と共同で作成したワーキングペーパー[19]をもとに作成した。

【注】

1　日本医師会HP。(https://www.med.or.jp/people/info/kaifo/compare/)

2　志水武史「医療経済的側面からみた日本の医療」『日本未病システム学会雑誌』（1999年）5巻1号96－100頁。

3　ヘルスケアには現在いくつかの定義があり、医療介護を含めた幅広い「健康管理」的な意味合いで捉えられていることが多い。公益財団法人日本ヘルスケア協会はヘルスケア定義（簡略版）で「ヘルスケアとは、自らの『生きる力』を引き上げ、病気や心身の不調からの『自由』を実現するために、各産業が横断的にその実現に向け支援し、新しい価値を創造すること、またはそのための諸活動をいう」としており、詳細版では、想定されるヘルスケア関連分野と具体的検討項目の中で医療、健康、生活の3分野において、医療、医薬品、在宅介護・高齢者対応など延べ29のヘルスケア関連分野があるとしている。また、通商産業省、厚生労働省ともに、明確な定義を記載したものは示しておらず、ヘルスケアの意味する範囲は前述の意味合いで捉えられていることが多いと解釈できる。一方、本稿においては、既存の医療保険、介護保険制度でカバーされるものと、それら以外の健康維持に関する様々な方策、デバイスとを分けて考え、後者を「ヘルスケア」と位置付けることとする。

4　ジェトロ調査部米州課、ジェトロ・ニューヨーク事務所「米国における医療保険制度の概要」2021年12頁。（https://www.jetro.go.jp/ext_images/_Reports/01/0116 8598c658e4b0/20211019.pdf）

5　上河辺康子「国内ヘルスケアサービス動向とPHR利活用について」『JIPDEC 電子情報利活用研究部レポート2021年』（2021年）14頁。（https://www.jipdec.or.jp/library/report/u71kba0000017at2-att/20210706.pdf）

6　株式会社日本総合研究所先端技術ラボ、株式会社三井住友フィナンシャルグループ、シリコンバレー・デジタルイノベーションラボ「デジタルで変容する米国の「The Healthy Company」～日米健康経営の比較から考察するわが国の課題～」（2021年）28頁。（https://www.jri.co.jp/MediaLibrary/file/column/opinion/pdf/12882.pdf）

7　日本経済団体連合会「Society 5.0 時代のヘルスケアⅡ～DXによるCOVID-19対応とその先の未来～2020年7月14日」。（https://www.keidanren.or.jp/policy/2020/062_honbun.pdf）

8　上河辺康子「国内ヘルスケアサービス動向とPHR利活用について」『JIPDEC 電子情報利活用研究部レポート2021年』7頁。（https://www.jipdec.or.jp/library/report/u71kba0000017at2-att/20210706.pdf）

9　株式会社日本総合研究所先端技術ラボ、株式会社三井住友フィナンシャルグループ、シリコンバレー・デジタルイノベーションラボ（前掲資料）28頁。

10　一般社団法人PHR普及推進協議会。（https://phr.or.jp）
13の自治体、45の企業が会員に名を連ねる、Personal Health Record（以下「PHR」）の適正な普及推進のための調査・研究、ガイドライン・認定制度整備、政策提言活動などを行う団体。ＰＨＲ普及推進協議会が対象とするＰＨＲとは、医療機関が患者向けに閲覧を許可するといった狭義のＰＨＲではなく、個人の生活に紐付く医療・介護・健康等に関するデータ（Person Generated Data）を本人の判断のもとで利活用する仕組みを前提とする、としている。

11　グローバルリサーチインスティテュート２０４０独立自尊プロジェクト健康寿命延伸チーム「２０４０年に向けた健康寿命延伸のための行動変容ＤＰＦの提案」（２０２３年）30頁。（https://www.kgri.keio.ac.jp/docs/L0120230905_full.pdf）

12　同前、32頁。

13　同前、23–25頁。

14　Dave Evans, The Internet of Things: How the Next Evolution of the Internet is Changing Everything. Cisco Internet Business Solutions Group（IBSG）, 2011（http://www.cisco.com/web/about/ac79/docs/innov/IoT_IBSG_0411FINAL.pdf）

15　Unlock your PC with a pushup or two, Raspberry Pi website.（https://www.raspberrypi.com/news/unlock-your-pc-with-a-pushup-or-two/　２０２３年11月30日閲覧）

16　Emma E. Garnett, Andrew Balmford, Chris Sandbrook, Mark A. Pilling, and Theresa M. Marteau, Impact of increasing vegetarian availability on meal selection and sales in cafeterias. Proc Natl Acad Sci USA. 2019. 116（42）20923–20929.（https://doi.org/10.1073/pnas.1907207116）

17　MY CONDITION KOBE の運営終了及び民間サービスとしての今後のアプリサービスの継続について。（神戸市ウェブサイト　https://www.city.kobe.lg.jp/a15830/kenko/phr/580610427145.html　２０２３年11月30日閲覧）

18　Mathur A., Acar G., Friedman M., Lucherini E., Mayer J., Chetty M., Narayanan A., Dark Patterns at Scale: Findings from a Crawl of 11K Shopping Websites. Proc. ACM Hum.-Comput. Interact., Vol. 3, No. CSCW, Article 81. 2019.

19　グローバルリサーチインスティテュート２０４０独立自尊プロジェクト健康寿命延伸チーム、前掲論文、1–53頁。

第2章

DPFは健康の擁護者たりうるか

I　デジタルヘルスプラットフォームの未来は明るいか？

——オープンイノベーションとガバナンスに関する提言

宮田俊男

世界的に前例のない超高齢化社会へ突入した日本において、人々の健康寿命をいかに延ばしていけるかが問われている。高齢化と少子化、人口減少が進むなかで、社会保障財源と生産年齢人口比率のバランスが崩れ（図1）、世界に冠たる日本の国民皆保険制度もサスティナビリティが不安定になってきている。

令和元年時点で、平均寿命に対し日常生活に制限のない期間である健康寿命は男性で8・73年、女性で12・06年短いと算出されているが[1]、国民皆保険制度をサスティナブルにするためにこのギャップを縮め、いつまでも元気に活躍できる社会を構築することが求められている。そのためのソリューションとして期待を集めるのが、生体情報などの活用も含めて病気の予防から治療、予後の追跡までをワンスト

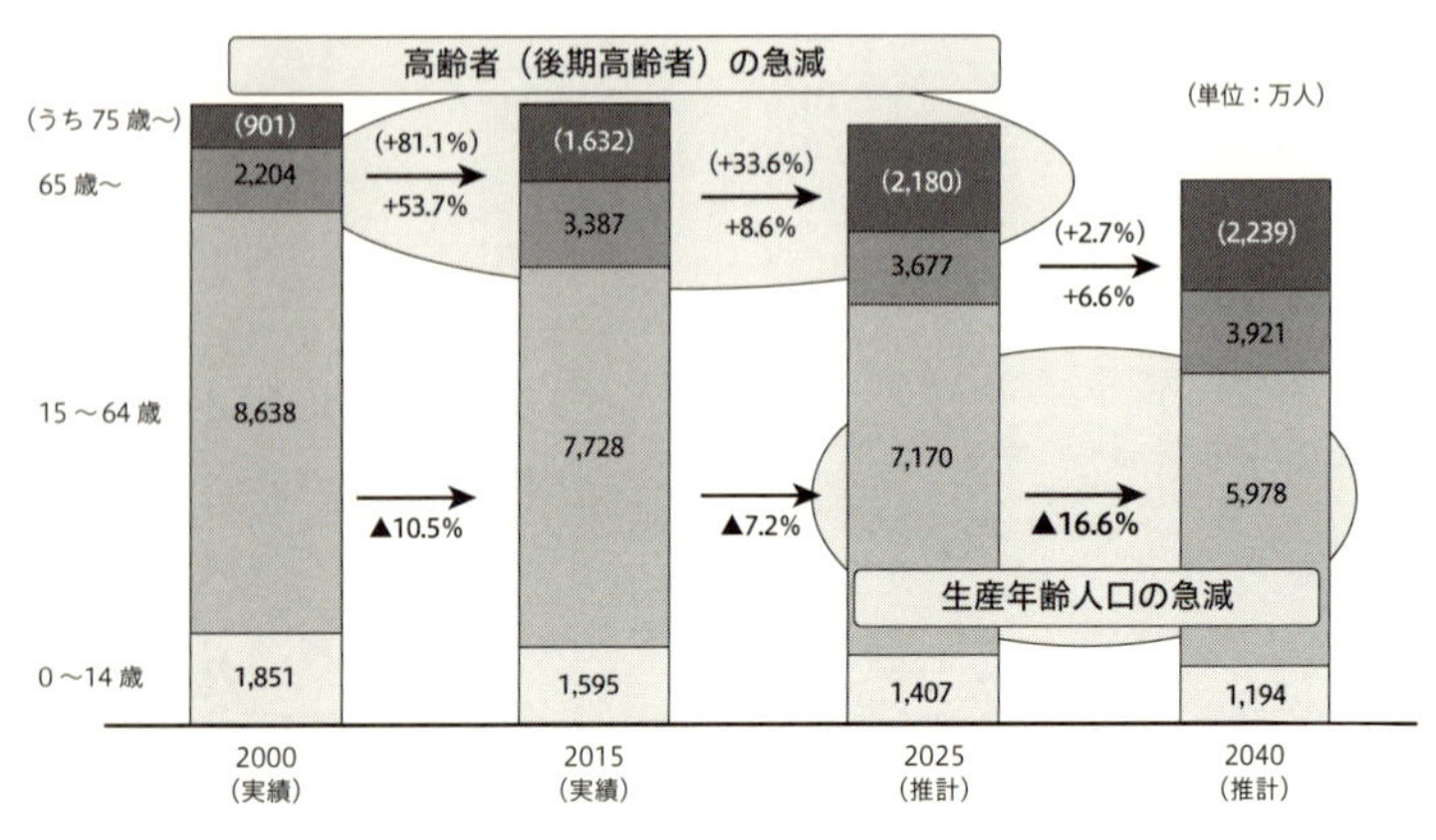

図 1　2040 年までの人口構造の変化[2]

ップで行い、データベースのプラットフォームを構築することにより生まれるヘルスケアサービスのイノベーションである。一方で、こうしたデータの利活用には様々な課題が指摘されており、遅々として進まず、我が国は世界的に大きく周回遅れとなっており、スピーディーな解決が求められている。

健康寿命延伸を考える上で、セルフケア、セルフメディケーションは重要なポイントである。ＷＨＯ（世界保健機関）の定義ではセルフメディケーションは「自分自身の健康に責任を持ち、軽度な身体の不調は自分で手当てすること」とある。またセルフケアとは、健康を確立・維持し、病気を予防するとともに対処について、自己で行動を起こすことという意味づけと、領域として、衛生、栄養、ライフスタイル、環境、社会経済、そしてセルフメディケーションを含む幅広い概念とされている。しかし、生活者の健康の維持・増進等の観点から、セルフケアの機運・関心は高まっているものの、セルフケア、セルフメディケーショ

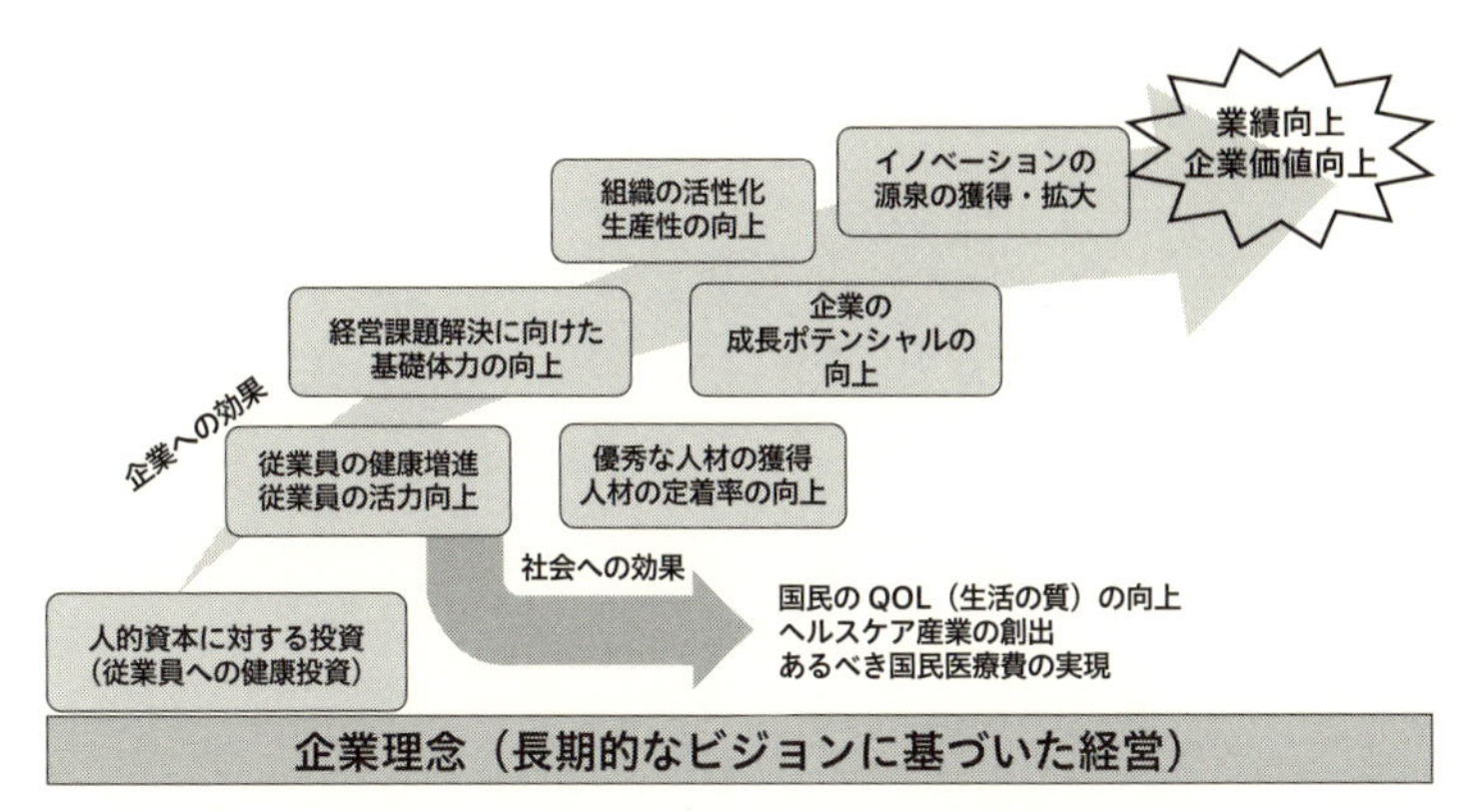

図2　日本健康会議が提唱する「健康経営」[3]
従業員への健康投資を企業の業績・価値の向上につなげる

ンは我が国ではなかなか進んでこなかった。どのような場合に医療機関を受診し、どのような場合にセルフケア、セルフメディケーションで対応できるのか、一般の国民にとって判断は難しく、国民皆保険制度のフリーアクセスによりすぐに医療機関を受診することが普通である。国はスイッチＯＴＣ（市販薬）の推進や健康サポート薬局の公表制度の創設によりかかりつけ薬剤師を持つことの推進、セルフメディケーション税制（セルフメディケーションの推進のため、医療費控除の特例として２０１７年に創設）の開始等の政策も打ち出してきたが、軽症であっても医療機関の利用が多いのが実態である。また、食生活の見直し、適正体重の維持、禁煙、節酒、運動という5つの健康習慣を守ることでがんのリスクが男性で43%、女性で37%減少するといわれており、経済産業省も企業が従業員の健康保持・増進を将来的な収益のための投資であるという考えの下で、健康管理を経営的視点から考えて戦力的に実践する「健康経営」を推進しているが、取り組みはまだ途上である。従って、ゲノム医療や新規治療法の開発だけでなく、ＤＸ（デジタルトランスフォーメーション）を推進し、睡眠やストレス、食事、運動など、日々の個人のデータをＰＨＲ（パーソナルヘルスレコード）としてデジタル化を行い、「見える化」し、行動変容につなげていくことも重要である。日本は世界トップの少子超高齢社会を迎えており、諸外国からモデルとなれるように、日本がトップランナーとして健康寿命延伸のための健康サービスを産業化し、新たな経済力の創出にもつなげていくことが重要である。

1　具体的なアクション

２０１５年に経済界、医療界、自治体の３つのステークホルダーが健康寿命の延伸と医療費の適正化を目的に日本健康会議を発足させた。日本健康会議は、経済界・医療関係団体・自治体のリーダーが、健康寿命の延伸と医療費の適正化を図ることを目的に、先進的な予防・健康づくりの取り組みを広げるために発足した民間主導の活動体であり、厚生労働省と経済産業省が連携して協力することになっている。筆者も日本健康会議の実行委員の一人として助言を行ってきた。日本健康会議も健康経営を含む８つの宣言からなる「健康なまち・職場づくり宣言２０２０」（２０１５年）を採択し、様々な提言を行っている。

「健康なまち・職場づくり宣言２０２０」（２０１５年）

宣言１　予防・健康づくりについて、住民を対象としたインセンティブを推進する自治体を８００市町村以上とする。

宣言２　かかりつけ医等と連携して生活習慣病の重症化予防に取り組む自治体を８００市町村、広域連合を24団体とする。その際、糖尿病対策推進会議等の活用を図る。

宣言３　予防・健康づくりに向けて、47都道府県の保険者協議会すべてが地域と職域が連携した予防に関する活動を実施する。

宣言４　健保組合等保険者と連携して健康経営に取り組む企業を５００社（法人）以上とする。

宣言５　協会けんぽ等保険者や商工会議所等のサポートを得て健康宣言等に取り組む企業を１万社以上とする。

宣言６　加入者自身の健康・医療情報を本人に分かりやすく提供する保険者を原則１００％とする。その際、情報通信技術（ＩＣＴ）等の活用を図る。

宣言７　予防・健康づくりの企画・実施を提供する事業者の質・量の向上のため、認証・評価の仕組みの構築も視野に保険者からの推薦等一定の基準を満たすヘルスケア事業者を１００社以上とする。

宣言８　品質確保・安定供給を国に求めつつ、すべての保険者が後発医薬品の利用勧奨など、使用割合を高める取り組みを行う。

健康づくりに取り組む5つの実行宣言 2025（要約）
地域づくり・まちづくりを通じて、生活していく中で健康でいられる環境整備に取り組む自治体を 1,500 市町村以上とする
47 都道府県全てにおいて、保険者協議会を通じて、加入者及び医療者と一緒に予防・健康づくりの活動に取り組む
保険者とともに健康経営に取り組む企業等を 10 万社以上とする
加入者や企業への予防・健康づくりや健康保険の大切さについて学ぶ場の提供、上手な医療のかかり方を広める活動に取り組む保険者を 2,000 以上とする
感染症の不安と共存する社会において、デジタル技術を活用して生涯を通じた新しい予防・健康づくりに取り組む保険者を 2,500 以上、医療機関・薬局を 20 万施設以上とする

具体的な取組の例（宣言1）
子ども食堂、学校での健康づくり、メンタルヘルス、オーラルフレイル対策等をすすめ、生活環境に関するデータと健康データの連携等により、取組に関する効果検証を行う

具体的な取組の例（宣言5）
・ウェアラブル端末等で取得したバイタルデータや日常生活データ、予防接種歴等を収集・活用した予防・健康づくりの取組を実施
・民間企業や自治体等と協働し、ICT や健康に関するアプリを活用した事業に取り組む
・特定保健指導で ICT を活用した初回面接を行う
・遠隔健康医療相談・オンライン診療の普及に取り組む

図3　健康づくりに取り組む5つの実行宣言 2025（要約）

宣言のうち一つは生活習慣病の重症化予防に取り組む自治体を増やすことが挙げられている（宣言2）。健診で疾病が疑われても医療機関を受診しない、通院しても途中でやめてしまう、そのような住民を保険者が保有する健診データとレセプトデータから抽出し、医療機関への受診を促し、重症化する前に疾病をコントロールできれば、重症化するリスクを減らすことができ、高度な医療による医療費も抑えられ、医療費の適正化や健康寿命の延伸にもつながる。

また、2025年に向けて

「健こんぱす」

配信開始	2017年6月26日
対象OS	Android/iOS
対象者	誰でも
利用料	無料
言　語	日本語

図4　「健こんぱす」の概要[4]

5つの目標が追加されており、宣言1では自治体における生活環境のデータを健康データの連携の推進、宣言5ではウェアラブルデバイスにより取得したデータ、日常生活データ、予防接種歴のデータなどを活用した予防・健康づくりの推進が盛り込まれている。

　セルフケア、セルフメディケーションが我が国で進まない現状に対し、筆者は2017年に「健こんぱす」というセルフメディケーション支援アプリを公開した。

　医師会は心身の不調を感じたら、かかりつけ医への受診を推進しているが、ネット検索の普及によって正しい情報にたどり着かないことや高額で怪しげな健康サイトにひっかかってしまうことが多くあり、大きな課題である。このような状況をふまえて、省庁や医師会とも丁寧に調整しながら、医師と薬剤師が監修して製作したセルフメディケーションアプリが「健こんぱす」である。海外に比べて日本はこの分野で大きく後れをとっているが、「健こんぱす」はコロナ禍を受けてユーザー数が増加し、正しい情報にアクセスできる国民が増えた。これまで、こうしたセルフメディケーションアプリについては、

● 医療・薬の専門知識を最大限取り入れる一方で、医療行為に該当

しないように設計する必要がある（該当する場合には、医師法、薬機法に違反となる）

● 薬機法、健康増進法、景品表示法等の広告上の規制に違反しない表現にする必要がある

といった課題があったが、この「健こんぱす」はこのような課題を解決している。また、新型コロナウイルス感染症のパンデミックをきっかけにして、様々なヘルスケアサービスが生まれ、日本におけるデジタルヘルスケア分野のDXも徐々に風向きが大きく変化している。

また、筆者は「オンライン診療」の適切な普及にも取り組んできた。オンライン診療とは、離れた場所にいる医師と患者をインターネットでつなぎ、スマートフォンやパソコンのビデオ通話機能を使ってリアルタイムで診療を行うことをいう。オンライン診療は、以前は「遠隔診療」と呼ばれ、医療機関がない離島やへき地など遠隔診療でなければ必要な診療を行うことが困難な場合にのみ認められてきた。

２０１５年に厚生労働省が「離島・へき地に限らない」とする通達を出したことで事実上解禁となり、保険診療でも電話再診として実施されてきたが、２０１８年の診療報酬改定で「オンライン診療」として明確に保険適用となった。オンライン診療は、禁煙外来や緊急避妊薬の処方を除き、初診については対面での診療が原則とされているなどの制約があり、２０１９年に行われた厚生労働省の調査によると、オンライン診療を実施している医療機関は病院が24・３%、診療所は16・１%にとどまっていた。しかし、新型コロナの対応をきっかけに規制が大きく緩和され、安定した慢性疾患の再診に限定されていたオンライン診療が初診の患者にも認められるようになった。新型コロナウイルス感染症の感染防止、院内感染からの医療崩壊を防ぐ観点からオンライン診療へのニーズが高まり、厚生労働省は２０２０年４

月10日付で過去に受診歴がない人を含め、初診時からのオンライン診療を認める通達を出したのである。また、薬局薬剤師との対面規制について薬機法も規制緩和され、医療機関から薬局へＦＡＸなどで処方せんを送り、薬剤師によるオンラインでの服薬指導の後に、薬局から患者の自宅へ薬を配送できるようになっている。

初診のオンライン診療では既往歴、処方歴などの情報取得に時間を掛けることが特に重要である。さらに患者情報をどのように入手するかがより重要となる。しかしながら、我々の経験では、他院で行われた血液検査や健康診断の結果、医薬品の処方歴のデータを取得するのが難しく、オンライン初診において支障があった。今後、マイナンバーのシステムを活用し、そのような情報を引き出すことにより、オンライン初診がやりやすくなる可能性がある。とはいえ薬局が閉まっている夜間の対応の問題や、オンライン診療後に重症化する場合の医療機関間の連携、患者のなりすましや医薬品の転売、サイバーセキュリティーなど様々な課題があり、医学だけではなく、様々な分野の専門家と連携して、ルール整備を進めることが必要である。今後は新しいセンシング技術やモニタリング技術、人工知能を活用することにより、対面診療と組み合わせて、新しいヘルスケアプラットフォームが構築されていくことが期待されている。８Ｋの超高精細映像の時代になれば、今は画像精度の限界がある皮膚科診療も問題なく診療できる可能性があると考えられる。また、現在、オンライン診療では通常、聴診はなされないが、将来的には遠隔からリアルタイムで心音の聴取などが容易にできるようになれば、オンライン診療の質の向上も期待できる。すでに世界の開発競争は激化している。

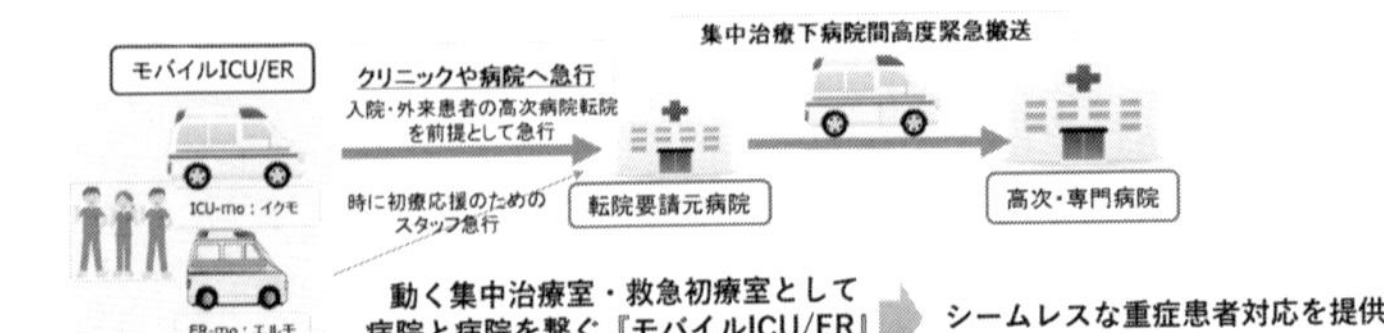

図５　「モバイルICU/ER」による病院間高度緊急搬送支援システム構築プロジェクト
（東京都「大学研究者による事業推進制度」採択）

東京都において「モバイルＩＣＵ／ＥＲプロジェクト」の実証実験が実施され、救急車に心電図、超音波装置や血液ガス分析装置などを搭載し、搬送中に測定したデータをリアルタイムに病院側と共有し、救急車が病院に到着した後、すぐに対応できるような試みが進められている。「モバイルＩＣＵ／ＥＲ」による病院間高度緊急搬送支援システム構築プロジェクト（２０１９年度～２０２１年度）は、患者収容医療機関で対応できないと判断された救急患者や入院中に重症化した患者を対象に、搬送医療チームによる病院間高度緊急搬送システムを構築することを目的としており、東京都の「大学研究者による事業提案制度」の採択を受けて実施されたものである（図５）。

本プロジェクトは、官学の連携に加えて、トヨタカスタマイジング＆ディベロップメントをはじめシスメックス、ＧＥヘルスケア、日本光電など民間企業の協力を得て実施したものであり、産官学連携により救急車に搭載した医療機器との情報連携などＤＸ（デジタル・トランスフォーメーション）が進み、東京都の医療体制・救急医療システム上の課題解決に資すると考えられている。今後、東京都においては、本プロジェクトから得られた成果を活用して、本格的な事業実施につなげることが検討中である。

産業界においてその他にもさまざまな取り組みが行われている。例えば、生理管理アプリは、生理周期やPMS（月経前症候群）の症状を入力することで日々の体調をPHRとして管理でき、若い女性の間でかなり普及が進んでいる。将来的に民間企業に蓄積されたデータと保険者や医療機関などが持つデータを組み合わせることで、「フェムテック」と呼ばれる女性のためのサービス創出につながるのではと期待されている。

PHRの領域は今後、病院や保険者のデータが自治体、企業と連携されていくことで、例えば医学的にエビデンスが不足しているサプリメントやヨガなどの効果も新しく構築できる可能性が期待されており、それには国も厚生労働省と経済産業省、デジタル庁が連携して、後押しすることが必要である。またデータの二次利用に関しても、データ取得時の同意を不要にして、利活用の規制（出口規制）に改めることも求められる。

またデバイス領域においても、例えばApple製品は血中酸素飽和度の代わりに「血中酸素ウェルネス」という新しい言葉を使用することによって薬機法の規制外になり、非医療機器のヘルスケアのモニタリング機器として一般の方々に使用されている。こうしたケースの増加に伴い、医療機器ではないヘルスケアサービスの分野の拡大に注目が集まっている。一方で医療機器としての認可を免れたサービスに対して、有効性・安全性をどう担保するかも課題である。

健診結果、レセプトデータ、DPCデータを含むリアルワールドデータの活用や臨床疫学の推進に電子カルテの改革も必須であり、政府も力を入れている。大きな病院だけではなく、中小病院、診療所を含めて、医療情報連携、医療情報の利活用を進めていかなければならないが、電子カルテを外の機関と連携するためのコスト面が大きなボトルネックになっており、なかなか進んでいないという状況がある。例えば診療所における電子カルテの普及度はかなり低く、診療所のデータを電子化することにも大きなハードルがある。電子カルテは医薬品や医療機器のように診療報酬において国が値付けをするわけでもなく、医療機関の経営を圧迫する一因になっているのが現状であり、スピーディーな電子カルテ改革が必要である。開業医や中小病院が無料でダウンロードできて、すぐに使えて、かつ、使いやすいような電子カルテが求められており、これらのインフラが整備されれば、製薬・医療機器企業の市販後の臨床データの収集、リアルワールドデータの活用にも活かされ、開発コストを抑えることにも繋がり、ひいてはエコシステムの形成へ繋がる。実際に厚生労働省はそのような電子カルテ開発を促そうとしている。また診療報酬のＤＸを同時に進めることで、医療のアウトカムから診療報酬の評価へのフィードバックも期待できる。

2　まとめ

一気通貫のヘルスケアワンストップサービスが我が国で進みにくいボトルネックとして、日本は省庁あるいは自治体の縦割りの仕組み、大企業においても部署間、子会社間の連携の不足が問題として挙げられる。狭い領域に特化したサービスは作りやすいが、横につなぐサービスは広がりにくくなっている。私自身の行政官としての経験からすると、日本では規制のハードルや組織の壁を乗り越えるような新しいことは難しいという、いわば思い込みのバイアスが大きいのではないかと感じている。日本の大学病院においてもかつては臨床研究より基礎研究を重視しており、臨床研究は日本ではできないという空気があったが、昨今では「臨床研究も大事だ」というように風向きが変わってきている。グローバルな変化で、日本もそのままではいられず、その中で変わっていくのであり、変わらないと思い込まず、様々な関係者を巻き込み、変えていくリーダーシップが重要である。

デジタルヘルスケアのプラットフォームのあり方については、医療側からアプローチして非医療側に広めていくアプローチと、逆に非医療側から医療側にという2方向のアプローチがあり、両者がそれぞれ絡み合いながら発展していこうとしていく。日本では病院や診療所は非営利組織であるが、新しいプラットフォームを形成していくために、規制改革だけでなく、社会、歴史に根差した法の仕組みの中で、営利企業と非営利組織とのコラボレーションが増加すると予測され、それぞれの目的を調整し、落としどころをうまく作ることが重要である。昨今では医療界において、イノベーションマインドを有する若い医師が増えており、銀行、民間保険会社など異業種とのコラボレーションも広まっていくことだろう。また、そういったオープンイノベーションが活発化するには、ヘルスケア分野のリーダーシップ教育がより大事になってくる。営利か非営利かという対立ではなく、様々なステークホルダーを組み入れて、全体がうまく回るようなデザインが重要であり、同時に人の育成も重要である。

また、「健こんぱす」のようなセルフケアアプリや医療機関でのオンライン診療の普及によって、ヘルスケアサービスが病院の中ではなく、普段の生活の中に入ってくると、責任を負うべきステークホルダーも変化していく。人工知能を用いたプログラムの管理責任においてメーカーの比重が重くなるなど、ガバナンスのあり方も将来に備えて、法学者も交えてよくディスカッションする必要がある。例えば生成ＡＩを用いたヘルスケアアプリを使った場合に来院の機会を逃し、疾患を見逃すなど、様々な懸念があり、責任の所在が医療機関の外に広がっていくことは、医療機関の管理者にとっても難しい問題である。ＡＩの活用もオンライン診療なども、効率化だけでなく、医師が全体を包括して関われるような仕組みやヘルスケア領域の民間企業との責任分担をしっかり詰めていく必要がある。医師が主体的に決めていく医療から患者中心の医療へと日本を含め世界的にパラダイムシフトが進み、医師と患者との関係が大きく変わり、それを社会がどのように受容できるのか、ダイバーシティやインクルージョンの観点から連携し合い、オープンな対話を行っていくことが求められている。

一方で営利的な医師に対するガバナンスも強化していかなければいけない時代に入ったのではないかと考えている。再生医療等の安全性の確保等に関する法律と同様に、オンライン診療に関する法律も将来、必要となる可能性もあり、自由診療で医療を行う営利的な医師たちに対しては、やはりきちんとした罰則を考えていかなければ、歯止めがきかないのではないかと考えられ、適正なヘルスケア産業の成長にブレーキとならないようにするために産官学できちんとした議論が必要である。実際にダイエットを目的とするオンライン診療における医薬品の処方により健康被害が発生してきている。ｅヘルスＤＰＦを構築し、ヘルスケアにおけるイノベーションを起こすことができれば、我が国の国民皆保険制度のサスティナビリティを安定させる一因となり、新たな産業の創出につながり、世界のユニバーサルヘルスカバレッジの構築にも貢献できることが期待される。

【注】

1　厚生労働科学研究「健康寿命及び地域格差の要因分析と健康増進対策の効果検証に関する研究」（研究代表者：辻一郎）を参照。

2　厚生労働省「第7回第8次医療計画等に関する検討会　令和4年3月4日　資料1―第8次医療計画、地域医療構想等について」(https://www.mhlw.go.jp/content/10800000/000911302.pdf) を元に筆者作成。出典：総務省「国勢調査」「人口推計」、国立社会保障・人口問題研究所「日本の将来推計人口　平成29年推計」

3　出典：経済産業省ヘルスケア産業課：〝健康経営の推進について（２０２２年9月）(https://www.meti.go.jp/policy/mono_info_service/healthcare/downloadfiles/180710kenkoukeiei-gaiyou.pdf) を元に筆者作成。

4　出典：株式会社 Medical Compass (https://medicalcompass.co.jp/app-lp/)。

【参考文献】

宮田俊男「Ｗｉｔｈコロナ時代に加速するオンライン診療」『病院』80巻3号（２０２１）２２８-２３１頁

宮田俊男「「健こんぱす」の現状と今後の方向性」『Modern Physician』39巻7号（２０１９）６４１-６４４頁

Ⅱ　医療DPFによる医療情報の保護と利活用

飯田匡一

1　医療DPFとはなにか

昨今、あらゆる分野において様々なデジタル・プラットフォーム（以下、「DPF」という）が台頭している。特に大きな影響力を持っているのは、販売者と利用者をつなぐ基盤や広告を提供するDPF型でビジネスを展開するGoogleに代表されるGAFAM等の事業者である。

これに対して、「医療」においても近年いくつかのDPFが登場している。そして、その影響力は社会のDX化（情報通信技術の浸透が人々の生活をあらゆる面でより良い方向に変化させること）に伴い、今後益々増大する可能性が高い。

匿名医療保険等関連情報データベース（NDB）	レセプト（医療機関が保険者に提出する月ごとの診療報酬明細書）情報や特定健診・特定保健指導情報などを保存している
介護保険総合データベース	介護給付費明細書（介護レセプト）等の電子化情報を収集し匿名化し格納している
全国がん登録データベース	日本でがんと診断された全ての人のデータを国でまとめて集計・分析・管理する
指定難病患者データベース	医師が作成した臨床調査個人票、意見書等を集約している
小児慢性特定疾病児童等データベース	医師が作成した臨床調査個人票、意見書等を集約している
全国医療情報プラットフォーム	2022年5月に発表された「医療DX令和ビジョン2030[4]」で、今後の医療DX取組の骨格として提唱された、オンライン資格確認（マイナンバーカードの保険証利用）等システムのネットワークを拡充し、レセプト等の医療全般にわたる患者の医療関連情報について一つのDPFに集約して保存管理することで良質な医療提供を目指す

「CLINICS」（株式会社メドレー）	オンライン診療・服薬指導アプリサービス
「LINEドクター」（LINEヘルスケア株式会社）	オンライン診療サービス
「リモケア」（一般社団法人がん哲学外来リモケア事業部）	オンライン診療サービス
「健こんぱす」（株式会社Medical Compass）	オンライン服薬相談・セルフケアアプリ

表１（上）、表２（下）

DPFの定義は多義的である。医療DPFについて、「一気通貫のオンライン診療（スマートフォン・パソコン等のビデオ通話やチャットで、予約・問診・診察・処方・決済までをインターネット上で行う診察・治療方法）」プラットフォームとする指摘[1]や、「医療の最適解につながる基盤」として多様な目的に多様なプレイヤーが関与するものとする指摘[2]があるところ、明確な定義はない。

本シリーズでは、国家を「リヴァイアサン」、DPFは「ビヒモス」に喩えること[3]が多いが、後述するように、医療情報（医療にかかわる個人情報）の保護と利活用の課題提示とその解決案を検討する本稿においては、「医療情報を流通させるDPF」を医療DPFと広くとらえることにする。

医療DPFは公的なものと民間のものに分類できるところ、公的医療DPFとしては、表1等が登場し、民間医療DPFとしては表2等のものが登場している。

なお、海外では、ビジネスを展開する巨大DPFが医療分野に続々と参入している[5]。

医療の目的は、「患者の治療と、人びとの健康の維持もしくは増進（病気の予防を含む）[6]」とされている。個人にとって重要な医療情報を流通させる、社会において影響力を増大させている医療DPFは、巨大化して権利侵害主体になりうる一方で、人を救う役割を担える可能性がある。そうだとすれば、上記医療の目的に資するように、医療DPFによる権利侵害を抑止する側面とともに、医療情報の利活用の範囲を拡大させる側面を規律に基づきコントロールすることが重要となる。

そこで、本稿は、「医療情報の保護と利活用に関する現状における2つの課題（①医療DPFの特性から生じる課題、②医療情報の一次利用目的利活用を医療DPFにより可能にするという課題）」の提示と解決案の検討を行うことを目的とする。具体的には、まず2で、医療DPFが医療情報を取り扱うに際して考えられる課題を検討し、次に3で、医療DPFの医療情報の保護と利活用を規律する個人情報保護法と次世代医療基盤法の現状を確認し、さらに4で、現状で残された課題の指摘及び解決案の検討を行うこととする。

2　医療DPFの課題

（1）医療情報の保護

私たちが病院等の医療機関で診療（オンライン診療含む）や手術を受けたときに生じる医療情報は、病名によっては差別や偏見を受ける可能性があるプライバシーを含む個人にとって重要な秘匿性の高い情報である。昨今、個人情報の大規模な流出事件が頻発していることからして、診療・手術した際の私たちの医療情報はどのようにして無断で目的外利用や第三者提供がされないように保護されているかに関し、不安が頭をよぎったことがある人も多いであろう。このことからすれば、医療情報の本人同意のない目的外利用や第三者提供等の流出に関して、一定の制限・保護をする規律が必要と考えられる。

(2) 医療情報の利活用

一方で、近年、ＩＴ技術やＡＩの発展により、データを利活用してよりよいサービスを提供していくという社会の流れがある。そして、医療の世界においては、医療に関する情報・データをデータベース（たとえば、全国がん登録データベース等の医療ＤＰＦ）を通じて活用することにより、質の高い医療の実現、未知の副作用の発見、新薬の開発等医学の発展、新産業創出、健康長寿社会の形成等様々な可能性が展望されている。のみならず、少子高齢化が進んでいることや、未曾有の感染症危機を経験し次の感染症危機までに迅速な体制構築が急務であり、また地震や津波等の災害の多い我が国においては、医療ＤＰＦに関しても、医療情報の一定の制限・保護を前提とした上で医療の目的成就のため、医療情報の利活用については幅広く許容されるべきである。具体的には、医学研究等将来の人類全体の利益となる場面のみならず、本人が直接利益を得られる場面で用いることができる手段を含めた利活用を後押しする規律が必要と考えられる。

（3） 具体的課題

医療情報の保護と利活用という側面から医療DPFの具体的な課題を抽出する。

① 医療DPFの特性による課題（保護面）

2024年に、大阪府の大学病院で研究目的で収集した患者2003人の氏名、患者ID、年齢、診療情報が医師により、無断で院外へ持ち出された事件及び胎児エコー動画提供サービスを希望した患者8名の胎児エコー動画、氏名、患者ID妊娠週数、胎児の計測値（身長・体重等）が機器の操作ミスで流出した事件が発覚した。[7] また2023年には、長野県の病院で透析治療（人工的に血液中の余分な水分や老廃物を取り除き、血液をきれいにする働きを腎臓に代わって行う治療法）等を受けている患者、家族合計313 7人分の住所や氏名、生年月日、医療情報等が元職員により不正に持ち出された事件が発覚した。[8] これらの事件は病院単体での事例であるが、仮に医療情報が集中している医療DPFから医療情報の不正な持ち出し、利用等の流出がなされた場合には、甚大な被害が発生する可能性があることは明らかである。そのため、医療DPFについて、まず医療情報の保護が課題となる。なお、2021年1月から2023年3月までの欧州ネットワーク情報セキュリティ機関の調査によれば、サイバーインシデントに関してであるが、欧州では医療分野のインシデントの53%が医療提供者のインシデントであり、43%がデータの流出や盗難とされている。[9]

また、2010年に、かかりつけ医による同意なき患者の医療情報の第三者提供が問題になった事件の判決[10]があった。この判決では、かかりつけ医が患者の同意なく、患者の雇用先会社の担当者にMRI

画像の所見を説明したことや、患者の椎間板後方突出（腰椎椎間板ヘルニア）が加齢によって生じたものであるとの意見を伝えたことは、医療情報の漏示に該当すると判断され、慰謝料100万円の支払請求が認容された。本事件に関して、医師に対して患者の病状照会があった場合には「同意の有無やその範囲について患者本人に改めて確認する慎重さが求められる。」との指摘がなされている[11]。複数の医療DPF（データベース等）に医療情報が共有されることを前提とすれば、医療情報が取得される状況において本人が同意をする際に、共有されることを含め同意内容を明確に理解でき同意の有無を判断できるように本人に示すことが課題となる。この事件は、同意なく医療情報の第三者提供が行われたという事案であったが、一方で、医療の現場では現在においても同意が重視されているという実情がある。すなわち、実際には本人の同意なく情報が利用されることはほとんどなく、その理由については憶測の域を出るものではないが、社会全体に同意を絶対視する風潮が強いこと、あるいは、医療関係者には「インフォームド・コンセント（医師が、患者の病気や容態、検査、治療の内容、処方される薬等について十分な説明をし、患者は内容をよく理解し、納得した上で自由な意思に基づき同意して治療を受けるということ）の考え方が定着しており、患者・家族の同意なしに利用することへの抵抗感が根強いことが挙げられている。このような事情から、医療現場ではともかく同意を得る必要があるとされ、家族による「代諾」や「黙示の同意」を広く活用して情報を利用する考え方が一般化しているとの指摘がある[12]。しかしながら、黙示の同意まで「同意」とする等同意に対する偏重・形骸化も課題として指摘されている。

② 医療情報の一次利用目的利活用を医療DPFにより可能にするという課題（利活用面）

治療中の病気に関し、出張先の遠方で突然具合が悪くなり早急な治療が必要になったとする。しかし、現地の病院は必ずしも本人に関する詳細な医療情報知りえるとは限らない。仮に、本人が自己の詳細な医療情報を保持しており、その医療情報を用いて、現地の病院等で診療を受けることが可能となれば、本人の利益に資することになることは明らかである。

医療情報の利活用に関しては、①患者本人に直接かかわる医療業務遂行のための利用である一次利用と、②症例検討（自分が担当した症例の臨床経過を他のスタッフに提示し、適切な治療戦略がなされたのかを多角的に検証すること）、治療の統計分析、研究、イノベーション、政策立案等直接患者の利益につながらない利用である二次利用に分類される。このうち、現在注目を集めている二次利用目的（社会一般には、医療情報の二次利用、それもヘルスケア等の目的での利活用への期待が高まっているとの指摘[13]がある）の仕組みではなく、医療DPFを通じて本人の医療情報から本人が直接治療等医療に関する利益を得る一次利用目的の利活用の仕組みに関する規律の構築が課題となる。

3 医療DPFに対する規律

医療DPFの医療情報の保護と利活用に関する規律を定める法律としては、個人情報保護法（以下、「個情法」という）と次世代医療基盤法[14]（以下、「基盤法」という）がある。前述した課題が両法ではどのように規律されて医療DPFがコントロールされているか確認する。

(1) 個情法

現代において、デジタル社会の進展に伴い個人情報の利用が拡大し、有用性が認められる一方、不適切な取り扱いによって個人の権利関係が侵害されることを未然に防止する必要があるため、個人情報の有用性に配慮しつつ、個人の権利利益を保護することを目的とする法律である。個人情報を含む情報の集合物であって、特定の個人情報をコンピュータを用いて検索できるように体系的に構成した個人情報データベース等を事業の用に供する「個人情報取扱事業者」は、個情法の規制対象となる。病院等の医療機関や、オンライン診療サービスの提供者、データベース提供者等の医療DPFは多くの場合、取扱事業者に該当し規制対象になる。取扱事業者はデータの安全管理措置を講じる義務がある。

医師の記載部分を含めた診療録等の診療記録、診療や調剤の過程で患者の身体状況・病状治療等について医療従事者が知り得た診療情報、健康診断の結果及び保健指導の内容等を含む情報等は、特に配慮が必要とされる類型の個人情報である「要配慮個人情報」に該当する。要配慮個人情報は取得する際に「本人の個人情報が、取扱事業者によって示された取扱方法で取り扱われることを承諾する旨の当該本人の意思表示」たる本人の同意[15]が必要である。そして、同意を取得する際に事前に利用目的をできるだけ特定しなければならず、特定した利用目的をあらかじめ公表している場合を除き、本人に通知また公表する義務がある。その趣旨は、個人情報がどのように取り扱われるか合理的に本人が予想・想定できるようにする点にある。この利用目的に関して、医療機関等についてはホームページ上で個人情報の利用目的や保護のページを設けて公表されていることがある。[16] オンライン診療サービス提供者等民間医療DPFについては、プライバシーポリシー（個人情報の取扱い方法やプライバシーにどのように配慮しているかを示すための指針）の中で言及されている。[17] なお、前述したNDB等の公的医療DPFについては、行政のガイドライン（標準的な指針を示したもの）上で個人情報保護の方針が定められている場合がある。[18]
そして、特定した利用目的を超えて利用する場合や情報を第三者に提供する場合には、[19] 別途本人の同意が必要となる。この規律等に違反した場合、取扱事業者は個人情報保護委員会による立入検査、命令等の対象となり、命令違反等があった場合、違反行為をした者は1年以下の懲役又は100万円以下の罰金、法人には1億円以下の罰金が科される。

利活用を促進する制度として、①個人情報・データを本人を識別できないように匿名加工（個人情報の氏名を削除したり、住所の詳細を削除することで本人識別の復元不能とすること）することで、公表を伴って本人の同意を得ずに第三者提供を可能にする匿名加工情報制度がある。たとえば、健康保険組合が保有するレセプトデータについて、匿名加工情報を作成した上で医療データベース事業者（医療DPF）に提供し、医療データベース事業者は健康保険組合や研究機関や製薬会社等に対して、データ提供やコンサルティングなどのサービスを提供する等の利活用が可能である。また、②取扱事業者が大学等の学術研究機関等である場合であって、当該個人データを学術研究目的で提供する必要があるときや、当該第三者が学術研究機関等である場合であって、当該第三者が当該個人データを学術研究目的で取り扱う必要があるとき等、一定の要件の下で、本人の同意なく目的外利用・第三者提供ができる規定がある。さらに、③患者本人に、自己の医療情報を保有するものに対する開示請求権が個情法で認められている。

（2）基盤法

要配慮個人情報を匿名加工したことの責任は医療機関に残ることに加え、個々の医療機関等が匿名加工を外部委託するに際し、十分な匿名加工能力を有する受託事業者であるか判断・選別するのは困難であること等から、大多数の医療機関等に匿名加工情報制度の利用を期待することは現実的ではないとの指摘がなされていた。このような流れを受けて、基盤法は、２０１７年4月28日に成立した。

基盤法は、医療情報、匿名加工医療情報等の取扱いに関する規律等を定めることにより、健康・医療に関する先端的研究開発および新産業創出を促進し、もって健康長寿社会の形成に資することを目的とする。基盤法においては、匿名加工の能力や高い情報セキュリティ基準（安全管理措置）等を有すると認定された認定匿名加工医療情報作成事業者だけが匿名加工医療情報を作成可能とすることで、認定事業者の質を確保している。そして、医療機関から認定事業者に提供される医療情報[20]につき本人又はその遺族は、当該本人が識別される医療情報の認定事業者への提供の停止を求めることができる。そして、データベース化された医療情報等を正当な理由なく提供した認定事業者等の従業員等は、2年以下の懲役又は１００万円以下の罰金、法人には1億円以下の罰金が科される。

我が国の医療分野の研究開発に資する限り、幅広く、製薬会社、大学など研究機関、地方公共団体等の行政といった主体の種別にかかわらず、匿名加工医療情報を利活用することが可能となっている。そして、２０２３年基盤法改正により、認定事業者は匿名加工医療情報について、前述したＮＤＢ等一定の公的医療ＤＰＦと連結して利用可能な状態で提供できることになった。これにより、これまで困難であった患者の死亡情報が一定の場合に追跡可能となった。

4　問題の所在と解決案の展望

（1）医療ＤＰＦの特性による課題（保護面）

①　問題の所在

医療情報の保護という課題に関して、個情法、基盤法ともに事業者に安全管理措置を課し、一定の場合に懲役、罰金となる旨規律することで、医療情報が不正流出することの抑止を図っている。しかしながら、医療情報の機微性と巨大化しうる医療ＤＰＦの特性から、更なる規律の構想が残された課題となる。

医療情報の利用目的を本人に通知または公表する義務が個情法では規律されている一方で、ある程度柔軟な同意の取得方法が許容されていることからすると、同意の内容を本人に明確に示すという課題に関しては、現行法の規律では不十分と考えられる。そこで、更なる規律の構想が残された課題となる。

また、同意に対する偏重・形骸化という課題についても、現状の個情法、基盤法の規律では十分な解決が図られているとまではいえないから、更なる規律の構想が残された課題となる。加えて、同意に対する偏重・形骸化を避けるため、仮に同意を不要とし、本人を保護する仕組みの構築により本人の権利保護を図るとすれば、その仕組みの規律も残された課題となる。

② 解決案の展望

医療情報が不正流出することの抑止という課題に関してであるが、医療情報には、特に第三者に開示したくない機微な情報も含まれることから、不正利用がなされた場合、その被害は回復困難なものになりうる。そのため、被害発生防止のため容易には復元できない形で情報を管理する措置を必須とする等の技術的側面の規律が一つの解決案となると考えられる。また、医療情報の取り扱いは、究極的には医療情報を取り扱う医療従事者等の職業倫理観が大きな影響を与えることから、医療DPFに携わる医療従事者等の情報取り扱いに関する意識を高めるための仕組みとして何らかの規律を設けることが解決案の一案となる余地がある。

同意内容を明確に理解でき同意の有無を判断できるように本人に示すことと、同意の偏重・形骸化という課題に関してであるが、どのような手段・方法を用いて、「同意」を得ることが必要かについて、あらためて再整理・検討すべきである。同意内容を類型化し、同意内容の重要度に応じて本人に重ねて確認を求める仕組みや、同意内容の重要度に応じて本人の同意に関する自己決定をパーソナルAI等を用いてバックアップしていく仕組み[21]を医療DPFに組み込む形で構築・規律することが一つの解決案となると考えられる。また、医療情報に関し、公益目的の利活用（二次利用）に関して、本人の同意なく可能にするという議論の方向が、2023年6月1日の規制改革推進会議[22]で示されている。同意の形骸化や、欧州における健康データの共有フレームワークであるEuropean Health Data Space[23]（以下、「EHDS」という）では、データガバナンスの強化等同意の代わりに個人の権利侵害を防ぐ仕組みが用いられていること等がその背景にある。しかしながら、医療のように公益性の高い分野で同意に依存しない制度を作ることは許容されるとしても、そのロジックは明確にすべきとの指摘[24]がある。同意に依拠しない制度については自己決定権との関係で相当に慎重な考察が必要であるが、EHDSと同様に同意以外で適正に権利侵害を防ぐ仕組み（たとえば、EHDSではデータ管理機関（Health Data Access Bodies）を設置し、研究機関等のデータ利用を希望する組織からの利用申請に対して許諾の可否を判断する仕組みや、管理機関が利用を許諾した場合は、利用者に渡すデータを加工するだけでなく、利用者のデータ管理および使用に関する法令遵守の状況を監督する仕組みが検討されている）を具体的に構想・規律できれば、その仕組みは解決案の糸口になる余地がある。

（2） 医療情報の一次利用目的利活用を医療DPFにより可能にするという課題（利活用面）

① 問題の所在

基盤法により整備されたのは、匿名加工医療情報に基づく医療分野の研究開発の促進による、患者一般への最適な医療の提供という命題であった。すなわち、本人の医療情報を匿名加工医療情報化し、研究開発を行う機関に提供し、そこで開発された一般的な医療の進展を医療情報を提供した本人が享受するという流れであった。このように、二次利用目的を主眼とする基盤法と異なり、個情法における利活用は一次利用、二次利用目的のどちらも想定されていると考えられる。個情法で認められている開示請求権により本人が自己の医療情報を取得し活用することは可能であるが、個別の情報保有者ごとに対応していくことは迂遠といえることも踏まえれば、患者本人の医療情報を本人のために、本人が主導権をもって利活用できる仕組みを個情法の規律で構築することが残された課題となる。

② 解決案の展望

前述したように個情法における利活用は一次利用、二次利用目的のどちらも想定されていると考えられる。そうすると、患者本人の医療情報を本人の一次利用のために、本人が主導権をもって利活用できる、開示請求権を超える仕組みを個情法で構築・規律できるかについて、検討すべきである。欧州におけるGDPR（General Data Protection Regulation：一般データ保護規則）においては、欧州市民の基本的権利としてデータポータビリティが規律されている。EHDSにおいてもGDPRより強化された規律が検討されている「データポータビリティ」とは、あるサービスが特定のユーザーに関して収集・蓄積した利用履歴などのデータを他のサービスでも再利用できること、すなわち持ち運び可能であることをいう。個情法にはデータポータビリティの規定はないとされているところ、類似の制度を導入し、全体のガバナンスを図ることを前提に本人に自己の医療情報を集約し様々な医療機関で用いることを可能とする医療DPFの登場[25]を実現できる仕組み（あくまでも本人自身が分散的に自己の医療情報を保有し、自己の判断で利活用できる）を規律することで本人による利活用が可能となれば、一次利用の利活用範囲を拡大する一つの解決案となる余地がある。

5　おわりに

本稿では、医療ＤＰＦによる医療情報の保護と利活用に関するする現行の規律下で残された2つの課題（①医療ＤＰＦの特性から生じる課題、②医療情報の一次利用目的利活用を医療ＤＰＦにより可能にするという課題）とその解決案の一案を示した。「患者の治療と、人びとの健康の維持もしくは増進（病気の予防を含む）」という医療の目的を現代において成就させるため、医療情報の保護と利活用の側面において、医療ＤＰＦをコントロールする規律が重要となるのである。

医療情報を含む個人情報を従来よりも利活用していくことは世界的な潮流となっており、その際、医療ＤＰＦは大きな役割を果たすものと考えられる。残された課題や解決案の一端しか本稿では言及できていないが、医療ＤＰＦによる医療情報の保護と利活用に関する今後の議論に注目が集まっている。

【注】

1　高橋直子＝向井暉「2030年のヘルスケアプラットフォームの覇権争い　販売者と利用者をつなぐ基盤を提供するビジネス」知的資産創造2022年3月号（野村総合研究所、2022年）17頁。

2　山本達郎「医療機器・製薬業界のデジタルプラットフォーム創りに対する考察」医機連ジャーナル113号（日本医療

機器産業連合会、2021年）57頁。

3　山本龍彦「近代主権国家とデジタル・プラットフォーム――リヴァイアサン対ビヒモス」山元一編『憲法の基礎理論』（信山社、2022年）147－181頁。

4　厚生労働省ウェブサイト「医療DXについて」（https://www.mhlw.go.jp/content/10800000/000992373.pdf）。

5　Allana Akhtar「「医療のデジタル化」が戦場になっている…巨額の投資をする4大テック企業」BUSINESS INSIDER 2021年4月20日（https://www.businessinsider.jp/post-233028、2024年6月11日最終閲覧）。

6　日本医師会「医の倫理綱領注釈」1医療の目的（https://www.med.or.jp/nichinews/n120320u.html）。

7　https://www.med.kindai.ac.jp/notice/2024_0513_6086.html、2024年6月11日最終閲覧。

8　安田琢典「患者ら3137人の個人情報が流出　病院の元職員が不正持ち出しか」朝日新聞デジタル2023年3月30日（https://digital.asahi.com/articles/ASR3Y7FQLR3YUOOB001.html、2024年6月11日最終閲覧）。

9　「ENISA THREAT LANDSCAPE: HEALTH SECTOR」。山賀正人「EUの医療分野ではランサムウェアやデータ侵害が主要なサイバー脅威に、ENISAが報告書を公開」INTERNET Watch 2023年8月3日（https://internet.watch.impress.co.jp/docs/column/security/1520495.html、2024年6月11日最終閲覧）。

10　さいたま地裁川越支部2010年3月4日判決（判例時報2083号112頁）。

11　蒔田覚「患者の同意なく雇用先に診療情報漏示は違法」日経メディカル2017年3月22日（https://medical.nikkeibp.co.jp/leaf/mem/pub/series/dispute/201703/549457.html、2024年6月11日最終閲覧）。

12　米村滋人「医療情報に関する法制度上の課題」年報医事法学34号（2019年）121頁。

13　宍戸常寿「個人情報保護法とプライバシー」年報医事法学34号（2019年）95頁。

14　医師などが負う「守秘義務」と研究に際して適用される「人を対象とする生命科学・医学系研究に関する倫理指針」も、医療情報の保護と利活用を規律するものだが、本稿では紙面の都合上言及しない。

15　本人同意の事例として、口頭による意思表示、書面（電磁的記録を含む。）の受領、メールの受信、確認欄へのチェック、ホームページ上のボタンのクリック、音声入力、タッチパネルへのタッチ、ボタンやスイッチ等による入力がある。

16　慶應義塾大学病院（https://www.hosp.keio.ac.jp/about/privacy/policy.html）。杏林大学病院（https://www.kyorin-u.ac.jp/hospital/introduction/privacy_policy/）。

17　たとえば、LINEヘルスケア株式会社はサービス全般、患者、医師のプライバシーポリシーを制定している。

・サービス全般 (https://terms2.line.me/LINE_Healthcare_common_Privacy?lang=ja)
・患者向け (https://terms2.line.me/Telemedicine_LHC_Privacy?lang=ja)
・医師向け (https://terms2.line.me/TelemedicineCMS_LHC_Privacy?lang=ja)

18 NDBを使った研究について、厚生労働省は、「匿名医療保険等関連情報データベースの利用に関するガイドライン」の基準に沿って、研究の公表前に個人情報保護の観点から、希少疾患のケースなど個人が特定されるようになっていないかを確認している(https://www.mhlw.go.jp/stf/seisakunitsuite/bunya/kenkou_iryou/iryouhoken/reseputo/index.html)。

19 なお、行政が利用目的の範囲内で第三者提供を行う場合は、個情法上、同意は不要となる。

20 たとえば、国立国際医療研究センター病院は、基盤法に基づく医療情報を提供していることをホームページ上で公開している(https://www.hosp.ncgm.go.jp/aboutus/zisedai/index.html)。

21 橋田浩一「パーソナルAIと価値共創」Japio YEAR BOOK 2022(日本特許情報機構、2023年)16–19頁。

22 規制改革推進会議「医療等データの利活用法制等の整備について(案)」(https://www8.cao.go.jp/kisei-kaikaku/kisei/meeting/committee/230601/230601general_03.pdf)。

23 https://health.ec.europa.eu/ehealth-digital-health-and-care/european-health-data-space_en

24 若江雅子「患者データ利用 同意不要へ」読売新聞2023年7月26日付朝刊解説(山本龍彦発言)。

25 橋田浩一「拡張データポータビリティとAIのガバナンス」Japio YEAR BOOK 2023(日本特許情報機構、2023年)278–281頁。

Ⅲ　ＤＰＦと医療広告
――フランス法におけるユーザーの保護

ギヨーム・ルセ／河嶋春菜　監訳

現在、デジタルプラットフォーム（ＤＰＦ）がいたるところで活用されているが、医療分野もその例外ではない。スマートフォンのアプリケーション（アプリ）からウェブサイトまで、この分野がニッチ市場になっているのは明らかである。[1]医療分野のＤＰＦは多様であるため、いくつかのカテゴリーに分けておこう。１つ目のカテゴリーは、医療従事者の意思決定を支援し、診断や処方で間違いを生じるリスクを軽減するために、医療従事者のためだけにデザインされたツールである。例えば、「VIDAL Mobile」というアプリでは、薬物相互作用のリストを参照したり、代替治療法を検索したり、希少疾患の用語集にアクセスしたりすることができる。また、安全な電子処方箋サービスを提供する「Ordoclic」というアプリや、希少疾患など成人患者に対する診断が困難な場合に医療従事者を支援する「Aidediag」

というアプリがある。このような医療従事者向けに開発されたツールは、例えば「フィガー1」というアプリのように、同業者どうしの情報交換を可能にするなど、他の役割も担うようになっている。つまり、DPFは医療従事者のコミュニティを作り上げ、医療画像を共有し、患者の治療について意見を述べあう機会を医療従事者に提供している。フランス高等保健機構（Haute autorité de santé, HAS）によると、一般的には医療従事者向けのアプリは、その目的に応じて、「管理」、「情報提供」、「パーソナライゼーション」、「意思決定支援」の4つのサブカテゴリーに分けることができる。[2]

2つ目のカテゴリーは、医療従事者ではなく患者個人を対象としたDPFである。ウェブサイト上には、多岐にわたる健康関連のアプリの広告が見られるが、アプリの目的はさまざまである。例えば、1日の歩数や消費カロリーをカウントする、心拍数や血圧を測定するなど、予防と健康維持を目的とするものや、フランスでおなじみの「Doctolib」のように、診療予約や遠隔相談の提供に特化したアプリもある。

2021年6月にフランス高等保健機構が発表した調査によると、現在、240種類以上の疾病を対象とする32万7000以上ものeヘルスアプリが存在しており、これらすべてのアプリを先述した方法で分類することは難しい。ダウンロード数の83％超をわずか43のアプリが占めている一方で、65％ものアプリは18か月以上更新されていない。更新がないことは、データセキュリティの観点からみると、実に深刻な問題である。[3]

これらのアプリはすべて民間企業が開発したものであるが、フランスの公的機関も「Mon espace santé」というアプリを開発したことに注目したい。このアプリでは、誰もが医療記録やデータを、無料かつ安全に、秘匿性を守って保存し、医療従事者と共有することができる。このことから、DPF分野への参入者は、民間企業が圧倒的に多いものの、その独占領域ではなくなっているといえる。

先にみた2つの分類は、技術的な側面にとどまらない課題が多岐にわたっているという意味でも、根本的に異なっている。医療従事者専用のツールは、患者情報の共有が可能であったとしても、医療従事者と患者（つまり医療従事者が受け持っている個人）とを結びつけるものではない。とはいえ、医療従事者向けのアプリも、個人向けのアプリとは問題の種類が異なっているだけで、問題がないというわけではない。一方で、個人向けアプリは、多くの医療データ――個人にとって慎重に扱うべきデータだが、民間企業にとっては大きな商業的課題となる個人データ――を収集することができる。アプリの悪用によって実際に多くの事件やスキャンダルが生じている。例えば、2023年3月には、遠隔医療スタートアップの「Cerebral」が多くの法令違反を犯して、310万人ものアメリカ人の医療データを広告主やFacebook、Google、TikTokなどのSNSと共有していた。同様に、「GoodRx」という処方薬の価格比較アプリは、MetaやGoogleに情報を共有したとして、アメリカ連邦取引委員会から150万ドルの罰金を科せられた。もちろん同様のスキャンダルはフランスにも存在する。2022年4月15日、情報と自由に関する国家委員会（Commission Nationale Informatique et Libertés, CNIL）は、とある生研企業でデータセキュリティの欠陥があり、約50万人分の医療データの流出につながったとして、この企業に150万ユーロの罰金を科した。これ以外にも、よく耳にするcookieという小さなファイルの問題も存在する。サーバーがユーザーの端末（パソコン、携帯電話など）にcookieを保存し、ウェブドメイン（ほとんどの場合、1つのウェブサイトの全ページ）に関連付けてしまうというものである。これらのファイルにより、統計や広告を目的として、ユーザーの閲覧習慣を追跡することができる。DPFのあちこちで健康関連の広告メッセージを見かけることからも、［閲覧履歴によって］健康に関するターゲティング広告が行われていることが分かるだろう。

以上の例は、DPF上の広告の問題がいかに多様であるかを示している。プライバシーの権利に含まれるデジタルデータの秘密保持および保護の要件と、表現の自由、企業の自由、貿易・産業の自由などをめぐる企業の期待をどのように調整するかを考えなければならない。このような状況で、問題のあるツール――特に広告――から個人を守るには、どのようなルールが最適だろうか。検討のテーマが医療分野である以上、特に医療専門職の職業倫理（deontology）に基づいて考える必要がある。すると、データを効果的に保護することができるルールは医療関係の法（医事法）なのだろうか。それとも、DPFの利用は、医療よりも消費者関係に近いことを考えると、消費者法に期待すべきだろうか。はたまた、法律ではなく、ソフト・ロー（強制性をもたないルール）のほうが望ましいのだろうか。これらの疑問に対する本章の答えは、医療専門職の職業倫理が、本質的ではあっても規制の枠ぐみとしては不十分である一方で（1）、消費者法も、重要な枠組みを提供するとはいえ、その理念の面で、DPFの問題に当てはめるのは不適切である（2）というものである。つまり、デジタル広告の問題は、医療に関する法と消費者に関する法が相互に作用しあう問題である。そこでこれら2つの法領域を順に検討しておこう。

1　医の職業倫理法——医療分野のDPFを規制するために不可欠だが不十分な枠組み

「情報」という概念は、理念と法体系が根本的に異なるさまざまな概念をカバーしているため、元来あいまいなものである。情報は、それを発信する意図によって意味づけが異なる。たとえば広告のように情報発信の目的が情報の内容を成す行為を受信者に促す場合には、情報は宣伝的なものになるし、情報発信が受信者への啓蒙を目的とし、利害関係のない技術的な情報や経済・財政に関する情報へのアクセスを付与するものである場合には非宣伝的なものとなる。[4] 医療の分野では、この差異は特に重要である。というのも、医療に広告のメカニズムを利用することに抵抗があることは当然だとしても、コミュニケーションや表現の自由の観点からは、医療従事者が非宣伝的な情報を発信する可能性を制限してはならないからである。一言でいってしまえば、「広告の誘惑に屈することなく、コミュニケーションを図ること。これこそが医療従事者が直面するジレンマだ」という難問がある。[5]

このジレンマに対処するためには、職業倫理的ルールを分析することが重要である。「専門職の科学」[6]と定義される職業倫理は、一般的な専門職（特に職業倫理による内部規制を常に受入れてきた医療専門職）の権利と義務を規定することを目的としている。では、とりわけ医師の職業倫理は、広告をめぐる問題にどのようにアプローチしているのだろうか。[7]広告からDPFユーザーを守るため、広告に「強い疑念」をもつアプローチ（(1)）から、ユーザーの保護を引き下げる「容認体制」（(2)）まで、職業倫理が求める権利と義務のレベルは多岐にわたっている。

(1) 広告への古典的疑念——DPFユーザーの保護に親和的な職業倫理

医療職業倫理では、歴史的に、広告に対して強く疑念を示してきたが、[8]現代では、そのことがDPFユーザーの保護に貢献している。フランスでは、この疑念は多くの職業倫理規定にも反映されている。特に医療広告分野の一般原則を定めた重要な規定（公衆保健法典R4127-19条、以下、条文は全て公衆保健法典）によると、「医療をビジネスとして行ってはならない。直接的または間接的な広告、特に商業的様相を前提とするレイアウトや看板の使用は禁止される」（傍点引用者、以下同）。

この条文の文言は、内容のわかりやすさはさることながら、実に興味深いことを定めている——医療行為は定義上、いかなる商業主義とも相容れないという基本的な考え方に立脚し、医療行為の本質的な一般原則を表現したものとして広告の禁止が規定されているからである。広告を扱う職業倫理の規定は、これだけではない。広告禁止の一般原則だけではなく、数々の各則によって、許可される行為と禁止される行為のどちらも、非常に厳格に規定されている。

まず、公衆保健法典には、広告の内容（R4127-79条）、公開の医籍（R4127-80条）、医療機関の看板（R４１２７－81条）、時間外診療当番と救急診療に関する情報（R４１２７－78条）、あるいは専門医の取得や変更の際に行うことが可能な表示（R４１２７－82条）に関する規定がある。一見すると、これらの事項は広告と直接関係がないようにもみえるが、広告できる事項が限定されていることには、患者にとってメリットがある。開業医は、広告という手段を用いて、患者がその医師について知り、相談できるようにするための情報を提供するからである。仮に掲示できる情報の内容を全く制限しないならば、患者にとって必要な情報を超えて、宣伝が、医師の全く自由な裁量によって行われるようになりかねない。

次に、広告に関する特徴的な規制を設けるR４１２７－13条を取り上げよう。

医師が教育的または医療的な性質を持つ広報キャンペーンに参加する場合、それがどのような手段で宣伝されたものであれ、その者は確証のあるデータのみを報告し、注意を払い、自らの発言が公衆に与える影響に留意しなければならない。個人的なものであれ、所属する組織や援助する組織のためであれ、若しくは一般利益とは異なる原因のためであれ、いかなる形の広告も控えなければならない

これは、医師が広告を行うことのできる非常に特殊なケースについて規定している特別な条項であり、一般的な広告に関する規定ではないが、この規定が言わんとしていることは、容易に理解することができる。本条は、開業医が健康問題に関する一般大衆向けの情報提供キャンペーン――いわゆる啓発週間

のような——を利用して、自らの医院を宣伝するのは不適切だと定めている。開業医がこのような態度をとるとすれば、医療専門職における非商業主義・非商業的精神に明白に反することに加え、公共的利益のための活動を本来の機能から逸脱させることにもつながり、その結果、専門職の名誉と品位を大きく損なわせることにもなりかねない。

最後に、R4127-20条を紹介したい。

医師は、氏名、能力、言説を公表する際には注意を払わねばならない。また、自己が開業又は援助する公立又は私立の機関が、自己の氏名及び活動を宣伝の目的で使用することを許してはならない

この規定で定められているルールは、他の規定と比較しても非常に特徴的である。なぜなら、単に医師が広告から利益を得ることのみならず、医師が間接的かつ非自発的に広告に使われてしまうリスクの問題を扱っているからである。医師が自らの利益のために広告を行うケースとは異なり、医師が支援したり診療を提供していたりする機関が利益を得るために医師を利用するという不本意なケースを想定した、広告の別の側面を規制している。この条文は医療の実践において、広告が多様な形でニュアンスを伴って行なわれることを強調した規定であって、医療広告をめぐる様々なケースに備えたものだといえる。

以上の規定をふまえ、その背後にある一般的な理念を分析してみたい。まず、広告規制がなぜ重要な

のかを明らかにすることが不可欠である。職業倫理において、広告規制は、広告の問題よりも上位の概念である、医師職の品位と名誉に結びついている。品位と名誉は医療専門職にとって根本的なものであるため、直接的な法規制として効果を表すことがある。たとえば、医師の懲戒裁判所が行った職業倫理違反の決定は、後で恩赦の対象になりうるが、職業上の品位と名誉に関する違反は原則として恩赦の対象からは除外される「つまり、職業倫理違反で懲戒処分を受けた医師は、恩赦によっても処分を減免されることがない」。このように、医師職の品位と名誉という職業倫理は、医療広告だけでなくあらゆる違反行為の規制に上位概念として紐づけられており、根本的に重要であることが分かるだろう。[9] なかでも医療広告については、医師の職業倫理は、単にあらゆる医療広告を排除しているのみならず、他の医療上の不正行為と比較しても非常に強力に、禁止している。[10]

(2) DPFユーザーの保護の規制緩和？

医療広告の禁止の原則は様々な機会に批判されてきたが、そのような批判は、広告からDPF利用者を保護するしくみを大幅に損なってしまう可能性がある。[11] 医療広告の禁止に対する批判が最初に登場したのは、2017年5月4日のEU裁判所の判決である。[12] この判決は、「歯科医師が作成したウェブサイトを含むあらゆる電子的手段による商業的コミュニケーションを禁止する限りにおいて「条約に違反するため」、口腔及び歯科治療サービスに関連するあらゆる広告を一般的かつ絶対的に禁止する「フランス」国内法は、その適用を排除」すると述べ、「フランスの医療広告の禁止が厳格であることを」批判した。

医療広告の禁止への批判の第2段階は、２０１８年5月3日のフランス国務院による報告書[13]である。国務院は、［表現の自由を厚く保障する］EU法とコミュニケーション技術の発展を強調することで、患者への情報提供を目的とした自由なコミュニケーションの原則を提唱した。また、医師の業務独占の対象となる行為とそうでない行為との区別を提案して、コミュニケーションの自由を類型化する体制を導入しようとした。

第3段階は２０１９年1月15日のフランスの競争当局による決定である。[14]ボトックス注射のような医療行為を割引価格で提供している企業から苦情を受けて、競争当局は、まず、先に引用した２０１７年のEU法判例を引き合いに出し、「本件で準用されている公衆保健法典R４１２７-19条は医師に対する直接的又は間接的なすべての広告を一般的かつ絶対的に禁止する限りにおいて、EU運営条約56条及び電子商取引に関するEU指令２０００／３１に適合しない」（決定理由55）と結論づけ、医療の非商業的性格を定める本条を適用すべきでないと述べた。

医療広告の禁止に対し、国務院の判決がとどめの一撃となった。国務院は、［医療広告の禁止を規定する公衆保健法典規定をEU法に反するため］無効と判断し、医療専門職団体は［個々の医療従事者の職業倫理違反を審査するときにも、］広告を禁止するどの規定も適用してはならないと述べたのである。[15]

その後、医療専門職の職業倫理規定を改正する政令が相次いだ。[16]今後は、専門職の活動に関する自由なコミュニケーションが原則となる。しかし、医療専門職の表現は依然として（特にDPFを使用する場合は）、患者、より一般的には公衆衛生そのものを保護するために設計された職業倫理の一般的な規則にがっちりと支配されている。医師に焦点を当てると、医師の職業倫理に関する11の条文が改正され、「情報提供の意味をもつ」広報と「商業的意味をもつ」広告の区別がつくられたからである。

この改革で対象になった4127-19条は、第1項で、依然として「医療をビジネスとして行ってはならない」と定めている。一方、一般的かつ絶対的な広告の禁止を定めた第2項は全文が削除され、2つの新しい条文に置き換えられた（新R4127-19-1条、R4127-19-2条）。これらの条文には、広告やコミュニケーションの実施手順が詳細に定められている。いまや医師は、患者が医師を選択する手助けとなるような情報を、自由にあらゆる手段で公衆に伝達することができるようになった。この情報には、特に「職業上の技能や実務、経歴、実務を行う条件」に関するものが含まれるが、情報発信は、職業倫理規則および専門家としての尊厳を遵守した「忠実かつ誠実」なもので、「口コミを含む」第三者の証言に依存してはならず、他の医療機関との比較を含んでいてはならない。さらに、患者に不必要に治療を受けるよう促したり、世間の目を欺く手段として使用したりしてはならない。

さらに、医療広告規制を改革した政令では、医師に新たな広報の可能性を容認している。医師は、発信する情報が科学的に立証されたものであり、自らの専門分野や公衆衛生問題に関連するものであることを条件として、啓発の目的で、一般市民や医療従事者に対して、自由に情報を提供することができるとされた。医師は、伝達される情報の価値に注意を払い、慎重かつ節度をもって広報しなければならないと定められた。

医師は、自身の医療活動について、特にウェブサイトを通じて公衆に情報を提供する場合、診療料金、支払い方法、およびすべての人が予防とケアを受けられるよう法律で課された義務についての情報を含めなければならない（新R4127-53条）。また、医師は処方せんやその他の専門文書、診療所入口のプレートや公開の医籍に、医師会が認定する専門医としての肩書き、学位書、職位、国が認定する名誉称号など、多くの情報を表示することができるようになった。また、医師会の勧告を考慮しさえしていれば、医院のウェブサイト、名簿、発行する証明書や公式文書に、患者にとって有用と思われる情報を記載することができるようになった。きわめつけとして、医師としての活動を開始したり、［専門分野などの］活動内容を変更する場合、新聞だけでなく、インターネットを含むあらゆる媒体でそれを公表することが認められるようになった（新R4127-82条）。

さらに、医師は自分自身のため、あるいは医師が診療を行う団体や援助する団体に有利な「広告的姿勢」をとってはならないことが定められた新4127-13条も改正された。改革では、「広告的姿勢」という文言を採用することは見送られ、医師自身または医師が関係する組織のために、「専門的な活動のなかで行う関与から利益を得ることを目的としない」という別の表現が採用された。

このように医療従事者に対する広告規制が緩和されたにもかかわらず、多くの禁止事項は残されたままであったり、禁止事項が追加されたりしている。一例として、検索結果の上位表示を操作することの禁止（新R4127-80条）、肩書きの不当な取得、医師会によって認められていない肩書きの使用、および肩書きの価値について公衆を誤解させることを意図して行うあらゆるプロセス（新R4127-30-1条）、医師が所属する機関が医師の名前や専門的な活動を商業目的で使用することの禁止、および改革前と同じく、医師の名前を広告目的で使用することの禁止（新R4127-20条）等が挙げられる。

2 消費者法──医療分野におけるDPFを規制するために重要だが不十分な枠組み

医療広告の規制は、情報提供の際に消費者の権利が尊重されることを確保するために行われる以上、消費者法と連動して設計されていなければならない。商業的なインセンティブに必要な条件を課すことで、たとえ広告が商品やサービスや需要を開拓したり生み出したりするという理念をもっているとしても、消費者が広告による操作の犠牲にならないようにすることが、消費者法による規制の意義である。その意味で、広告規制は、情報へのアクセスをコントロールすることによって消費者を保護する直接的な手法だと言える。しかし、広告規制は専門家同士の関係にも間接的に影響を及ぼす可能性もある。というのも、広告の作り手にとって、広告は自社の商品やサービスの品質や利点を宣伝し、消費者にそれを選ぶよう促す手段でもあるから、それを規制することは、間接的ではあっても、競争を規制する手段でもあり、競合によって生じる商業的なインセンティブから専門家を保護する手段でもある。このような背景はあるにせよ、専門家を保護するという間接的かつ付随的な観点からではなく、消費者を保護するという直接的かつ第一義的な機能の観点から医療広告を検討してみよう。

（1）消費者法の有用な利用方法

ＤＰＦに関して言えば、消費者法は、医事法の不備や職業倫理を補う役割を果たしうる。より具体的には、消費者法は、医療上の規制に適切なメカニズムがない場合、すなわち医療規制では実現できないような法的保護を患者に提供することができる。医事法は、正当な理念的な動機に裏打ちされている一方で、そうした理念とはかけ離れた形で規制が適用される場合があるため、医事法のある種の欠点を補完するものとして、消費者法が登場するのである。

消費者法が興味深いのは、消費者を保護し、競争業者間の公平な競争条件を確保するための枠組みを提供しているからである。消費者法は、広告に関する法的枠組みとして、本稿のテーマにも完全に合致する基本原則を打ち出している。１つ目の原則は「公平性の原則」である。つまり、広告の内容は真実であり、誠実であり、消費者を欺くものであってはならない。また、競合他社を誹謗中傷したり、信用を失墜させたりしてはならない。２つ目の原則は「透明性の原則」である。広告主の身元、宣伝の性質、商品が提示する購入条件を明確に示さなければならないことを意味する。３つの原則として、すべての広告は人間の尊厳と公序良俗を尊重しなければならない。

これらの原則――特に公平性の原則――に基づき、ある種の宣伝活動は特に禁止されている。たとえば、誤解を招く広告の禁止に関するケースである。サービスの本質的な特徴、価格、サービス提供者の身元や能力について誤解を招く可能性のある虚偽の表示がある場合、その広告は違法となる。同様に、広告は、他のサービスや競合他社との混同を生じさせたり（混同の禁止）、他社の製品やイメージを貶めたり（誹謗中傷の禁止）してはならない。

その他の行為は禁止されていないが、制限されている。たとえば、「比較広告」の場合である。比較広告とは、競合他社や競合他社が提供する商品やサービスを暗黙的または明示的に特定しつつ、自社の商品やサービスと比較する広告のことである。この種の広告を行うことは許されているが、公正で、明確で、競合他社の特徴を尊重し、中傷的であってはならない。これらの要件に鑑みれば、比較広告は客観的でなければならず、比較の対象は同じニーズを満たし、同じ目的を果たす商品またはサービスでなければならず、さらに比較の内容はその本質的かつ適切、代表的であって検証可能な特性を比較するものでなければならない。

商業広告は、消費者法の下で経済省所管の規制当局である――つまり医療関連の法律を管轄していない――競争消費正防止総局（DGCCRF：Direction Générale de la Concurrence, de la Consommation et de la Répression des Fraudes）が有している強力な監督権限に服している。DGCCRFは、消費者が製品やサービスに期待する品質を保証するために、広範な調査権限をもっており、誤解を招くような広告など、消費者保護法への違反を調査・摘発する権限を行使することができる。まず、裁判官の許可を必要としない「通常の調査権限」として、午前8時から午後8時までの間、あらゆる商用施設と車両へ立入調査を行う権限がある。これは、刑事訴訟法に規定されている犯罪捜査を彷彿させるレベルの権限であり、プライバシーを侵害できる措置であることからも、DGCCRFの捜査官に与えられている権限がいかに大きいかが分かるだろう。DGCCRには強制的に文書や情報を収集する権限さえある。もう一つの捜査権は、裁判官の許可を必要とする「特別な調査権限」であって、その他のより広範な立ち入り調査や差押えを行う権限である。

DGCCRFの捜査官は、通常調査権と特別調査権を駆使して調査結果を出した後、企業に対しどのような措置をとるかを決定する。場合によっては、DGCCRFが直接、違反に対する処分を決定しそれを執行させる責任を負う。それ以外の場合は、違反認定に向けた手続を開始することはできるが、自主的な決定権はない。広告に関するルールを遵守しなかった場合、違反の重大性に応じて、企業は様々な制裁――単純な警告に始まり、違法行為によって得られた利益に応じて、最高で数百万ユーロの多額の罰金にまで及ぶ――を受ける可能性がある。このような消費者法上の広告規制は、医療広告が表示されるDPFのユーザーに対し、医療倫理によっては提供することのできない保護を提供しうる。

(2) 消費者法の危険な適用

DPFのユーザーを保護するために消費者法を適用することは、医の職業倫理を補完するものとして有用であるため、消費者法こそが理想的な解決策を提供していると、思わず考えたくなるかもしれない。しかし、消費者法は、ユーザーの短期的な保護を提供することはできても、医療の関係性を消費者の関係性にとって代えてしまい、医療の理念を裏切ることにもなりかねない。こう考えるのには、2つの相互補完的な理由がある。

1つ目の理由として、消費者法と医療関係の法の目的は同じではない。目的が違う以上、医療を消費者保護と同じようには扱うこともない。消費者法では、医療は「規制されるべき対象」ではなく、「確保されるべき目的」として捉えられている。しかし、この消費者法の目的は相対的なものでしかない。なぜなら消費者法には、消費者の安全を守り消費者の経済的利益を守るという、医療を提供するという目的とは本質的に異なる第一義的な目的がある。消費者法では医療は二次的な目的でしかないことに加え、消費者関係においてのみ考慮される。消費者法は消費者関係以外での保護を規制の対象としていないので、医療は「消費者関係でのみ」追求される条件付きの目的でしかなくなるのである。これに対して医事法は、医療提供それ自体は目的ではなく、規制の対象になるという考え方を織り込んでいる。しかも、医事法は医療を規制することを主要な内容としており、消費者関係など特定の関係性に結びつけることなく、独立の対象として規制している。さらに、以上のこととは無関係であるが、消費者法と医事法が医療に対してもっている意味づけが全く異なっている。医事法が、医療を「医療にアクセスする前の広告問題から医療提供によって起こった事故やその後の救済まで」全体として把握するのに対し、消費者法は「広告という」予防的な側面のみをみる部分的な見方をとっている。以上の点に照らしてみると、消費者法と医事法は異なる事柄を規制の対象にしている。

消費者法に頼ることを危険と考える理由の2つ目として、法の理念が乖離していることに着目しなければならない。医事法は「信頼関係」を中心とした考え方を採用している。信頼は患者と医療従事者との関係性を表す、両者にとって重要な特徴である。これに対し消費者法では、信頼は勘案されるものの中心概念ではない。消費者法を支配しているのはむしろ経済的側面である。その結果、消費者法は、経済的利益、安全、健康の面で最良の条件が満たされるように消費者関係を導くことに重点がおかれている。消費者法は「信頼」とは対極にある「不信」に基づいているといえ、契約関係における［経済的不均衡を是正し］一定のバランスを保つために定められた法である。もちろん、消費者法が医療や信用を考慮に入れていないとか、医事法が経済的な側面や不信を考慮に入れいていないというわけではない。信用や不信はいずれの法でも考慮に入れられているものの、同じ重要性を持っているわけではなく、そのことが正反対のアプローチをとる理由になっているのである。医療関係では医療従事者と患者との「信頼」を法的に支えて構築することが必要とされる一方で、消費者関係は本質的に経済的な関係であるから、「不信」こそが規制を［根拠づけ］形作っている。

しかし、このようなアプローチの相違が存在するということだけでは、デジタルヘルスプラットフォームの規制のために消費者法が広く使用されるべきでない理由には当然ならないので、具体的な分析で補完しておこう。

消費者法の中心的なテーマは、消費に関する契約が多岐にわたり、それぞれの契約の状況を具体的に把握することが難しいなかでも消費者の保護を強化し、契約関係における一定の安全性を追求することである。逆に、医事法は、患者や医療従事者を保護する措置を設けているが、［個々の医師と患者との関係における信頼という具体性に注目するので］法的な安定性を完全に犠牲にして適用される。消費者法を一般化して医療関係に適用するという試みは、どのような方法をもってしても、問題を引き起こすだろう。医療という特殊分野を消費者法の一般的体系に統合しても、医療関係の特殊性は必ず考慮せざるをえない。とすれば、古典的な消費者関係なのか医療関係なのかによって適用される規制が異なってくることになり、消費者法規制の中で整合性がとれなくなってしまうだろう。あるいは――これが最も可能性の高い仮説であるが――消費者法は各契約内容の違いにかかわらず共通のルールの体系を維持しなければならないため、医療を含む規制の対象を標準化してしまい、医療関係の特殊性をないがしろにすることにもつながるだろう。

医事法の規制においても、この［具体性と法的安定性という］問題が見られるが、消費者法を一般化するとすれば、具体性を優先する規制のあり方を維持することは難しくなる。例えば、治療を拒否する患者は、現在のところいつでも治療拒否の意思を撤回する権利があるので、医療従事者にとっては不安定な状況になっている。一方、［どこかの時点で契約関係を安定化させる必要がある］消費者法では、このような無期限の権利を採用することは難しく、医療には本質的な権利であっても排除されざるをえない。医療従事者が一定の条件の下で、自己の信念に反するような患者の要求を拒否することができるという良心条項についても同様である。消費者法では、企業が販売やサービスを拒否する際に主観的な意見を考慮することを禁じているため、消費者法で良心条項を維持することは考えられない。

したがって、患者の個別性と医療従事者の職業的特異性は、消費者法の基本原則と対立するため、消費者法のルールの下で行われる広告規制の下で脅威にさらされている。DPFの文脈で医療関係に消費者法を適用すると、消費者法の目的にあわせてルールが適用されることになるから、医療関係の特殊性を勘案しない、危険な標準化がもたらされることになる。さらに、そもそも、医療専門職を管理する職業倫理規定のほとんどが、商業的目的で診療を行うことを禁止しているため、消費者法が適用されるべきでないことは明らかである。

以上にみたことはすべて、フランス法では、医療広告がDPFのあちこちで表示されている現状で、ユーザーを保護するために、医事法から消費者法まで、さまざまな規制手段を使いうることを示している。フランスでは、そうした規制手段はいずれもハードロー（制定された法令）によるものであり、ソフト・ロー（強制性をもたないルール）ではないが、本来これらは相互に補完しあうものであるため、両立させるしくみを模索すべきである——なぜなら、本稿で見てきた通り、専門家の職業倫理や消費者法だけでは、DPFのユーザーを保護するには明らかに不十分なのであるから。

【注】

1 Boismery I., "La promotion de la chirurgie et de la médecine esthétiques sur les réseaux sociaux", CCE 12/2022, n°12.

2 Haute autorité de santé, *Classification fonctionnelle selon leur finalité d'usage, des solutions numériques utilisées dans le cadre de soins médicaux ou paramédicaux*, fiche, 2021, 13 p.

3 Haute autorité de santé, *Évaluation des Applications dans le champ de la santé mobile* (*mHealth*) - *État des lieux et critères de qualité du contenu médical pour le référencement des services numériques dans l'espace numérique de santé et le bouquet de services des professionnels*, referential, 2021, 95 p.

4 詳細については、以下を参照のこと。Laude A., Tabuteau D. (ed.), *Information et produits de santé, quelles perspectives*, PUF, coll. Droit et santé, 2006, 188 p.

5 Laude A., Mouralis J.-L, Pontier J.-M, (dir.), *Droit de la santé*, Lamy, édition permanente. この問題に焦点を当てたアプローチについては、以下を参照のこと。Alméras J.-P., "Déontologie et communication : la profession médicale", *in* Dubois L. (ed.), *Déontologie et santé*, Sirey, 1997, 104 p., p. 25 et seq.

6 Beignier B., "Déontologie" *in* "Dictionnaire de la culture juridique", Alland D., Rials S. (ed.), PUF/Lamy, 2003, 1649 p., p. 361.

7 Tome F., "Médecins et expression médiatique vus à travers un panorama de jurisprudence du Conseil d'État, juge de cassation des décisions disciplinaires des juridictions ordinales", *Trib. Santé*, 2023/1, No 75, p. 25.

8 Moret-Bailly J., "Publicité et déontologie", *Trib. Santé* 2014, No 45, p. 31.

9 Alméras J.-P, Péquignot H., "Déontologie médicale", Litec, 1996, 306 p., n° 15, p. 24 and n° 52, p. 89 は、1995年8月3日に制定された大統領恩赦法（法律95-884号）の例を挙げ、品位と名誉に反するすべての行為をその対象から除外していると指摘する。

10 ある医師が、自らが開業しているビルの隣室にエステサロンを開設することを許し、「医療と美容――現代の美容法」と題して、医療的フォローアップとモニタリングを受けられる美容法を提案するクリニックの名刺を配布することにも同意した。この事例で行政裁判所は、医師がエステサロンの商業的運営と医師の専門的活動とを混同しており、専門家としての名誉にもとる行為を行ったのであって、職業上の品位と名誉に関する職業倫理規定に違反するため、恩赦法の対象とはならないと判断した（Conseil d'Etat, 5 July 1972, *Sieur Ouahnon*, Rec. p. 511）。

11 Gras R., "Fin de l'interdiction absolue de la publicité chez les professionnels de santé et instauration d'une liberté de communication encadrée", *JDSAM* 2021, n° 29, p. 92.

12 CJEU 4 May 2017, *Vanderborght*, *aff.* C-339/15 CJEU 4 May 2017, No C-339/15, pt 49.

13 Conseil d'Etat, Règles applicables aux professionnels de santé en matière d'information et de publicité, study, 3 May 2018.

14 Autorité de la concurrence, 15 janv. 2019, nos 19-D-01 et 19-D-02 : *pratiques mises en œuvre dans le secteur de la promotion par Internet d'actes médicaux, et dans le secteur de la promotion par Internet de soins dentaires, dites "Groupon"*.

15 Conseil d'Etat 6 Nov. 2019, n° 416948.

16 医師について2020年政令1662号、助産師について2020年政令1661号、歯科医師について2020年政令1658号、看護師について2020年政令1660号、理学療法士について2020年政令1663号、足部治療師について2020年政令1659号。

Ⅳ　DPF時代の医療選択
――私たちは何を信じ、どのように医療を選ぶのか

磯部　哲

(1)　本稿は、第74回ＮＨＫ紅白歌合戦で石川さゆりさんの「津軽海峡・冬景色」やＹＯＡＳＯＢＩさんの「アイドル」などを楽しんだ翌朝、令和６（２０２４）年元旦に、〝お書初め〟と称して書き始めたものである（その時点で既に相当〆切を過ぎていた点を関係各位に深くお詫びします）。ところが、同日午後4時10分、石川県で震度7の大地震が発生し、刻々と深刻な被害情報が入ってくる事態となってしまった。被害が最小限であることを神に祈りつつ、津波、火災、建物倒壊等の被災状況を知るべくテレビはつけっぱなしにしながら、結局ついスマホを握りしめTwitter（現X）投稿やYahoo!記事などを延々と斜め読みしてしまうので、本稿の執筆が以後全く進まなかったことは言うまでもない。
拙い言い訳はともかく、言いたいことは、現代を生きる私たちの多くは、急ぎ情報が欲しい時や手持

ち無沙汰な時などに、つい、すぐPCやスマホを開いてTwitter（現X）で情報収集したり、Facebook、Instagram やYouTubeを閲覧したり、何か必要があるとGoogleやYahoo!で検索したりしがちだということである。そしてそれは、速報性の要求される自然災害に関する情報のみならず、「医療に関する選択」をする場面でも同様であるように思われる（ここでいう医療は、予防接種ワクチンなど公衆衛生行政に関する話も含めて、広く健康に関わる営みをイメージしておいてほしい）。

(2) 必要なときに必要な医療にきちんとアクセスしたいと願う患者やその家族ら（要するにすべての国民）にとって、その大前提として、必要な情報にも適切にアクセスできる環境が整っていることが望ましい。「適切な医療は、適切な情報なしには選択できない」と言ってよく、医療法という法律でも「医療に関する選択の支援等」として、「医療に関する情報の提供等」とともに「医療広告」を規制しているのであるが、それで「医療に関する選択」を十分支援できているのかといえば、そもそも広告規制以前の問題もあることを含め（後に自由診療の問題について触れる）、課題は残る。

その上で、患者・国民一人ひとりが、DPFで得る医療に関連する情報を適切に評価できるのかにも問題はありそうである。DPF上に万が一健康被害につながりかねない危うい情報の罠がある場合に、誰かがそれを摘発して排除してくれるのか。そんなことはおよそ期待できないしすべきでもないのであって、全ては自己責任というべきなのか。医療に関する情報の取扱いにおいて、DPFの持つインパクトを正確に把握しながら、よりよい医療を患者自身が選択できるよう、適切な情報の流れや取りさばき方はどうあるべきなのかを考えてみたい。

なお、ここでDPFとは、細かいアプリなども沢山あるとはいえ、医療情報を入手するとっかかりとなるGAFAや、種々の検索サイト（病院なび、ドクターズ・ファイル、EPARKなど）を想定しておく。全く土地勘がないところを旅行中に同行者が体調を崩したので、グーグル検索で休日診療所を探した経験などをお持ちの読者諸兄姉もいらっしゃるであろうが、以下、具体的なイメージとして、本稿では以下の2つほどの場面を念頭に置くこととして、ぜひ一緒に考えていってもらいたい。

❶美容痩身に関心があるが、胡散臭い製品は心配で手を出す勇気まではなかったところ、「夢のダイエット！」などのマジックワードが躍るYouTube動画広告へのリンクが目に入り、医師免許を持った院長のいる美容クリニックなら安心と考え、GLP-1ダイエットにトライしようとしている。

❷子宮頸がん予防を目的としたHPV（ヒトパピローマウイルス）ワクチンは、国が積極的な接種勧奨を停止していたが、2022年4月から再開している。その停止期間中、接種機会を逃した女性たちが無料でHPVワクチンを接種できる「キャッチアップ接種」施策が進行しているが、自分の娘のところにも居住する地方公共団体の役所から接種券が送られてきた。HPVワクチンをめぐっては副反応をめぐる裁判などもあったと聞いているので、接種を受けさせるべきか悩んでいる。

なお、令和5年医療法改正で創設されたかかりつけ医機能報告制度は、各病院・診療所がかかりつけ医機能を実施しているか否かを都道府県知事に報告し、その情報をもとに、都道府県・地域の協議の場において医療機関支援・連携の具体的な方法を検討し、地域単位でかかりつけ医機能の強化を図り、都道府県がそうした情報を広く提供・公表する仕組みである。[1] 令和7年4月の施行に向けて制度の詳細を詰めている最中であるが、これが将来の医療選択に資する新たなPF足り得るのかも気になるところである。その際、「情報的行政手法」という観点からは、[2] 報告・協議・公表の各段階で提示される情報の内容が、患者・国民による医療選択に真に資する充実した正確なものであることに加え、そもそも、医療に関するそうした情報の流れをうまくつかめない人（子ども、高齢者、障害者、情報通信技術を十分に活用できない情報弱者も入り得る）に対しては常に適切な支援が提供されることが肝要であるし、そうした様々な医療情報に誰もが溺れそうな時代になれば、結局肝要なのはかかりつけ医との対話と信頼をいかに確保できるかであって、医療プロフェッションのあり方こそが問題ではないか等々、様々論じたいテーマはあったのであるが、紙幅の関係で大幅に省略している。

1　医療広告規制[3]

（1）医療広告規制の概観

医師・歯科医師や病院・クリニックといった医療機関が運営するウェブサイトやSNS等は、医師等が提供する医業等と、医薬品や医療機器とのそれぞれについての情報が交錯する場であり、ウェブサイト等における表示を取り締まる法律も、医業等又は病院・診療所の広告に対する医療法と、医薬品等の広告に対する薬機法とが並立する格好となっている。[4] 紙幅に余裕がないので、医療法の定める医業等に関する広告規制の概要を見ていこう。[5]

医療法2章2節「医業、歯科医業又は助産師の業務等の広告」の規定による規制の対象となる広告（以下、「医療広告」という）該当性の判断にあたっては、医業若しくは歯科医業又は病院若しくは診療所に関する広告等に関する指針（医療広告ガイドライン。以下「GL」という）では、次の2つの要件、患者の受診等を誘引する意図があること（誘引性）と、医業若しくは歯科医業を提供する者の氏名若しくは名称又は病院若しくは診療所の名称が特定可能であること（特定性）とを満たす必要があるとされている（GL第2 1）。[6] 医師・歯科医師又は病院等の医療機関だけではなく、マスコミ、広告代理店、アフィリエイター、患者又は一般人等のいずれもが広告規制の対象である。[7]

医療広告規制の第一の柱は、法令に基づき一定の広告を禁止することである。医療法6条の5第1項は、患者等に著しく事実に相違する情報を与え、適切な受診機会を喪失させ、不適切な医療を受けさせるおそれがあることから、虚偽広告を禁じている。その他、比較優良広告（医療法6条の5第2項1号）、誇大広告（同2号）、公序良俗に反する内容の広告（同3号）、主観・伝聞に基づく体験談広告（同4号の委任を受けた、医療法施行規則1条の9第1号）、患者等を誤認させるおそれがあるビフォーアフター写真等（同2号）が、法令に基づき禁止されている。

第二の柱として、患者等の利用者保護の観点から、広告可能事項を診療科名や医療機関の名称などに限定し、それら以外の広告については原則禁止している。そして、この第二の柱には重要な例外があり、医療機関のウェブサイト等に限っては、一定の要件を満たせば、広告可能事項以外の広告も可能となる。

いわゆる「限定解除」の仕組みであり、平成29年法改正により広告規制の対象をウェブサイトにまで拡大した際に、医療機関のウェブサイト等への掲載を一律に禁ずると、例えば難病や悪性腫瘍の患者が、海外では承認されているが国内未承認の治療薬等、患者が知りたい治療に関する必要な情報が入手できなくなる懸念があるとの指摘が医療関係団体や患者団体からなされたことに由来する。

以上の規制に違反した場合には、GLでは、(ア) 調査及び行政指導、(イ) 報告命令又は立入検査(法6条の8第1項)、(ウ) 中止命令又は是正命令(法6条の8第2項)、(エ) 刑事告発、(オ) 行政処分(法28条〔管理者変更命令〕、29条〔開設許可取消処分・閉鎖命令〕)等、種々の対応が想定されている。また、行政指導に従わず中止命令若しくは是正命令又は刑事告発等を実施した際には、原則として事例を公表することにより、患者等に対して当該違反広告に対する注意喚起を行うなどとされている。

加えて、厚生労働省における取組みとしては、医療機関のホームページに起因する美容医療サービスに関する消費者トラブルが発生し続け、消費者委員会より「美容医療サービスに係るホームページ及び事前説明・同意に関する建議」(平成27年7月)がなされたこと等も踏まえ、厚生労働省はネットパトロールを実施している(委託事業)。ネットパトロールで通報受付・能動監視を行い審査を実施した結果、違反があった場合には、医療機関に通知を行うが、その約85%で改善が確認できており、事実上の取組みとはいえ一定の成果をあげているともいえる。他方、ネットパトロール事業者からの注意喚起で改善に至らない場合、自治体へ情報提供を行うこととなるが、医療機関の対応までに期間を要する事案は存在し、多くは改善や広告中止等の対応が行われるものの、長期未改善事例も一定数ある。その場合でも、報告命令、立入検査、中止・是正命令など法に基づく措置の実施例は乏しい状況である。

（2）未承認医薬品を用いた治療に関する広告――GLP-1を素材に

未承認医薬品を用いた治療に関する広告は、基本的には許されていないが、次の①～④の限定解除要件をすべて満たしていれば可能となる。すなわち、①医療に関する適切な選択に資する情報であって患者等が自ら求めて入手する情報を表示するウェブサイトその他これに準じる広告であること、②表示される情報の内容について、患者等が容易に照会ができるよう、問い合わせ先を記載することその他の方法により明示すること、③自由診療に係る通常必要とされる治療等の内容、費用等に関する事項について情報を提供すること、④自由診療に係る治療等に係る主なリスク、副作用等に関する事項について情報を提供すること、である（③及び④については自由診療について情報を提供する場合に限る）。国内で承認されていない未承認医薬品等を自由診療に使用する場合については、（i）未承認医薬品等であることの明示、（ii）入手経路等の明示、（iii）国内の承認医薬品等の有無の明示、（iv）諸外国における安全性等に係る情報の明示に加え、（v）未承認医薬品等は医薬品副作用被害救済制度・生物由来製品感染等被害救済制度の救済の対象にはならないことの明示が必要とされている。

さて、GLP-1ダイエット事案は、2型糖尿病治療薬であるGLP-1受容体作動薬やGIP／GLP-1受容体作動薬の一部が、個人輸入や一部の美容クリニック等において『痩せ薬』として不適切に使用されているというものである。健康障害リスクの高い肥満症患者に対しては海外で承認されているものの、それは肥満「症」患者についてであって、単に肥満気味の人に適応があるわけではないし、そもそも2型糖尿病を有さない日本人における安全性と有効性は科学的には確認されていない。

ＧＬＰ－１ダイエットの増加は、厚生労働省「オンライン診療の適切な実施に関する指針」（平成30年3月）が令和4年1月に一部改訂され、初診からのオンライン診療が可能になったことが大きく寄与していると推測することができる。同指針は自由診療と保険診療のいずれにも適用されるが、初診対面の原則がなくなったことで、医療機関と利用者双方に、「ＧＬＰ－１ダイエット」のハードルが下がったのであろう。また、当初は注射薬のみであったのが、令和3年2月から経口薬が上市されたことも背景にあるように思われるが、さらなる後押しになったのが広告で、適応外使用である美容・痩身・ダイエット等を目的とした自由診療での処方を宣伝する医療広告がＳＮＳ随所で大々的に展開されている。YouTubeで「ＧＬＰ－１ダイエット」で検索すれば、10剤３３００円！などと白衣を着た院長が宣伝する動画が沢山出てくるので、目にしたことのある読者も少なくないであろう。このように、本来の治療に用いるべき医薬品が不適切に流通され、健康な方が使用しすぎてしまった結果、ＧＬＰ－１製剤について院内処方で入手困難又は院外処方で処方困難であったケースも１０００件近く確認されたという。[8]

（3）科学的エビデンスに乏しい医療をどうするか

適応外使用であるダイエット目的・自由診療での処方を宣伝する医療広告が大々的に展開され、限定出荷も生じたという状況は、上記の広告規制の仕組みが十分実効的には働いていないことを示唆している。現状はほぼ無法地帯と言ってよい。

しかし、よりいっそう深刻な問題は、広告規制の実効性の乏しさに加えて、日本において「自由診療」の領域でエビデンスの乏しい医療の提供ないし医薬品の利用がなされ、歯止めが効かない（歯止めがない）危機的な状況があることである。保険診療以外の場面で適切な医療内容規制が行われていない問題の存在は夙に指摘されてきたが、[9] 自由診療の諸問題については、日本医事法学会においてもここ数年、断続的に取り上げられ、[10] 医事法学的な研究が進展中である。[11] そのような中で、係る問題に対処するために職能団体による自己規律がいかにあるべきかは、考究すべき重要な課題の一つであろう（第2章V河嶋論稿も、同じ問題意識で書かれている）。

学会の取組みにも一定の意義はあるが、[12] 日本医師会という団体はどうか。同会常任理事が記者会見（令和5年10月25日）を行った際の資料では、[13]「GLP-1受容体作動薬を適応外のダイエット目的で使っていることは『処方』ではない。」と喝破し、「糖尿病治療のために使用されるべき貴重な医薬品の一部が、個人輸入や美容クリニックにおいて『痩せ薬』として不適切使用されている実態があること」に懸念を示し、「『GLP-1ダイエット』と広告して自由診療を行っており、健康な方に医薬品を使用することのリスクおよび医薬品適正使用の観点から、このような行為を禁止するべきと考える。」と問題点を指摘する。とはいえ、結論的には、「医師が『医療機関』の名の下に、このような業態に関与していることは、同じ医師として大変遺憾に思う。」、「医薬品は治療が必要で効果が期待される方に対して投与されるべきであり、国民の健康を守るべき医師が、治療の目的を外れた使い方をすることは医の倫理にも反する。」と強調するにとどまる。

そのような（「処方」の名に値しないはずの）処方をする、医の倫理に反する医師の存在が明白であっても、遺憾の意を表するだけで、団体として効果的な策をとろうとするものではない。任意加入の団体であり、有効なサンクションを科すことなどは期待できないことは言うまでもないが、日本のこのような法状況が、免許に関する制度設計として妥当であるかが、改めて問われているように思われる。そしてそもそも、そのような広告宣伝は、「医学的に誤った情報」（後出）以上に、削除されるべきということにはならないのであろうか？

2　医療情報とDPF

さて、以上はもっぱら、DPF上のものを含む広告規制が実効性に乏しいうえ、そもそも自由診療の名の下にエビデンスの乏しい医療が実施されている問題を取り上げていたが、つづいて、事例❷を念頭に、もう少し医療情報とDPFに関する話を進めてみたい。

（1）　DPFの自主的な取組み

YouTubeには、「がんが消えた！」的な、一見して科学的エビデンスがあるとは思えない見出しの動画は多くある。家族が末期がんで抗がん剤も放射線治療も全て奏功せず打つ手はないと言われ、ホスピスを探しながらも藁をもすがる思いで最先端の治療を探していたら、ネットで「がんが消えた！」、「副作用が少なく、体に優しい」といった言葉が目に留まり、症例画像や体験談であっという間に信じ込み、気が付けば数百万円の治療費を支払って……というような事例は枚挙に暇がない[14]。YouTube などでそうした広告をしたところで、医療法の広告規制の実効性が乏しいことは前項で検討した通りである。

ＤＰＦ事業者はこれまでも、不適切な情報を監視してきた。YouTube も、例えば違法薬物・詐欺・脅迫・なりすましなど法律に反する内容を含む違法情報、性・暴力や死体画像など人の尊厳を害しかねない有害情報について、これを禁止する「コミュニティ・ガイドライン」を設け、従来から削除したり警告を発したりしてサイト内を適切な状態に保とうとしてきた。こうした営みは「コンテンツモデレーション」と言われ、社会的な影響力の大きいＤＰＦとしては必要かつ不可欠の業務となっている。そして、２０２３年８月に、YouTube は著しく有害なコンテンツについての方針を刷新し、偽・誤情報に関しても３つの指針を公表している。その中の一つ、「医学的に誤った情報に関するポリシー」[15]では、以下のように投稿の禁止事項が規定されている。

> **以下のいずれかの内容を含むコンテンツは、YouTube に投稿しないでください。**
>
> **予防に関する誤った情報：**YouTube は特定の健康状態の予防または拡大、現在承認および接種されているワクチンの安全性、有効性、成分に関して、衛生機関（筆者注※）のガイダンスと矛盾する情報を宣伝する

コンテンツを許可しません。

治療に関する誤った情報：YouTube は特定の健康状態に対する治療について、衛生機関のガイダンスと矛盾する情報を宣伝するコンテンツを許可しません。これには、地域の公衆衛生機関や世界保健機関が安全または効果的と承認しておらず、深刻な危害をもたらすことが確認されている特定の有害物質や行為の宣伝が含まれます。

事実を否定する誤った情報：YouTube は特定の健康状態の存在を否定するコンテンツを許可しません。

※　具体的な「例」欄で「衛生機関や世界保健機関」と加筆され、さらに「参考情報」欄で、WHO、CDCなどと並んで厚生労働省の予防接種情報へのリンクがはられている。[16]

近年このようにDPFは医療の誤情報も監視対象としてきている。ここで誤情報・偽情報とは、科学的エビデンスが乏しい情報のことであり、例えば「新型インフルエンザ等対策政府行動計画」（令和6年7月2日）においては、「いわゆるフェイクニュースや真偽不明の誤った情報等」を「偽・誤情報」と称している。[17] これらについて、従来は言論・表現の自由にも関わるため、また誤情報は、発信者の単なる思い込みや勘違いの場合など、発信者に悪意が無い場合もあるため、実際には特段の規制対象とはされず放置され、積極的にSNS等でも削除等の対象とされてこなかったが、コロナ禍において、新型コロナワクチンをめぐる言論を通じて種々の動きがあり（コロナ禍の動きについてはルセ論稿、河嶋論稿を参照)、誤情報が公衆衛生上の脅威とみなされ政府や専門家がこれを問題視するようになってきた。

(2) 「医学的に誤った情報」とは?——HPVワクチンをめぐって

しかしこのYouTubeのポリシーにいう、予防・治療等に関する「医学的に誤った情報」について、これを衛生機関や世界保健機関が発信するガイダンスと矛盾する情報と定義していることは妥当であろうか。

ここで、薬害オンブズパースン会議が令和6年5月8日に厚生労働省へ提出・公表した、「YouTubeのコミュニティガイドラインの見直しを求める要請書—厚労省の見解に矛盾する動画を『医学的に誤った情報』として削除対象とすることの問題性—」と題する意見書を参照してみよう。同会議は、「薬害エイズ訴訟の弁護団と全国市民オンブズマン連絡会議の呼びかけにより、平成9年6月に発足した民間の薬害防止を目的とするNGO」(同会議HP)として、医薬品の安全性や健康被害救済の問題等について積極的な提言を続けているが、この意見書は、厚労省の見解に矛盾する動画を医学的に誤った情報として削除対象とすることの問題性を訴える内容である。

以下、HPVワクチンをめぐる事例❷を念頭に、話を進める。ヒトパピローマウイルス感染症、子宮頸がん(子宮けいがん)とHPVワクチンに関して、厚労省HPの示している基本情報は以下である。[18]

> ・ヒトパピローマウイルス(HPV)は、性的接触のある女性であれば50%以上が生涯で一度は感染すると

されている一般的なウイルスです。子宮頸がんをはじめ、肛門がん、膣がんなどのがんや、尖圭コンジローマ等、多くの病気の発生に関わっています。特に、近年若い女性の子宮頸がん罹患が増えています。
・HPV感染症を防ぐワクチン（HPVワクチン）は、小学校6年～高校1年相当の女子を対象に、定期接種が行われています。
・HPVワクチンは、平成25（2013）年6月から、積極的な勧奨を一時的に差し控えていましたが、令和3（2021）年11月に、専門家の評価により「HPVワクチンの積極的勧奨を差し控えている状態を終了させることが妥当」とされ、令和4（2022）年4月から、他の定期接種と同様に、個別の勧奨を行っています。

要望書によれば、同会議が2018年に海外のHPVワクチンの副反応被害者団体の代表をゲストに招いて開催した国際シンポジウムの動画の一部や、副反応患者やその家族、支援者らがYouTubeにアップした動画が、誤った医療情報であるとの理由から削除されるという事態が発生しているという。

HPVワクチンの公費での接種対象は小学校6年から高校1年相当の女子であり、2013年4月から定期接種が始まったところ、接種後に疼痛や運動障害を中心として様々な症状が報告されたので、3か月後の同年6月に厚生労働省は積極的な勧奨を差し控えることとした。積極的な勧奨の差控えとは、公費負担など定期接種としての法的な位置付けは変わらないものの、各家庭に接種券を郵送するなど自治体が積極的に接種を呼びかけることを控えていることを意味している。その後2020年4月、改めてワクチンの安全性・有効性を示すデータが揃ったとして厚労省は積極的な勧奨の再開に踏み切ったのであるが（キャッチアップ接種も同時に始める）、この間、日本はＷＨＯから接種率の低さを批判されていた側面もあった。

一方、ＨＰＶワクチン接種後の健康被害を訴える女性たちは、国と製薬会社2社に対して損害賠償を求め、２０１６年7月に集団訴訟を提起している。その時点で、このように、ＨＰＶワクチンの安全性を認める国やＷＨＯと、同ワクチンによる健康被害を訴える人がいたわけである。薬害オンブズパースン会議によれば、「厚生労働省のリーフレットによれば、ＨＰＶワクチンの重篤副反応疑い報告は、接種者1万人あたり5から7人（約１５００人から２０００人に1人）です。これは、他の定期接種ワクチン副反応の平均値に比べ約8倍という高さです。また、副作用被害救済制度において障害認定等を受けた人は、他の定期接種ワクチンの平均の約20倍です。」とのことであり[19]、その通りであるとすれば、日本脳炎ワクチンやＢＣＧなど他のワクチンに比べてＨＰＶワクチンの副反応疑い報告の頻度はかなり高いと言うことができる。もっとも、ここでいう「副反応疑い」とは、法的にはワクチンと症状との間の因果関係が確定していない概念であるので、厚労省側は、接種後に生じた多様な症状については接種との因果関係が証明されてはいないと評価し、これまで重大な懸念を認められないと判断してきている。このように、因果関係がある可能性があるという主張と、因果関係が証明されていないという主張と、両者の考えは大きく異なっている。このうちの片方の情報は、衛生機関が発信するガイダンスと矛盾する「医学的に誤った情報」として、直ちに削除されるべきであろうか。筆者自身は同会議と同一の見解に立つものではなく、キャッチアップ接種を推進してきた立場でもあるが、それでも、政府の発表するストーリーが常に正しいなどというわけはないという視点を堅持する必要もあると考えている。[20]

(3) 生命・健康に関わる医療情報の特質

ところで、子宮頸がんを防ぐ必要は当然あって、その際は日本で5割にも満たない子宮頸がん検診の受診率の低さといった問題も併せて考慮されるべきである。検診で前がん病変を発見出来れば多くの場合発症を妨げられるので、癌の予防にはそういう情報も重要であるが、HPVワクチンに関する厚労省HPには「検診」の語は出てこず、情報の偏り(別のページにはあるので、情報の縦割り?)がある。このように、そもそもワクチンだけが大事なわけでもないという情報が当然には手元にない中、ただただ結論的に「打つべきか」「打つべきでないか」という結論を急ぐあまり、ワクチンには何が期待できるのか/期待してよいのか、どこまでは分かっていてどこから分かっていないかの情報が十分整理されてこなかったのではないか。健康被害があるかもしれないという言説もある中で、専門的な情報が整理され、誰もが参照可能なように共有できる社会基盤が十分に整備されてこなかったのではないか。[21]

何かおよそ科学的方法論として明白に誤りがあるような場合を除けば、ある医薬品の安全性、リスクベネフィットバランスのように評価が分かれがちな領域において、科学的に一方の主張だけが正しくて、片方の情報は全て制限すべきだというのは、妥当な態度とは思われない。人の生命・健康に関わる医療情報を取り扱う際より重要なのは、正誤の検討に資する素材を収集・分析して、提供された情報の信頼性を確保するべく第三者が検証できるよう情報基盤を整備することにこそあるのではないか。

　というのも、過去の薬害事件は、国が承認した医薬品によって生じてきた歴史があることを、どうしても看過できないからである。サリドマイド事件では、サリドマイドが胎児奇形の原因であるとしたレンツ博士の警告を無視し、販売継続をしたことが日本特有の被害拡大の遠因であったし、緊急安全情報の遅滞などもあり15名の死者を出したソリブジン事件は、医薬品は承認から市販後まできちんと管理下に置くのでなければならないとの教訓を残したのであった。およそ医薬品は、限られた症例数で厳格な条件下で実施される臨床試験の限界で、そこでの情報だけでは安全性を十分には確認できず、承認・市販後に予期しなかった副作用が発生することは不可避であるとの認識を基本として、そのため、薬機法等に基づく種々の取組みがなされているのである。市販後も安全性情報を継続的に収集・分析し、承認権限を有する国だけでなく、広く専門家・研究者らが検討・評価することを通じて初めて医薬品の安全性は確保できるというべきであろう（薬害オンブズパースン会議「意見書」同旨）。厚生労働省を始めとする衛生機関当局の見解だけが正しくて、それに反する／矛盾する見解は「医学的に誤った情報」として一律に削除対応とするという仕組みは、医薬品の安全性確保の歴史的経験知を軽視した深刻な問題を孕んでいるようにも思われるのである。[22]

おわりに

本書及び本書を含むシリーズは、リヴァイアサンとベヒモス（ビヒモス）の二匹の怪獣がしのぎをけずる中で、現在／未来の社会がどのように変容するのか／してはならないのかを考える試みである。本書「提言2」に関わる河嶋論稿では、国家を強大な権力を持つ巨大モンスター・リヴァイアサン（国家）と並び立つ「古参モンスター」として医師専門職を位置付け、新たなモンスター・ベヒモスに喩えられるＤＰＦとともにインフォデミックをどう防ぐかを考察しているが、このように、健康・医療をめぐっては、医療プロフェッションの存在が重要である。

旧約聖書ヨブ記には「河馬を見よ、これはあなたと同様にわたしが造ったもので、牛のように草を食う。」（ヨブ記〔口語訳旧約聖書１９５５年版〕40章15節）とあって、じっさいベヒモスは大きいカバのように描かれることも多いのであるが、「神のわざの第一のもの」（同19節）とも位置付けられているので、あまり化け物のように扱われると可哀そうとの感想をキリスト者として禁じ得ないのはさておくとしても、医療についていえば、ギリシャ神話の医神アスクレピオスを持ち出すまでもなく（彼を祭るアスクレピオス神殿は、古くから有名な神殿医療の道場であった）、およそ人間が誕生、生存して暮らす中で自然発生的に生じてきた営みのはずである。本シリーズで扱う他のテーマ、自由と権力、デモクラシーなどであれば怪獣のメタファーを通じて語ることに馴染みそうではあるが、医療（職）の位置付けはもう少しいろいろあり得るであろう。[23]

日本国憲法は、リヴァイアサン（国家）に対して、「社会福祉、社会保障及び公衆衛生の向上及び増進に努めなければならない。」（25条2項）と定めているが、果たして医療制度をどのように構築すれば責めを果たしたことになるのか、具体的には実は定かではない。とはいえ、少なくとも医療に関する人とモノ、すなわち、医療を医師に独占させペテンを排し（医師法）、医療施設と医薬品については最低限の安全性と質の保証を行える仕組み（医療法、薬機法）は必要で、それらを一切構築していなかったら、憲法の趣旨に反することは明らかであろうが、では、新しい怪獣ベヒモス（DPF）は、どういう風に医療や医療をめぐる情報を扱うべきであろうか。法律の仕組みは全く追いついていないが、少なくとも、上述のように、新旧のモンスターがただ結託して異論を排するだけでよいとは、到底思えないのである。

手塚治虫氏の漫画『ブラックジャック』の中でも特に筆者の印象に残る作品に、「時には真珠のように」がある。命の恩人である外科医・本間丈太郎先生が臨終を迎える際、ブラックジャックは完璧な手術を行うのだが、本間は蘇生しなかった。打ちひしがれるブラックジャックに対し、本間（の霊？）は、彼の背中に手を載せ、「人間が生きものの生き死にを自由にしようなんておこがましいとは思わんかね……」と言葉をかける。思えば、医師の職業倫理について書かれた宣誓文として、世界中の西洋医学教育において現代に至るまで語り継がれている[24]『ヒポクラテスの誓い』では、医神アポロン、アスクレピオスらをはじめ全ての神々に対し、師弟の誓約、医師の戒律・守秘義務の遵守を自分の能力と判断の及ぶ限り全うすることを誓うのであるが、医神アポロンは、優れた予言予知の能力をもち、「人間の生と死をつかさどる」古代ギリシャ最高の医神であった。[25]

つまり、およそ人の生死、生命の神秘の前に、医学や人間の力には限界があるのであって、いま安全とされている医薬品も、必ず安全なのか、全ての副作用が分かっているかといえば、そういうことは言えないのである。

いや、これは、およそ医学は自然の力には及ばないから早々に匙を投げてしまえという趣旨では全くない。慶應義塾の創立者・福澤諭吉先生が、伝染病研究所の設立に尽力した北里柴三郎博士に贈ったとされる七言絶句「贈医」は、大要、医学とは自然と人間との限りない知恵くらべの記録のようなもの、医師は自然の家来に過ぎないなどとは言ってくれるな、病気を見抜いて適切な手当てをし、あらゆる手段を尽くしてこそ、はじめてそこに医業の真諦が生まれるといった内容であった（無限輸贏天又人　医師休道自然臣　離婁明視麻姑手　手段達辺唯是真）。[26] 自然を人智によって制し、人間の生活に活かすのが文明の真髄であり、そうして闘い続けるところに文明や学問の発展があるという福澤先生の思想の現れであり、今なお多くの人が共感するところだと思うのではあるが、そのうえで、やがてあらゆる病因が解明され治せるようになるという福澤先生の極めて前向きな文明観（「天道人に可なり」『福翁百話』所収など参照）を究極の目標としながらも、足元では、現代科学の到達点とその限界を正確に見極めながら、慎重に健康関連情報を扱う必要があるということを言いたいのである。

政府当局に抱き込まれ政策形成に影響を与えたり、「衛生機関のガイダンスと矛盾する情報」かどうかを評価判断するＤＰＦの削除決定に関わったりする場合に、古参モンスターの医学の専門家が、あたかも神のように何もかも真実を知っている存在として、様々な情報発信を一方的に制限できるかのように振る舞うとすれば、薬害の歴史からしても医神アポロンらに誓ったはずの立場からしても、望ましい妥当な姿勢とは思われないのである。専門家だけの閉じた議論も、政府・DPF・専門家らの閉じた議論も、集団的に誤り、誤りを隠蔽し、さらなる危害を及ぼすリスクが否定できないのであって、情報の収集・分析・評価の妥当性を適切に監視できるよう、一連の情報のプロセスを外部からの視線が届くようにすることこそが肝要である。偽情報・誤情報の無制約な拡散などは好ましくなく、健康被害を未然に防ぐ監視体制の構築は重要とはいえ、専門家や政府当局の見解がいつも正しいなんてこともないという歴史の反省を踏まえながら、DPFならではの役割を見出して、適切に担っていくことが期待されている。

※　本研究はムーンショット型研究開発事業JPMJMS2021の助成を受けたものです。

【注】

1　同年の法改正では、あわせて医療機能情報提供制度も刷新（全国の情報を一元化・標準化、正確性・利便性向上）することで、「医療に関する選択の支援」（医療法2章）の充実を図るとともに、慢性疾患患者等に対する書面交付・説明の努力義務化等の改正を通じて、外来医療の流れ・機能分化を推し進め、国民・患者がかかりつけ医を持ちやすい環境を整える狙いがあった。

2　参照、磯部哲「行政保有情報の開示・公表と情報的行政手法」磯部力＝小早川光郎＝芝池義一編『行政法の新構想Ⅱ』（有斐閣、2008年）343-367頁。

3　本項部分については、磯部哲「医療に関する広告規制についての予備的一考察」『甲斐克則先生古稀記念論文集』（成文堂、

2024年刊行予定）所収で詳細に論じている。

4　その他、健康食品関連を含む景表法、健康増進法などの規制状況等も重要であるが、本稿では検討を割愛する。

5　赤羽根秀宜＝井上恵子『Q&A 健康・医薬品・医療の広告表示に関する法律と実務』（日本加除出版、2020年）など参照。厚生労働省HP「医療法における病院等の広告規制について」に、関係法令、ガイドライン及びQ&Aなどが掲載されている。https://www.mhlw.go.jp/stf/seisakunitsuite/bunya/kenkou_iryou/iryou/kokokukisei/index.html（2024年6月10日最終確認。本稿中URLについて以下同じ。）

6　通常、医療広告とはみなされないものとして、学術論文・学術発表、新聞や雑誌等での記事、患者等が自ら掲載する体験談・手記等、院内掲示・院内で配布するパンフレット等、医療機関の職員募集に関する広告などが例示されている（GL第2 5）。

7　医療法6条の5第1項は、「何人も、医業若しくは歯科医業又は病院若しくは診療所に関して、文書その他いかなる方法によるを問わず、広告その他の医療を受ける者を誘引するための手段としての表示（以下この節において単に「広告」という。）をする場合には、虚偽の広告をしてはならない。」と定めている。

8　https://www.med.or.jp/nichiionline/article/011391.html

9　米村滋人『医事法講義』（日本評論社、第2版、2023年）75頁以下など参照。

10　一家綱邦＝大西達夫＝佐藤雄一郎「再生医療法施行後に自由診療として行われる再生医療の実態と法制度」年報医事法学38号（2023年）86-98頁のほか、日本医事法学会第53回研究大会ワークショップ「営利目的の医療に対する規制手段としての広告規制と診療契約」（企画責任者：一家綱邦会員）の記録が、年報医事法学39号（2024年刊行予定）に収載される予定である。

11　小谷昌子「科学的根拠に乏しい診療に対する事前規制の必要性」神奈川法学55巻1号（2022年）53-92頁、一家綱邦「再生医療法に基づくがん治療の現状―安全性・有効性が未確立な医療行為を〝治療〟と称することを可能にする法制度の問題」腫瘍内科31巻5号（2023年）580-585頁など参照。

12　たとえば、日本糖尿病学会は、「医師とくに本学会員においては、不適切な薬物療法によって患者さんの健康を脅かす危険を常に念頭に置き、誤解を招きかねない不適切な広告表示を厳に戒め、国内承認状況を踏まえた薬剤の適正な処方を行ってください。また、特に本学会専門医による不適切な薬剤使用の推奨は、糖尿病専門医に対する国民の信頼を毀損するもので本学会として認められるものでないことを警告します。」と呼び掛けている。令和5年、「GLP-1受容体作動薬およびGIP／GLP-1受容体作動薬の適応外使用に関する日本糖尿病学会の見解」（2023年4月12日）https://www.pmda.go.jp/files/000252782.pdf、「GLP-1受容体作動薬およびGIP／GLP-1受容体作動薬の適応外使用に関する日本糖尿病学会の見解」（2023年11月28日）https://www.pmda.go.jp/files/000265856.pdf参照。

13 https://www.med.or.jp/dl-med/teireikaiken/20231025_4.pdf

14 近時の裁判例に、自家がんワクチンについて争われた、宇都宮地判令和3年11月25日LEX/DB 25591436・東京高判令和4年7月6日判時2553号12頁がある。

15 https://support.google.com/youtube/answer/13813322?hl=ja&ref_topic=10833358

16 https://www.mhlw.go.jp/stf/seisakunitsuite/bunya/kenkou_iryou/kenkou/kekkaku-kansenshou/yobou-sesshu/index.html?sjid=523668684639436944-AP

17 新型インフルエンザ等対策政府行動計画（令和6年7月2日）「第4章 情報提供・共有、リスクコミュニケーション」において、「感染症危機において、情報の錯綜、偏見・差別等の発生、いわゆるフェイクニュースや真偽不明の誤った情報等（以下「偽・誤情報」という）の流布のおそれがあることから、感染症対策を効果的に行うため、可能な限り双方向のコミュニケーションを通じて、リスク情報とその見方の共有等を進めることで、国民等が適切に判断し行動できるようにすることが重要である」とされている。さらに、対応期には、「国は、偏見・差別等や偽・誤情報への対策として、SNS等のプラットフォーム事業者が行う取組に対して必要な要請・協力等を行う。」（3-1-3. 偏見・差別等や偽・誤情報への対応）こととされた。この行動計画は新型インフルエンザ等対策特別措置法6条を根拠とする法定計画である。従来、政府関係機関が偽情報誤情報を監視しデジタルプラットフォーム事業者に対処要請する具体的な法的根拠はなかったが、この改定案に明記されることで、政府が偽情報誤情報を監視し対処要請を実施する法的根拠となり得ることとなった。直接の罰則などはないものの対策の実施方法によっては言論・表現の自由に対する侵害ないし萎縮をもたらすおそれは否定できない。偽情報対策を進めるにあたってその実態が把握でき事後的に第三者が検証可能なように実施状況が透明性を確保することが求められる。

18 厚労省HP「ヒトパピローマウイルス感染症〜子宮頸がん（子宮けいがん）とHPVワクチン〜」https://www.mhlw.go.jp/bunya/kenkou/kekkaku-kansenshou28/index.html

19 薬害オンブズパースン会議「HPVワクチンのキャッチアップ接種の問題点—それでもキャッチアップ接種しますか？—」（2023年11月23日）https://www.yakugai.gr.jp/topics/file/20231123%20HPV_catchup_vaccination_problems.pdf

20 厚労省は、国際標準とは異なる独自の評価基準を維持し、予防接種法に基づいて報告されたコロナワクチン副反応疑い報告の死亡症例の99％以上を「情報不足等により評価不能」としており、Possible相当事例の事後検証が十分なされていない。このような状態では国民の納得も信頼も得られず、安心して予防接種を受けることは困難とならざるを得ないとの批判がされている（以上の詳細については参照、磯部哲「新型コロナワクチン副反応疑い報告に関する覚書」慶應法学50号（2023年3月）37-52頁）。

21 同旨、大脇幸志郎氏（医師、翻訳者）週刊東洋経済2024年7月6日号43頁参照。同氏は、HPVワクチンは比較的信頼性が高いランダム化比較試験でがんの手前の段階である前がん病変が減るところまでは確認されていること、一方、がんによる死亡を減らしたという研究は一例もないこと、前がん病変は切除すれば早産リスクなどが上がること、前がん病変を減らすためにワクチンは接種すべきだが、ただ、がんが減ったという効果は観察研究でしか確認されておらず、死亡率低下と結びつけるのは飛躍していることなどを指摘している。

22 医薬品に関して拡散されることが好ましくない、医学的に誤った明らかに粗悪な情報の存在も否定できず、被害発生前に削除対象とすべき場合もあり得るとは思うが、そのような場合でも、どのような情報がいかなる根拠に基づく判断で誤ったと評価されたのか、十分な意見交換と説明が尽くされる必要はあるであろう。情報の受け手側のリテラシーもまた、問われている面はあるといえる。

23 この河馬は英語であれば「Behemoth」が原語で、ベヒモス、ビヒモス、ビヒーモス、べへモスその他様々な呼び方があるが、本書シリーズではホッブス流の文脈で主に「ビヒモス」が用いられている。憲法学や政治学がどのようなカナ表記を好むかはともかく、ここの表記のあり方は、そもそも聖書に出てくるベヒモスの意味合いの理解にも関わるように考えている。ヘブライ語であればブヘーモートと発音するであろうか、旧約聖書の「新共同訳」ではべへモット、「旧約新約聖書大事典」（教文館）ではべへモートなどとなっていて、カトリックである筆者としては、せめて「ベヒモス」という、個人的に見慣れた表記を採用させてもらっている点をご海容いただきたい。

24 江本秀斗「ヒポクラテスと医の倫理」日本医師会『医の倫理の基礎知識 2018年版』https://www.med.or.jp/doctor/rinri/i_rinri/a06.html

25 訳及び医神アポロンの位置付けについて、大槻マミ太郎訳「誓い」大槻真一郎翻訳・編集責任『新訂ヒポクラテス全集第一巻』（エンタプライズ、1997年）579-582頁参照。

26 慶應義塾大学病院医療・健康情報サイト（KOMPAS）https://kompas.hosp.keio.ac.jp/sp/contents/medical_info/scholarship/

V　インフォデミックに挑む医プロフェッション

河嶋春菜

本書「提言2」[1]は、感染症に関する情報環境の汚染が人々の健康を害する「情報的疫病の蔓延」（インフォデミック）の事例であり、本来健康を守るべき医師が情報的疫病の蔓延に加担したケースであった。それだけでもスキャンダラスであるが、WHOの研究によれば、医師の発信する情報を訂正して拡散を止めることは、政府の発信した情報の場合よりも難しいというから[2]、問題はさらに厄介である。本稿は、この厄介な問題に対し、国、デジタルプラットフォーム事業者（DPF）、医師にどのような対応を期待することができるかを考え、法制度上の手当てを検討するものである。

本稿が注目する医師という専門職は、その「特権」や「権力」で象徴されてきた。法的に見れば、医師のみが医業を独占的に行うことができる。社会的には、専門知の優越性から医師主導で患者に施す治療を決める「医療パターナリズム」が問題になってきた（そのため、インフォームドコンセントが発展した）。政治的には、医師の団体である医師会は、利益団体として政党に対する発言力をもっている。これに対し、コロナ禍中にわたしたちがみた医師の姿は、ウイルスとの闘いの最前線で奮闘する勇姿であった。医師や医師団体は政府の方針に従って予防接種を実施し、協力して病床を用意し、治療を行う先頭に立ったのであり、公衆衛生のために国の手足となって国民に尽くすという、通常の診療の場面とは異なる医師の側面がパンデミック対策では前面に出たといえる。本シリーズのコンセプト[3]に倣い、国家を強大な権力をもつ巨大モンスター・リヴァイアサンに喩えるならば、医師という専門職[4]は、その知識と技術、職業の社会的意義、国家統治との関わり合いの深さ、組織力などにかんがみれば、リヴァイアサンに抱えられながらも、それと駆け引きをしうる程度に大きな権力をもつ「古参のモンスター」であるといえよう。

　冒頭のインフォデミックの例に戻ろう。コロナのインフォデミックの舞台となったのは、DPFが支配するX（旧Twitter）やTikTokなどのSNSであった。公衆衛生では、啓発や教育を含むアドボカシーを重視するため、SNSのような言論プラットフォームが重宝される。DPFは公衆衛生とは無関係にみえるが、公衆衛生に関する情報の流通を支え、そのハンドルを握る新興のモンスターであるといってよかろう。もちろん、DPFが医師と同じ種類と性質の権力をもっているというわけではないが、公衆衛生に対して、正負両面の大きな影響力をもっているのは事実である。現に、インフォデミックに際していち早く情報の適正化に乗り出したのもDPFであり、SNS上での医師の発言さえ、統制（バン）することができた。

ＳＮＳで誤情報[5]が拡散されたとき、リヴァイアサンと新旧のモンスターは公衆衛生の担い手として、どのように対応することができるのだろうか。

1　表現の自由という前提

(1)　国家・リヴァイアサンの誓い

国民の健康を保護する第1の担い手は、国である。憲法25条2項が、「国は、すべての生活部面について、社会福祉、社会保障及び公衆衛生の向上及び増進に努めなければならない」と規定しているからである（傍点筆者）。そこで、国が誤情報対策として、医師の言論を直接制限することが考えられる。医師が誤情報を発信すること自体を法律によって禁止するのである。

憲法21条が国に対し表現の自由の保障を強く求めていることを知っている者なら、すぐにこの方法が実施困難であると想像がつくであろう。推奨されている感染症対策に疑問を投じたり新しい治療法のアイデアを提案したりすることは、たとえそれが政府による発表内容と異なっていたり一般的な医療実践とは乖離しているとしても、表現の自由によって保護される言論であるし、政府に異議を唱える「対抗言論」の存在は、民主主義の熟度を図る指標でさえある。伝達するメッセージの内容が良くないとか誤っているという理由で言論を制限することは、公権力が、自らに都合の悪い言論を制限することに繋がりうるため、とくに避けられなければならないと考えられている。言論の内容を理由とする表現の自由の制限――例えば、わいせつ表現や暴力的表現の制限――が認められるとしても、制限をすべき十分な根拠があり、かつ制限が必要最小限である場合に限られるというのが原則である。[6] 表現の自由の保障は、国が憲法で国民に対し、他の人権と比べても特に固く誓った約束事なのである。

医師による公衆衛生に関する情報の発信も、その内容が政府の政策と異なるからといって制限してはならないことはもちろん、例えば、人々の生命・健康の保護という目的のために制限が必要なのか、隠された別の目的はないか、他の手段によって同じ目的を達成することはできないかなど、厳しいチェックポイントをクリアしなければならない。国が医師の表現の自由を制限することは、よっぽどその必要がある場合の最終手段であって、原則的には、違憲が強く疑われる。

（2） DPFの生命線

ユーザーに様々な表現コンテンツを投稿させ、閲覧数（アテンション）を基準とする広告収益によってビジネスを展開するDPFにとって、[7] 誰でも簡単に参加できる自由な言論空間を提供することは、ビジネスモデルに起因する生命線である。自由な言論空間をビジネス基盤とし、表現の自由の実現に存在価値を見出す新参モンスターにとって、自らのSNS上で投稿を制限することは、最小限にしたいはずである。

しかし、新型コロナウイルス感染症に関する誤情報がSNSで拡散され、インフォデミックが生じたことを受け、SNSを管理する大手DPFは投稿の統制に乗り出した。

Twitter（現X）は、２０２１年12月、「ＣＯＶＩＤ―19について誤解を招く情報に関するポリシー」を公開し、広く入手可能な信頼できる情報源に照らして明らかに誤った情報を発信する投稿をしたユーザーに対し、削除を要請したり、アカウントを一時的にロックしたりする措置をとる方針を発表した。例えば、「パンデミックはでっち上げだ」、「政府や製薬企業はワクチン副反応を隠ぺいしている」、「接種した人に磁気反応が起きている」など、陰謀論として類型される言説が削除の対象になるという。また、科学的な正しさが流動的な情報や、誤情報であっても直接または差し迫った健康被害を生じない情報を発信する投稿に対しては、警告メッセージの表示、「おすすめ」からの排除、リツイートの無効化などの措置をとっている。ただし、何を基準に情報の正誤が判断されるのかはわからない。

YouTubeでは、「医学的に誤った情報に関するポリシー」が感染症対策を含む予防医療に関する情報にも適用されている。例えば、コロナ治療薬になりうるとして一時的に脚光を浴びたが、医学的な有効性は確認されていないイベルメクチンやクロロキンなどの薬を推奨するコンテンツは、誤情報として削除される。情報の正誤は、ＷＨＯや厚生労働省等の公衆衛生当局の発表内容に照らして判断されるという。

ＤＰＦによるこれらの対策は、誤情報を削除するという即時的かつ根本的な対応であるから、インフォデミック対策として効果が大きいかもしれない。しかし、懸念もある。１つは、ＤＰＦが恣意的に良い情報と悪い情報を選別することや、ミスによって誤情報と認定されたユーザーがＳＮＳの言論空間から排除されたり、誤情報発信者としてレッテル張りされたりする懸念である。投稿者が医師である場合、単に注意喚起のつもりで行った投稿がＤＰＦによって誤情報と認定されれば、専門家としての信用を落とすことになるかもしれない。もう１つは、誤情報対策ポリシーはＤＰＦの一存で変わり得るという懸念である。例えば、２０２２年にイーロン・マスクに買収されたTwitterは、同年12月、マスクの意向によってコロナ誤情報対策ポリシーの適用を終了した。[8] ＤＰＦが公衆衛生にコミットするかどうかは、ＤＰＦの私企業としての意向に依存しているといえる。

2　医プロフェッションの誓い

(1)　医師の言論の適正化の糸口

先にみたように、国とＤＰＦは、その理由は異なれど、誤情報を発信する医師の規律を行う適切なアクターであるとも、積極的なアクターであるともいえそうにない。

しかし、表現の自由は、医師による誤情報の発信をも、保護しているのだろうか。表現の自由が厚く保障される理由の一つとして、「思想の自由市場」論がある。[9] これは、多様な言論が流通することによってこそ、誤った情報が淘汰されて真理が残るのであって、何が正しい内容の言論かの決定を政府の都合に任せるのではなく、言論の自由な「競争」に委ねるべきである、という考え方である。「思想の自由市場」論にのっとれば、公衆衛生についても、ＳＮＳで多くの医師が様々な情報を発信し議論を賑わせれば賑わせるほど、真理を追究することができるので好ましいということになる。

しかし、そうではないというのが私たちの肌感覚であろう。ワクチンや治療法の有効性と安全性もマスクの感染予防効果も、一般人による議論ではなく専門家が科学的に導くべきものである（もちろん、専門家の見解をどの程度政策に実現させるかは政治の問題であるが）。医師という専門家を名乗る者には、科学的知見に基づく情報を発信し、そうではない情報の発信を控えることが期待される。

このような医師の責務は、医師自身によってこそ認識されている。世界医師会は、患者に対してのみ責任を負っていたヒポクラテスの時代とは異なり、現代の医師は広く社会に対する責任をも負っているとし、特に公衆衛生に寄与する責務を宣言している。

医師と医師会は、常に自分の患者の最善の利益のために行動する倫理的責務と専門職としての責任を負うものであり、この責任を公衆衛生の確保・促進というより広い配慮や主体的な活動とも結びつけるようにしなければならない[10]

医師は、自分の患者の健康増進のために行動するだけではなく、公衆衛生の向上増進に資するような行動を社会に向けて促すことをも職責としている。誰もがインフォームドコンセントに基づく選択をする権利をもつことは医療の大原則であるといえるが、患者が現実に選択をするためには、健康や公衆衛生に関する情報を得て理解し活用する力を身につけていなければならない[11]。世界医師会は、医師が非専門家のヘルスリテラシー向上のための「教育的努力に積極的に関わっていく義務がある」とも宣言している。[12] つまり、医師が発信することを求められる情報とは、健康のための適切な行動を選択するための情報であって、科学的に根拠に基づく情報――Evidence based Information――に他ならない。

(2) 専門職言論の例外？

専門家が発する情報の内容に科学的妥当性を求め、専門家の表現の自由を制限するという考え方は、思想の自由市場論の発祥地であるアメリカでも、「専門職言論」(Professional speech) と呼ばれて学界や裁判所の支持を得ている。[13] 医師は、高度の医療上の能力を基に専門知を明言 (=「Profess」) する専門家――プロフェッショナル――として、患者との間に「相互主体的な信頼関係」[14] を構築するからこそ、患者に医療を施すことができる。この「信頼関係」は、医師が患者に対して学問知に照らして科学的に根拠のある情報に基づいた明言をするからこそ構築できるものである。このように、医師のもつ「権力」の源泉である職責をつきつめることによって、医師による言論を制限することが正当化されるのである。[15]

では、専門職言論に対する表現の自由の例外は、本書「提言」2で題材にしたアメリカの事例にも当てはまるだろうか。アメリカの動向を見れば、残念ながら答えは「否」である。例えばカリフォルニア州では、故意に「科学的根拠と矛盾し、標準医療から離れた情報」を公衆に発信した医師に対し、州医事審議会 (State Medical Board：SMB) が免許の停止を含む処分を行うことができるとする「誤情報対策法」[16] が審議された。しかし、州議会は、専門職言論による例外は、医師と、当該医師を信頼して受診した患者との関係においてのみ適用されるのであって、医師がテレビやSNSで公衆に向けて発信する言論は、表現の自由の通常の保護を受けると解した[17]。したがって、新法による医師の処分の可能性は、医師が自身の患者に故意に誤情報を提供した場合に限られたのである[18]。この例から、国が公衆一般に対する医師の言論を制限することには、表現の自由の保障のハードルが極めて高いことを想像していただけるだろう。

3　医師の規律手段

リヴァイアサンによる規律——免許制度

カリフォルニア州の誤情報防止法は、誤情報に責任を負うべき医師を医師免許の停止などの処分によって規律しようとするものであった。日本でも、医師の素質を欠く者は医師免許制度の枠組みで処分されるしくみが採用されている[19]。厚生労働大臣は、法定の医学教育を受け国家試験に合格するなどして、医師としての知識・技能と倫理等の素質を身に着けた者に対し医師免許を付与するとともに、事後的に医師としての素質を欠くようになった者の免許を取消したり停止したりすることができる。医師と名乗り（名称独占）、医師としての行為を行うこと（業務独占）ができるのは有効な医師免許をもつ者だけであるから、免許の停止や取消しの処分を受けることは、その期間中、医師としての活動をできなくなることを意味する。

具体的には、厚生労働大臣は、予め医道審議会という医師等の専門家から成る審議会の意見を聴いた上で、医師法が定める要件に該当する医師に対し、戒告、3年以内の医業の停止、または免許の取消しを決定することができる。法律は、医道審議会の「意見を聴いた上で」と定めており、基本的には医道審議会の意見がそのまま処分に反映されると考えてよい。そこで、どのような医師に対し処分が行われるのかを見ると、医師法によれば、障害等により業務を適正に行えない者として省令で定めるもの、麻薬等の中毒者、罰金以上の刑に処せられた者、および医事に関する犯罪や不正を行った者のほか、「医師としての品位を損するような行為」を行った者と規定されている（4条、7条1項）。ただし、刑事罰を受けた医師のみが懲戒処分の対象になっているのが実際であり[20]、「医師としての品位を損するような行為」とは、実務上、犯罪行為をいうと理解されている[21]。

以上を踏まえれば、国による処分を中心とする現在の日本の制度のなかで医師の言論を規律することは、いずれにしても非常に困難である。第1に、既存の制度の枠組みをそのまま使うことはできない。免許制度の運用を踏まえれば、SNSで誤情報を発信することを「医師としての品位を損するような行為」に当たると理解して免許制度上の処分を行うことはできない。行政が国民に不利益を与える場合には、予め明確にされたルールに基づいて行われる必要があるから、突然法律の解釈を変えて誤情報を発信した医師を処分することは違法になる可能性がある。第2に、医師法を改正して、科学的根拠のない情報を発信することが、免許制度上の処分の理由になることを法定することもリスキーである。繰り返しになるが、医師が行う言論にも表現の自由による厚い保護が及ぶから、国がSNS上の投稿内容が正しくないからという理由で医師に不利益な処分を行うことには、表現の自由の侵害が疑われるのである。

4　医プロフェッションの矜持——自律的規律

（1）医師の行動準則

国による規制も、ＤＰＦによるコントロールにも期待できないとすれば、医師による言論の適正を確保するために残された途は、医師の自制に期待することであろう。どんな制度が考えられるだろうか。

　医師が自ら言論の規律を行うしくみをもつ国として、フランスが挙げられる。フランスでも、医師の免許を付与するのは国（厚生大臣）である。しかし、免許付与以降の医師の行為に関する規律は、国が行うのではなく、医師の職業団体である医師会（Ordre des médecins）が行う。その医師会が準拠するのが、医師が守るべき行動準則（コード）のカタログである職業倫理法典（Code de la déontologie médicale）であり、医師会自身が起草した後、政令という形式で国法体系（公衆保健法典）に組み込まれ、公的なルールに昇格される[22]。つまり、医師の品位の保持のための規律は、医師ら自らに委ねられているのである。

　職業倫理法典では、医師が専門職として守るべき言論行動の基準として何が定められているのだろうか、かいつまんで見ておこう。まず、世界医師会が宣言したのと同様に、医師には、政府による保健衛生活動や健康増進教育の取組みに助力しなければならないという、公衆衛生に関する一般的な責務を負っている（公衆保健法典R.４１２７-12条）。次に、公衆衛生政策への協力の一環として健康に関する情報の発信を行う場合、医師は、「それがどのような手段で発信されるものであれ、確立したデータのみを取り扱い、注意深く、自身の発言が一般大衆に与える影響に留意して行わなければならない」（同R.４１２

7−13条）。公衆衛生に関する情報を発信する医師には、受け手による受け止め方に注意して発信をするという節度が求められているといえる。さらに、本書2章Ⅲ（ギヨーム・ルセ執筆）で詳述された通り、2020年の改正では、医師の表現の自由と節度との調整をはかるための条文が創設された。医師は、「インターネット上を含むあらゆる方法で……一般公衆又は医療専門職に対し、専門領域又は公衆衛生に関する科学的に支えられた情報を伝えることができる」（同R.4127−19−1条）。医師の公衆衛生に関する言論は自由である。ただし、「科学的に支えられた情報」の発信に限られるという限定がつけられたのである。

このようにフランスでは、医師が専門職者として自らに課す職業倫理によって、医師の言論に「一般人の受け止め方に配慮しなければならない」、「科学的根拠に基づかなければならない」といった枠づけがされている。国が表現の自由を専断で制限することもＤＰＦに言論環境を支配させることもなく、医師の言論を適正化するルールが存在するのである。職業倫理は、専門職者が、社会的責任を果たして信用を維持するために「どうあるべきか」を明文化したものであるといわれる[23]。医師の職業倫理は、国がつくる政策的な価値ともＤＰＦによる商業的な価値とも異なる価値を追求するルールであり、医師の言論も職業倫理によってこそ統制するというのが、第3の方法である。

(2) 医師の言論の規律の制度化

医師の言論の適正化のためには、医師がルールを策定して自らを縛るだけでなく、その遵守を監視する制度も必要である。フランスでは、医師が仲間のルール違反を審査して、サンクションを与えるしくみもおかれている。医師会には、理事会とは独立した機関として、会員である医師を「裁判官」として構成する懲戒法廷があり、職業倫理法典違反を審理して、違反した医師に対して医師会からの除籍や会員資格停止を含む懲戒処分を行う。フランスの医師会は、日本の医師会とは異なり、すべての医師が加入しなければならない強制加入団体であるから、医師会会員としてのステータスを奪われた者は、たとえ医師免許をもっていても医師として活動することができない。すべての医師が従うべきルールとその遵守の監視、違反者への懲戒を、すべての医師が参加する専門職の集団に委ねるのがフランスのしくみである。

とはいえ、医師会は仲間内で完結するギルドではない。職業倫理法典が政令として効力を発するということは、内閣によるチェックがあることを意味する。また、懲戒法廷の第3審は、最高行政裁判所の裁判官によって行われるので、法的なチェックもはたらく。さらに、患者を含む一般の人が医師会に医師の懲戒処分を求めることができる点では、行政や司法だけではなく市民にも開かれた規律のしくみである。職業団体の閉鎖性を行政や市民の関与によって解消しつつも、医師の規律が基本的に医師の職業団体による自己規律のなかで行うのがフランスのしくみの特徴であり、日本のように行政主体で医師の規律を行うモデルとの大きな違いがある。

（3）「反ワクチン」医師の規律

フランスで医師がインターネット上で政府のワクチン政策に異議を唱えた言論が、医師の節度を超えるとして問題になった事例をみてみよう。

小児予防接種が法律で義務化されているフランスでは、コロナ前から、政府のワクチン政策に反対する言論が盛んであった。消化器内科医であり、がん治療を専門としていたアンリ・ジョワイユ（Henri Joyeux）医師は、2014年以降、個人ブログやツイッターで、9歳以上の女児に対するHPVワクチン接種と、乳幼児の義務接種を11種類に増やすという政府の方針に反対し、「HPVワクチンの大規模接種にNo！」、「ワクチン義務：フランス人は法律と製薬企業に騙されている！」と題するオンライン署名活動を展開して、100万人以上の署名を集めた。

この事件は、2020年の職業倫理法典の改正前のものであるが、医師が一般大衆に向けて政府の公衆衛生政策に反対する発言をする際にどのような節度が求められるか、という問題を懲戒法廷が取り扱った重要なケースである。医師会の懲戒法廷第1審はジョワイユ医師のワクチン政策反対の言論を職業倫理違反とし、同医師を医師会から除籍する決定を行ったが、第2審は、これを覆し、職業倫理違反を認めなかった。ジョワイユ医師は、ワクチンの安全性や効果のすべてに異議を唱えたのではなく、ワクチンの安全性について疑問を投げかけ「慎重な使用を呼び掛けただけ」だと、第2審は判断したのである。

事件は最高行政裁判所による最終審に持ち込まれた。[24] 行政裁判官は、ジョワイユ医師が著名な医師であったにもかかわらず、挑発的で誤解を招く表現を使って署名活動を展開し、一般大衆に向けた発信をする際に求められる注意深さを欠いていたと判断した。その結果、第2審の判断には誤りがあるとして、再審理を命じたのである（破棄差戻し）。ジョワイユ医師のブログを読むと、ワクチンそれ自体に反対する原理主義的な「反ワクチン主義者」でも陰謀論者でもなく、必ずしも嘘や誤った情報によって世論を混乱させる意図があったとはいえない。しかし、「自らの発言が一般大衆に与える影響を懸念すべき」という職業倫理上のルールは、発言の意図を問わない。本来医師は、一般大衆に対し自身の医師という肩書をもって信用（authority）を集められる以上、その信用には「責任ある発言」[25]の義務が伴うが、ジョワイユ医師が署名活動のために使った言葉は過激であり、公衆の判断を惑わせると判断された。「インフォーム」によって、人々の「コンセント」を心理的に操作するような表現が非難されたのであり、政府の見解と異なる内容を発信したことが違法と判断されたわけではない。

5　インフォデミックをどう防ぐか

以上を踏まえ、日本がとりうる対応を挙げておこう。

商業的利益を追求するＤＰＦが医師にとって代わって、人々の健康保護の主要な担い手となり、健康に関する言論の統制を一手に担うことはあり得ない。まずは医師に自らの言論の規律を期待することが順当であろう。医師が、公衆衛生倫理として科学的根拠のある情報を発信する職業上の責務があることを自認し、自らを律することのできる制度を構築するべきである。すなわち、公衆衛生に関する専門職の倫理[26]をSNS時代に合わせてアップデートし、制度化するのである。日本には、GHQによる医師会の「民主化」指令を経た「任意設立・任意加入」化という歴史的経緯のために、すべての医師が加入する職業団体はない[27]。そこで、国が、①「強制設立・強制加入」の団体をつくり、医プロフェッションを中心として、SNS時代の医師の言論を規律するルールと監視のしくみを整えることが考えられる。そのためには、フランスの例も参考にしながら、国が団体に対し法制度上の地位や権限を保障しつつ、外部的なチェックを確保するしくみを備えることも必要となろう。

しかし①の案は、日本の医師法制を根本的に改造するものであり、医師法制の歴史を考えれば、大きな反論がでることも予想される。そこで第②の案としては、任意加入の様々な団体――医師会や医学系学術団体――が協力して、医師の言論に関するルール（ガイドラインなど）を策定し、医師の間で徹底することが考えられる。効率や迅速性に欠けるかもしれないが、最も穏当な方法であると同時に、諸団体が医プロフェッショナリズムをともに再確認するというチャレンジには他ならない。

医師に注目した対応は、すでに行われているDPFの努力を否定するものではないが、DPF単独での対応は危ういものでもあった。そこで、国家と医師、DPFが手を取り合う可能性もあるかもしれない。GoogleがWHOや厚生労働省等の衛生機関の発表を基準に誤情報を判断していることは先に述べた通りであるが、実は、WHOとGoogleは、誤情報対策について協力するという協定を結んでいる[28]。既存の医療系・医学系団体がDPFに対して、科学的な根拠のある情報をファクトチェックのための情報として提供したり、SNS上に優先して表示させたりすることもできるかもしれない。

また、情報を削除してしまうことは必ずしも良い解決策ではない。ネット上で多くの情報に触れられることは、わたしたち一般の患者にとって、医療機関を比較検討する上で有益である。さらに、医師にとっても、医学的根拠の不明確な最新の研究動向や症例を発信して、専門家どうしで検討することが彼らの研鑽の一部になる可能性だってあるかもしれない。医師とDPFが手を組んで、「誤り」とされる情報を情報空間から排除することによって公衆衛生や医療に関する情報に多様性がなくなれば、公衆衛生への理解も進まないかもしれない。フランスのジョワイユ医師事件判決で示されたように、情報の内容ではなく、医師が人々を惑わせるような発信の方法（言葉遣いや、科学的な根拠がある部分とない部分の明示化）を行うことこそが問題ではないか。信頼のある発信方法については、民間団体のファクトチェック活動など、参考になる試みがたくさん出始めている[29]。

最後に、インフォームを受けてコンセントするのは、わたしたち一人ひとりである。日進月歩の医療に絶対はないことを前提に、信頼できる情報とそうでない情報を見極めるためのツールを心得ておく必要がある。

さて、「提言」でアメリカの事例を挙げておきながら、フランスの法制度に学び、日本におけるインフォデミック対策を考えるという世界旅行を行った。まとまりを欠いたが、いまやウイルスにも誤情報にも国境はない。インフォデミック対策を考えるにあたっては、公衆衛生の古参の担い手である医師が、職業倫理を自ら問い直し、試練に立ち向かうイニシアティブをとることが期待されているのではないだろうか。

【注】

1 政治とのかかわりについては、宮田智之「トランプ政権の新型コロナ対応と保守派」東京財団政策研究所（2020年）https://www.tkfd.or.jp/research/detail.php?id=3404（2023年11月27日最終閲覧。以下、ウェブサイトの最終閲覧日は同じ）。また、公衆衛生とポピュリズム政治が結びつくことの危険については、吉田徹「社会的な構成物としてのウイルス―反ワクチン・ポピュリズム・信頼」現代思想48―16（2020年）145―152頁。

2 Borges do Nascimento, Israel Júnior et al. "Infodemics and health misinformation: a systematic review of reviews." *Bulletin of the World Health Organization* vol. 100,9 (2022): 544-561. doi:10.2471/BLT.21.287654

3 本シリーズ第1巻（山本龍彦（編集代表）Pauline TURK＝河嶋春菜編『プラットフォームと国家』（慶應義塾大学出版会、2024年）も参照。この喩えは、山本龍彦「近代主権国家とデジタル・プラットフォーム――リヴァイアサン対ビヒモス」山元一編『憲法の基礎理論』（信山社、2022年）147―181頁に由来する。

4 本稿で「医師」というとき、個々の医師を指していることもあれば、医師専門職団体を指していることもある。特に区別すべき場合にのみ特記する。また、公衆衛生を担う医療従事者は医師だけではなく、すべての医療従事者による公衆衛生への関与が重要であるが、本稿では、検討の第一歩として、法的権能の面で医療従事者体系の頂点に位置づけられている医師にのみ着目することにした（United Nations General Assembly, Resolution: Countering disinformation for the promotion and protection of human rights and fundamental freedoms (2021)）。

5 「誤情報」は不正確な情報の意図しない拡散を指すのに対し、「偽情報」は不正確なだけでなく、欺くことを意図し、深刻な害を及ぼすために拡散される。

6 芦部信喜『憲法学III 人格各論［増補版］』（有斐閣、2000年）403頁以下。

7 山本龍彦「思想の自由市場の落日：アテンション・エコノミー×AI」Nextcom 44号（2020年）4-14頁。

8 BBC News Japan「ツイッター、新型コロナウイルスの誤情報を規制するポリシーを停止」（2022年11月30日）https://

www.bbc.com/japanese/63804414.

9 アメリカにおける思想の自由市場論について、駒村圭吾「多様性の再生産と準拠枠構成」同ほか編著『表現の自由Ⅰ 状況へ』（尚学社、2011年）3-40頁参照。医師の表現の自由について思想の自由市場論との関係で検討すべき事項は多いが、本稿では取り扱うことができない。

10 The World Medical Association, *WMA Statement on Physicians and Public Health*, 1995 (Bali), revised 2006 (South Africa) and in 2006 (Taipei).

11 公衆衛生に関するヘルスリテラシーは、「健康情報を入手し、理解し、評価し、活用するための知識、意欲、能力」であり、「人々の健康維持と増進、それらに資する意思決定には欠かせない」（浅井篤「ワクチン接種の混乱やデマから考えるヘルスリテラシーの重要性」『Nursing Today ブックレット17』（日本看護協会出版会、2022年）28頁）。

12 *The World Medical Association, WMA Declaration Of Lisbon On The Rights Of The Patient, Lisbon* (1981), revised in Bali (1995) and in Santiago (2005), and reconfirmed in Oslo (2015).

13 Robert Post, "Informed Consent to Abortion: A First Amendment Analysis of Compelled Physician Speech", 2007 U. ILL. L. REV. 939, 947 (2007)

14 医プロフェッションの定義については、野崎亜紀子「医事法の基本原理」医事法研究1号（2019年）36頁を参照。

15 松田浩『知の共同体の法理——学問の自由の日米比較』（有信堂、2023年）226-229頁を参照。

16 California Assembly Bill 2098, passed September 30, 2022.

17 このような理解は、専門職言論に関するアメリカの判例理解に基づくものであった。井上嘉仁「プロフェッショナル・スピーチ（専門職言論）の類型化の意義：知識コミュニティ理論からのアプローチ」広島法学43-4（2020年）166-204頁、DOI: 10.15027/49259。

18 新法は可決されたものの、反対する医師団体が訴訟を提起し、誤情報を「標準的ケアに反し、現代の科学的コンセンサスとは異なる情報」と定義してこれを禁止した場合、医師らの自由な議論を委縮させてしまうと指摘。裁判所により執行停止が命じられた（US District Court, Eastern District of California, Case 2:22-cv-02147-WBS-AC, January 25, 2023）。

19 アメリカの免許制度と日本の免許制度には大きく異なる点もあるので注意が必要である。例えば、SMBが免許の付与、更新、処分を担っている点でも、日本の免許制度とは異なる。また、州によってSMBの行政機構上の位置づけや州政府との関係が異なっている。

20 厚生労働省ウェブサイト「医道審議会（医道分科会）」https://www.mhlw.go.jp/stf/shingi/shingi-idou_127786.html

21 処分の件数が少ないことも相まって、「医道」の遵守を確保する制度の運用として適切かどうかという強い批判がなされている（樋口範雄「【医師の基本的責務】A-9医道審議会の組織と機能」日本医師会『医の倫理の基礎知識2018年度版』https://www.med.or.jp/doctor/rinri/i_rinri/a09.html）。

22 フランス医師会の法的位置づけと権限については、磯部哲「フランス医師会の命令制定権に関する一考察」佐藤雄一郎＝小西知世編『『医と法の邂逅 第1集』（尚学社、2014年）69-102頁を参照。

23 加藤尚武編『応用倫理学事典』（2008年、丸善出版）352頁。

24 Conseil d'Etat, 4ème et 1ère chambres réunies, n° 423628

25 François Tomé, « Médecins et expression médiatique vus à travers un panorama de jurisprudence du Conseil d'Etat, juge de cassation des décisions disciplinaires des juridictions ordinales », Les tribunes de la santé, n° 75, 2023, p. 31.

26 児玉聡「公衆衛生倫理学とは何か」赤林朗＝児玉聡編著『入門・医療倫理Ⅲ公衆衛生倫理』（勁草書房、2015年）19頁。

27 神里（所）彩子「GHQ占領期における医師会の設立・加入体制の構築経緯」日本医史学雑誌50巻2号（2004年）243-274頁。

28 日本経済新聞「新型肺炎、WHOが誤情報対策 グーグルと連携」（2020年2月4日 https://www.nikkei.com/article/DGXMZO55231900U0A200C2FF8000/）。

29 「日本ファクトチェックセンター」（https://www.factcheckcenter.jp/）や「Originator Profile」（https://originator-profile.org/ja-JP/）の取り組みを参照。

第3章

AIが人間を教育する時代？

I 教育データ利活用EdTech（エドテック）のELSI（倫理的・法的・社会的課題）論点フレームワーク

加納圭、神崎宣次、岸本充生、後藤崇志、佐藤仁、塩瀬隆之、
髙橋哲、藤村祐子、堀口悟郎、水町衣里、村上正行、若林魁人

1 教育データ利活用EdTech（エドテック）を巡るコロナ禍以降の政策や提言

本項目では初等・中等教育段階における教育データを利活用するEdTech（エドテック）[1]を巡る動向を紹介する。新型コロナウイルス感染症（COVID-19）の流行による全国一斉臨時休校[2]及びGIGAスクール構想[3]の推進を契機に、我が国においてEdTechが本格的に普及していった。そのため、ここではコロナ禍以降の政策や提言を取り上げる。

コロナ禍真っ只中の2020年9月に日本学術会議における心理学・教育学委員会と情報学委員会合同による教育データ利活用分科会から、文部科学省・経済産業省・総務省等の政策に向けた提言「教育

のデジタル化を踏まえた学習データの利活用に関する提言―エビデンスに基づく教育に向けて―」（日本学術会議、２０２０）が出された。学習データを収集・利活用するための制度設計、情報環境の整備、人材育成の重要性が指摘されている。

２０２１年１月に中央教育審議会が「「令和の日本型学校教育」の構築を目指して〜全ての子供たちの可能性を引き出す、個別最適な学びと、協働的な学びの実現〜」を答申し、これまでの実践とＩＣＴとの最適な組み合わせの実現、学校教育の質の向上に向けたＩＣＴ活用の重要性等を指摘した。また、２０２２年１月に「教育データ利活用ロードマップ」（デジタル庁・総務省・文部科学省・経済産業省、２０２２）が策定され、「デジタルの活用により、一人一人のニーズに合ったサービスを選ぶことができ、多様な幸せが実現できる社会〜誰一人取り残されない、人に優しいデジタル化〜」のビジョンの下で教育データ利活用ＥｄＴｅｃｈが推進されていくことや教育データ利活用のルール・ポリシーが策定されていくこと、またその工程表が示された。デジタル庁、総務省、文部科学省、経済産業省が協働していることから分かるように、教育データ利活用ＥｄＴｅｃｈを巡る政策は省庁横断的な複雑なものとなっている。加えて、２０２２年６月に内閣府総合科学技術・イノベーション会議による「Society 5.0 の実現に向けた教育・人材育成に関する政策パッケージ」（内閣府、２０２２）がまとめられ、「「教育データ利活用ロードマップ」に基づく施策の推進」に関するロードマップがあらためて提示された他、「デジタル・シティズンシップ教育推進のためのカリキュラム等の開発」に関するロードマップも提示された。これら政策群を俯瞰すると、教育データ利活用ＥｄＴｅｃｈの推進に加え、教育データ利活用ルール・

ポリシー、ICTデジタル・シティズンシップ教育といった教育データ利活用の環境整備が視野に入っていることがわかる。その後、教育データ利活用ルール・ポリシーに関する施策の一つとして2023年3月に「教育データの利活用に係る留意事項（第1版）」（文部科学省、2023）が公表された。主として個人情報保護の観点から初等中等教育段階の公立学校の教職員、教育委員会の職員等が、児童生徒の教育データを取り扱う際に留意すべきポイントがまとめられている。

これらのことは、日本学術会議（2020）が「パブリックコメントの収集等により国民全体で議論しながら、学習者の人権と個人としての尊厳を脅かすようなことのないように、制度設計や実施がなされているかを倫理審査委員会のような第三者機関を設けて、学習データの悪用を防ぎつつ適切に利活用が進むように定期的に見直していく必要がある」と提言していたことと矛盾しない。一方で、2023年9月に日本学術会議が行った提言後の追記（2023）における「2020年の提言に加えて、注意すべきこと」として「社会におけるデータ利活用の拡がりに伴い、既存の個人情報保護法等の法令、ポリシーやガイドラインの枠組みを超えた広い観点から議論が必要である。新たな法令、ポリシーやガイドライン等を考慮する上で、研究開発の社会実装時に生じる倫理的・法的・社会的課題（ELSI）の観点や、プライバシー保護に関する法規制の世界的情勢との関わりに加え、教育を受ける権利や教育の自由に関わる問題としても注意されなければならない。より具体的には、まず、教育データ利活用におけるデータの収集・保存・処理について透明性の確保が必要である。さらに、それらのデータに基づいた分析・フィードバックや、そもそもの利用目的を理解するために、教育データ利活用の利用者へのリテラシー教育を進めなければならない。」と述べていることからも分かるように、どのような教育データ利活用ルール・ポリシーをどのように策定していくか、どのようなICTデジタル・シティズンシップ教育をどのように開発実施していくかについて課題が残っている。

2 教育データ利活用EdTechの倫理的・法的・社会的課題（ELSI）に関する研究開発プロジェクトの発足

筆者らは、教育データ利活用EdTechに関する倫理的・法的・社会的課題（ELSI）の論点整理と対応方策づくりのための研究開発プロジェクトを科学技術振興機構社会技術研究開発センター「科学技術のELSIへの包括的実践プログラム」下において立ち上げ、実施してきている。2021年10月～2022年3月に実現可能性調査「学習データ利活用EdTech（エドテック）のELSI論点の検討」を実施した上で2022年10月から「教育データ利活用EdTechのELSIとRRI実践」（以下、本PJ）を始めた。筆者らプロジェクトメンバーの所属や専門性は多様で、学際的な研究開発プロジェクトとなっていることが特徴である。また、EdTech研究開発実績を持つメンバーが入っており、EdTech研究開発について知見を有した上でそのELSIについて論点整理と対応方策提案を行っていける枠組みとなっているのも特徴的である（表1）。本稿は本PJによる成果の一部に基づくものである。

グループ	氏名	所属	専門
ELSI 伴走グループ （ELSI 対応方策の提言やインクルーシブなアウトリーチ／パブリックエンゲージメント活動の実施）	○加納圭	滋賀大学教育学系	EdTech 開発・パブリックエンゲージメント
	塩瀬隆之	京都大学総合博物館	EdTech 開発・インクルーシブデザイン
	水町衣里	大阪大学社会技術共創研究センター	科学コミュニケーション
	村上正行	大阪大学全学教育推進機構	教育工学
	若林魁人	大阪大学社会技術共創研究センター	EdTech 開発・ELSI 研究
ELSI 調査研究グループ （EUSI 論点の整理・分析や根源的問いを探究）	○岸本充生	大阪大学社会技術共創研究センター	ELSI・リスクガバナンス
	神崎宣次	南山大学国際教養学部	倫理学
	後藤崇志	大阪大学大学院人間科学研究科	社会心理学・教育心理学
	堀口悟郎	岡山大学学術研究院社会文化科学学域（法学系）	憲法学
ELSI 国際比較グループ （ケース集作成や日本社会適応要素を整理・分析）	○藤村祐子	滋賀大学教育学系	教育行政学
	佐藤仁	福岡大学人文学部	教育国際比較
	髙橋哲	大阪大学大学院人間科学研究科	教育法学

表1　学際的なメンバーで構成される研究開発プロジェクト

3　パブリックコメントの提出

筆者らは、本PJの一環として3つの政策「教育データ利活用ロードマップ」「Society 5.0の実現に向けた教育・人材育成に関する政策パッケージ」「教育データの利活用に係る留意事項（第1版）」の案段階に対する意見公募手続（パブリックコメント）への意見提出を行ってきた。提出意見と提出意見への応答、最終版への反映については次の通りである。

まず、「教育データ利活用ロードマップ」に関するデジタル庁によるパブリックコメント「教育データを利活用する上で留意すべき点はなんだと思いますか」（https://polipoli-gov.com/issues/JpF6PTq1bOIl01oIWO1a）に対し2021年11月18日に次の意見を提出した。

教育データ利活用EdTechの推進には、教育データの取得から利活用や二次利用に至るまで、倫理的・法的・社会的課題（ＥＬＳＩ）の事前の発見と対応方策の確立が必要不可欠です。国としてガイドライン整備や倫理原則の確立が必要ではないでしょうか。法的な観点だけでなく、倫理的な観点や社会的な側面も含めて是非多様なステークホルダーみんなで考えていく仕組みを構築していければと思います。

※ 本ＪＳＴ・ＲＩＳＴＥＸ「学習データ利活用ＥｄＴｅｃｈ（エドテック）のＥＬＳＩ論点の検討」プロジェクトは「ＥｄＴｅｃｈ開発研究者とＥＬＳＩ研究者等とが連携し、ＥｄＴｅｃｈの社会実装を考えている研究プロジェクト」です。ＥｄＴｅｃｈに関するＥＬＳＩ対応ガイドラインや倫理原則等の提言を計画しています。

結果として、前記意見に対して21のいいね！が付けられた。また、２０２２年１月７日に国民からの意見募集結果・有識者との意見交換について（https://cio.go.jp/sites/default/files/uploads/documents/digital/20220107_news_education_02.pdf）が公表され、前記意見が主な論点・ご意見として取り上げられ、ロードマップへ反映されたことが分かった。

次に、総合科学技術・イノベーション会議が実施したパブリックコメント（アンケート）「Society 5.0の実現に向けた教育・人材育成に関する政策パッケージの中間まとめ」に対する意見募集に対し、２０２２年１月12日に次のような意見を提出した。

教育DXへの転換やデジタル技術を最大限活用した「個別最適な学び」の推進には、教育データの取得から利活用や二次利用に至るまで、倫理的・法的・社会的課題（ＥＬＳＩ）の事前の発見と対応方策の確立が必要不可欠です。例えば「教育データを提供しないと個別最適な学びを受けられないのか？」、「複数のアルゴリズムがある場合、そのうちどれを採用するかを決めるルールは誰がどのように決めるのか？」、「不正確なプロファイリングによって、間違った評価を行った場合に修正される仕組みはあるか？」といったＥＬＳＩ論点が考えられます。

国としてＥＬＳＩガイドライン整備や倫理原則の確立が必要ではないでしょうか。法的な観点だけでなく、倫理的な観点や社会的な側面も含めて是非多様なステークホルダーみんなで考えていく仕組みを構築していければと思います。

※　本ＪＳＴ・ＲＩＳＴＥＸ「学習データ利活用ＥｄＴｅｃｈ（エドテック）のＥＬＳＩ論点の検討」プロジェクト（代表者：滋賀大学・加納圭）は「ＥｄＴｅｃｈ開発研究者とＥＬＳＩ研究者等とが連携し、ＥｄＴｅｃｈの社会実装を考えている研究プロジェクト」です。ＥｄＴｅｃｈに関するＥＬＳＩ対応ガイドラインや倫理原則等の提言を計画しています。

その後、２０２２年２月９日に中間まとめに対するアンケート結果について（概要）（https://www8.cao.go.jp/cstp/tyousakai/kyouikujinzai/6kai/siryo2.pdf）が公表された。上記コメントが明示的に取り上げられることはなかったが、「いただいたご意見は、ＷＧ委員や事務局において、一つずつ拝見し、今後の政策パッケージのとりまとめに向けて活かしてまいります。」との応答があった。

最後に、「教育データの利活用に係る留意事項（第1版）（案）」に対してパブリックコメントを提出し、下記Ｗｅｂ上で公表した。紙面の都合上、コメント内容については下記二次元コードからご覧にいただきたい。

提出コメントが「教育データの利活用に係る留意事項（第1版）」に反映されることはなかったが、有識者会議の委員の一人がパブリックコメントに対する拙速な対応について批判的な立場をとったことと合わせて、本ＰＪのパブリックコメントが読売新聞記事（２０２３年3月28日）として掲載された。

一連のパブリックコメントへの応答からは、教育データ利活用ＥｄＴｅｃｈへのＥＬＳＩ対応が急務であること、またそれが故にパブリックコメントを踏まえた修正余地がほとんどないことも分かった。現在は、日進月歩の技術において急速に顕在化してきたリスクへの応急対応が必要なフェーズといえる。一方で、中長期的かつ潜在的なリスクへの対応も同時に求められるだろう。

4　国内外ケース

日本でこれから生じ得る潜在的なリスクを見いだす目的で、本ＰＪではＥｄＴｅｃｈ先進国の一つであり、かつすでに一定の対応方策が構築されつつある米国でのＥＬＳＩ顕在化ケースに注目することとした。[4]

ＥｄＴｅｃｈ先進国である米国ではブッシュ政権下で２００２年に「どの子も置き去りにしない法（No Child Left Behind Act）」が制定された。ＥｄＴｅｃｈを駆使した教育データ利活用により、学力の伸び率等を含めて豊富な分析がなされ、教員評価にも活用されてきた。その一方でＥＬＳＩが顕在化するケースも生じてきた。

例えば、学力テストの結果を教員評価と強く結びつけたことに起因したＥＬＳＩ顕在化ケースとして、下記があげられる。

・学力テストと結びつけられた教員評価で"less effective than average"とされた先生が自殺するという事件（"Teacher's death exposes tensions in Los Angeles," *the New York Times*, ２０１０年）

・学力テストと結びつけられた教員評価で"ineffective"とされたベテラン教員が、教員評価の妥当性をめぐり起こした裁判（"'Arbitrary and Capricious:' Sheri Lederman Wins Lawsuit in NY's State Supreme Court," *The Wshingtom Post*, ２０１６年）

また、このようなＥＬＳＩ顕在化ケースへの対応として州統一学力テストのハイステークス（テスト結果がもたらす利益や不利益が大き）な活用に反対する保護者・生徒によるオプトアウト運動（ボイコット運動）が全米で広がったことも知られている（"Bush, Obama focus on standardized testing leads to 'opt-out' parent movement," *The Washington Post*, ２０１３年）。さらに、生徒の個人情報に関わるデータの情報提供からオプトアウトする権利が規定されながらも、保護者や生徒に十分に通知されていないことが指摘されており（"Without Consent: An analysis of student directory information practices in U.S. schools, and impacts on privacy," *World Privacy Forum*, ２０２０年)、不適切な教育データ取得の懸念がある。

加えて、データの二次利用に関する下記のＥＬＳＩ顕在化ケースがあげられる。

- 高校で軍隊に入るための資格試験が行われ、その結果や生徒の個人情報が保護者の同意なく、軍のリクルーターに送られていた事例（"High School Students' Test Results Are Being Sent to Military Recruiters Without Consent," *Truth Out*, ２０１６年)
- 学校での成績が低かったり、素行に問題があったりする生徒のリストが、犯罪行為に関与するリスクがある者として郡保安局に共有されていた事例（"Using Student Data to Identify Future Criminals: A Privacy Debacle," *Education Week*, ２０２０年)

学校以外の組織による調査やテストのデータが保護者の同意なしに集められ他の組織に共有されているという課題、また学校の成績や素行から犯罪に関与する可能性をプロファイリングするという課題がみられるケースといえるだろう。

5 米国のＥＬＳＩ対応方策

米国ではＥＬＳＩ顕在化ケースに対してどのような対応をとってきたのであろうか。米国では教育に関する事項は州の権限とされているため、教育制度は州によって異なり、児童生徒にかかる情報の取り扱いについても、州の規定がある。そのため、米国と一括りにして議論していくことが難しい側面もあるが、州の規定は連邦政府による種々の情報保護関連の法を前提としている（Connect Safely, Future of Privacy Forum, & PTA 2015）。そこで、本稿では連邦政府レベルでのＥＬＳＩ対応方策について見ていきたい。

まず、Family Educational Rights and Privacy Act（ＦＥＲＰＡ）という、連邦政府から資金援助を受けているすべての教育機関に適用される法律がある。同法は、保護者が自分の子どもの教育に関するデータにアクセスできることを保障し、児童生徒の情報へのアクセスと活用を制限するものである。連邦政府の補助金を受給している学校・大学（ほとんどの公立学校といくつかの私立学校）に適用される。保護者の権利として、自分の子どもの教育データを見ること、不正確な情報の修正・削除を要求できること、自分の子どもの情報の公開を同意もしくは拒否できることが挙げられている。なお、子どもが18歳になる、もしくは大学に入学したときに、権利の主体が保護者から本人へ変更される。同法を巡っては、２０１４年に、カリフォルニア州の学生が、学生が送受信した数百万通の電子メールをスキャンしたとしてGoogleを提訴した事例がある。

次に、Protection of Pupil Rights Amendment（ＰＰＲＡ）という連邦政府の支援の下で行われる児童生徒に対するセンシティブな内容（心理的な問題、非行経験、性行動、家庭内暴力の経験等）を伴う調査等に関して、学校が保護者に調査内容を示し、事前の同意を求める法律もある。同法下において、保護者は、調査に子どもを参加させないようすることができ、マーケティング目的での情報収集に対しても、拒否する権利を有する。

また、Children's Online Privacy Protection Act（ＣＯＰＰＡ）という、13歳未満の子どもに向けたウェブサイトやオンラインサービス等に一定の要件を課す連邦法がある。同法では、13歳以下の子どもを対象にしたウェブサイトやアプリ等を運営している企業に対して、その子どもの個人情報を取得および利用する際には保護者に事前に通知し、同意を得ることを求めている。また、保護者は企業が集めた自分の子どもの情報にアクセスでき、必要に応じて削除を要求できる。学校の場面では、保護者に代わって、教師や教育行政官が同意を提供できるようになっているが、教育的利用に限定されている。同法を巡っては、２０１８年、Oath, Inc.（旧ＡＯＬ、現 Verizon Media）が13歳未満の子どもを対象としたウェブサイトの広告枠を売買することで４９５万ドルの違約金を支払い、ＣＯＰＰＡ遵守プログラムを導入したケースがある。

最後に、K-12 School Service Provider Pledge to Safeguard Student Privacy という第三者組織による自主規制的なプレッジ（宣言）がある。バラク・オバマ大統領（当時）、全米ＰＴＡ、全米教育委員会協会が賛同して２０１４年に初版が発行された。２０２０年に技術、商慣行の変化、法規制の変化に合わせて更新

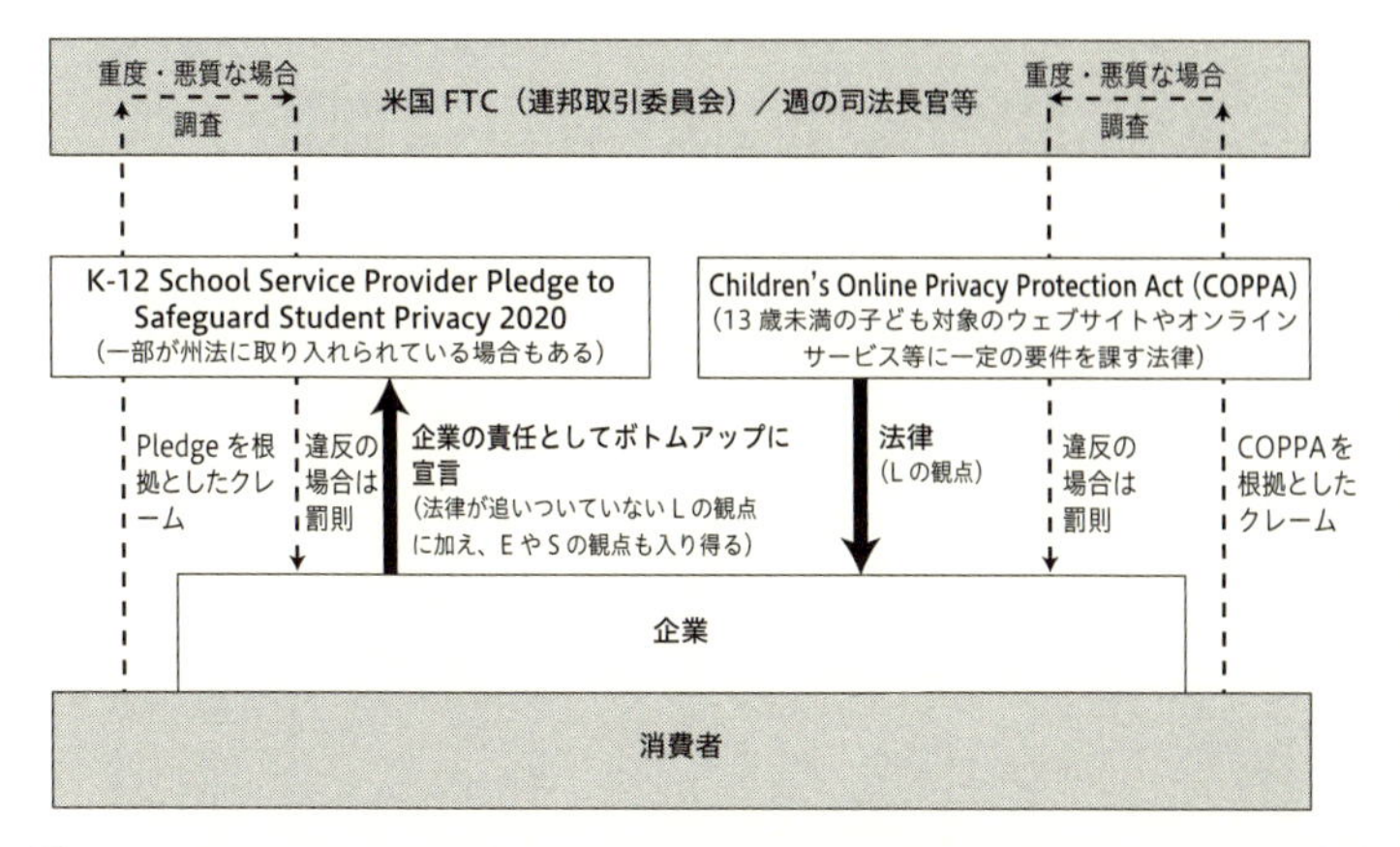

図 1　K-12 School Service Provider Pledge to Safeguard Student Privacy と COPPA の比較

された。すでに450社の企業が誓約書に署名している。

K-12 School Service Provider Pledge to Safeguard Student Privacyは、企業の責任としてボトムアップに宣言されることが特徴で、これにより法律がおいついていない法的（Lの）観点に加え、倫理的（Eの）、社会的（Sの）観点が入り得る余地があることが特徴的である。また、違反した場合にFTC（連邦取引委員会）や州の司法長官に罰せられるスキームとなっている（図1）。

6　教育データ利活用EdTechの範囲整理

米国でのELSI顕在化事例や対応方策を参考にしながら、我が国における教育データ利活用EdTechのELSI論点について考えていきたい。そのためにまずは教育データ利活用EdTechの範囲を整理する。

まず「教育データ」としては、日本学術会議（2020）の提言「教育のデジタル化を踏まえた学習データの利活用

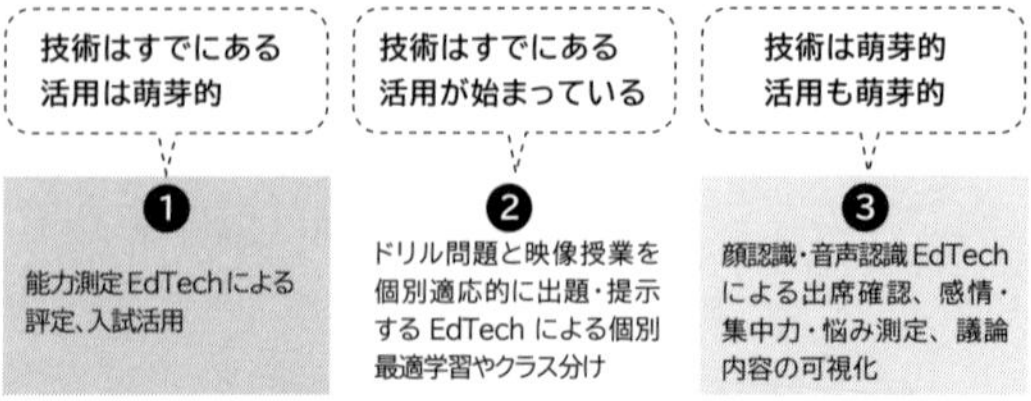

技術はすでにある
活用は萌芽的

技術はすでにある
活用が始まっている

技術は萌芽的
活用も萌芽的

❶
能力測定EdTechによる評定、入試活用

❷
ドリル問題と映像授業を個別適応的に出題・提示するEdTechによる個別最適学習やクラス分け

❸
顔認識・音声認識EdTechによる出席確認、感情・集中力・悩み測定、議論内容の可視化

図2　EdTechの種類とその活用（EdTechのELSI論点101より）

に関する提言―エビデンスに基づく教育に向けて―」において取り上げられている12種類のデータがあげられるだろう。1．学習支援システム学習履歴（デジタル教材閲覧履歴、LMS等の利用履歴、デジタルノートの内容）、2．デジタルドリル学習履歴（回答や正答率等）、3．学習者アンケート結果、4．学籍情報、5．出欠席情報、6．指導計画情報、7．テスト結果（小テストや定期テスト等の結果）、8．成績認定情報（通知表や単位取得等の評定結果）、9．教員アンケート結果、10．健康観察記録、11．日常所見情報、12．保健室利用記録。

次にEdTechに関しては、文部科学省によるEdTechの定義「教育におけるAI、ビッグデータなどの様々な新しいテクノロジーを活用したあらゆる取り組み」をあげることができるが、その範囲は広すぎる。そこで、技術がすでにあるか／萌芽的か、活用が始まっているか／萌芽的かの2軸からなる4象限で捉えることとした。「技術が萌芽的かつ活用が始まっている」の象限はあり得ないため、①技術はすでにある・活用は萌芽的、②技術はすでにある・活用が始まっている、③技術は萌芽的・活用も萌芽的の3象限に整理した。具体的なEdTechの種類とその活用としては、①能力測定EdTechによる評定、入試活用、②ドリル問題と映像授業を個別適応的に出題・提示するＥｄＴｅｃｈによる個別最適学習やクラス分け、③顔認識・音声認識ＥｄＴｅｃｈによる出席確認、感情・集中力・悩み測定、議論内容の可視化が当てはまる（図2）。

7　教育データ利活用ＥｄＴｅｃｈのＥＬＳＩ論点を探り出すフレームワーク

教育データ利活用ＥｄＴｅｃｈのＥＬＳＩ論点を見いだすため、フレームワークを構築することとした。まずは「日本型公教育の再検討」（大桃・背戸編、２０２０）を参考にしながら、「日本型公教育」（教育特有・日本特有事項）としてとりあげられる教育制度・仕組みを、それらを裏打ちする憲法・法令・省令等や文化的背景とセットで22項目あげた。次に、憲法・法令・省令等を法規範の原理と準則に分けた。つまり、「日本型公教育」としてとりあげられる教育制度・仕組みを、A法規範「原理」、B法規範「準則」、C文化的背景の3つのカテゴリーに整理した（図3）。また、A法規範「原理」カテゴリーにあるようなそもそも論に対して憲法・法的な基盤があることが教育分野特有であることを踏まえ、A法規範「原理」カテゴリーには倫理的（E）かつ法的（L）かつ社会的（S）な論点が、B法規範「準則」カテゴリーには法的（L）かつ社会的（S）な論点が、C文化的背景カテゴリーには社会的（S）な論点が含まれやすいと整理した（図3）。

また、A法規範「原理」、B法規範「準則」、C文化的背景の3つのカテゴリーに含まれる「日本型公教育」としてとりあげられる教育制度・仕組みの詳細は図4に示す通りである。

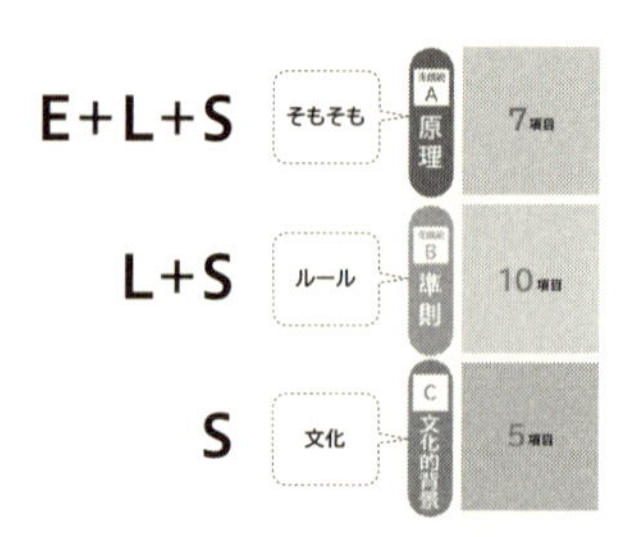

図3 「日本型公教育」としてとりあげられる教育制度・仕組みの3カテゴリー
(EdTech の ELSI 論点 101 より)

A 原理

	「日本型公教育」としてとりあげられる教育制度・仕組み	憲法・法律・省令等
1	教育を受ける権利	憲法26条1項「能力に応じて、ひとしく教育を受ける権利」
2	公教育の無償性	憲法26条1項「教育を受ける権利」2項「義務教育は、これを無償とする」
3	不当な支配の禁止	教育基本法16条「教育は不当な支配に服することなく」
4	私的教育事業に対する公金支出の禁止	憲法89条「公の財産の支出又は利用の制限」
5	個人的人格の尊重、プライバシー権の保障	憲法13条「人格権」「プライバシー権」
6	教育における差別取扱いの禁止	憲法14条「法の下の平等」「差別の禁止」
7	人間教育、人格発達の保障	教育基本法1条「人格の完成」

B 準則

	「日本型公教育」としてとりあげられる教育制度・仕組み	憲法・法律・省令等
8	就学義務制度	学校教育法1条「この法律で、学校とは、幼稚園、小学校、中学校、義務教育学校、高等学校、中等教育学校、特別支援学校、大学及び高等専門学校とする。」
9	学校の設置者の限定	学校教育法2条「学校は、国…、地方公共団体…及び私立学校法…第三条に規定する学校法人…のみが、これを設置することができる。」
10	義務教育の年齢主義(⇔課程主義)	学校教育法17条「保護者は、子の満六歳に達した日の翌日以後における最初の学年の初めから、満十二歳に達した日の属する学年の終わりまで、これを小学校/満十五歳に達した日の属する学年の終わりまで、これを中学校」
11	義務教育の履修主義(⇔修得主義)	学校教育法施行規則57条「小学校において、各学年の課程の修了又は卒業を認めるに当たつては、児童の平素の成績を評価して、これを定めなければならない。」
12	免許状相当主義	教育職員免許法3条「教育職員は、この法律により授与する各相当の免許状を有する者でなければならない。」
13	勤務条件法定主義・公務員の身分保障	地方公務員法の各条項
14	学校における子どもの個人情報保護	個人情報保護法
15	民間事業者教材の大量購入	法律上の根拠が必ずしも明確でない日本型公教育の特徴
16	学習指導要領の法規性	法律上の根拠が必ずしも明確でない日本型公教育の特徴
17	教科書検定制度の厳格性	法律上の根拠が必ずしも明確でない日本型公教育の特徴

C 文化的背景

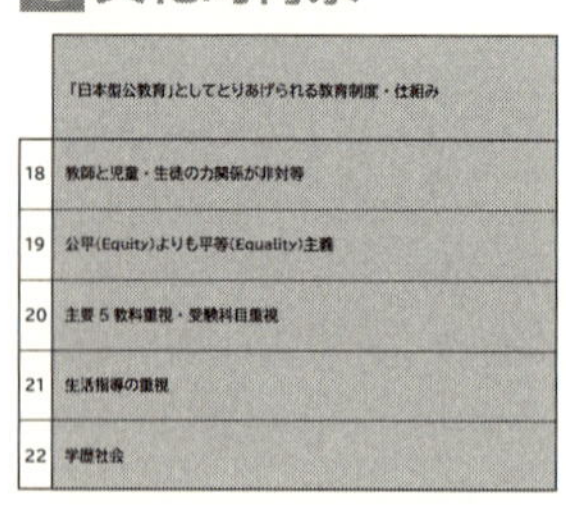

	「日本型公教育」としてとりあげられる教育制度・仕組み
18	教師と児童・生徒の力関係が非対等
19	公平(Equity)よりも平等(Equality)主義
20	主要5教科重視・受験科目重視
21	生活指導の重視
22	学歴社会

図4 各カテゴリーの「日本型公教育」としてとりあげられる教育制度・仕組み
(EdTech の ELSI 論点 101 より)

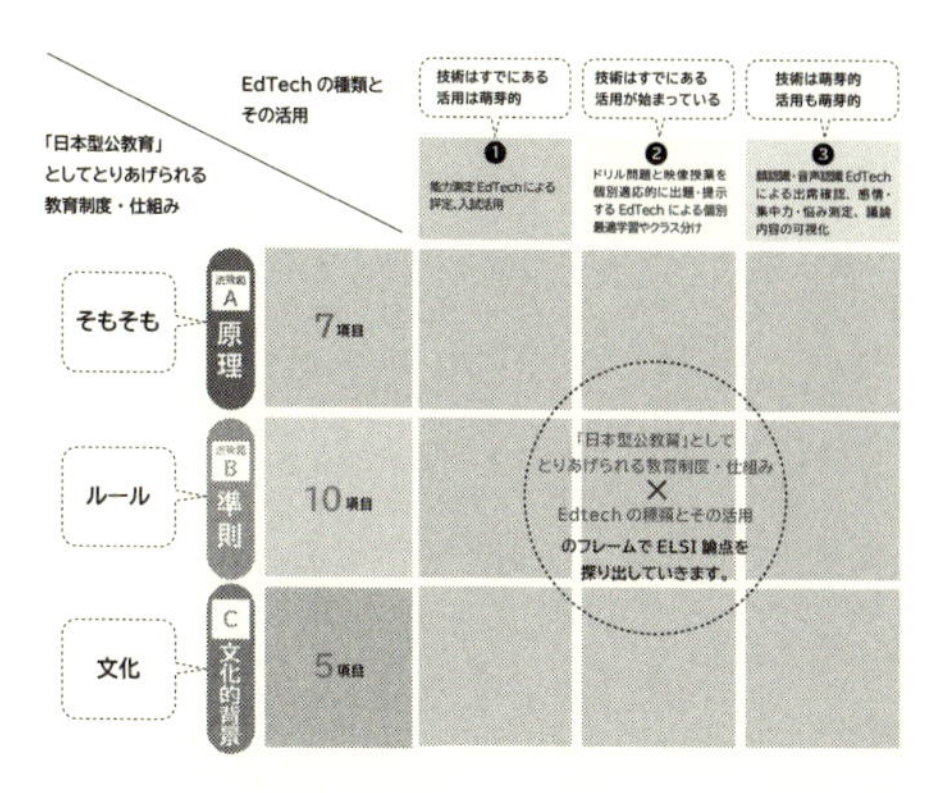

図5　EdTechのELSI論点を探り出すフレームワーク（EdTechのELSI論点101より）

最終的に、すでに整理を行っていたEdTechの種類とその活用の3カテゴリーと、「日本型公教育」としてとりあげられる教育制度・仕組みの3カテゴリーとを組み合わせた3×3のEdTechのELSI論点を探り出すフレームワークができあがった（図5）。

8　教育データ利活用EdTechのELSI論点101及びその波及

前述のフレームワークを活用し、教育データ利活用EdTechのELSI論点を探り出していったところ、101の論点を見いだした。また、その過程でデータ取得時／活用時の論点か、アルゴリズムに関する論点か、EdTech導入以前／後の論点かといった整理をする必要に気付き、同時に整理していった。最終的に、前記フレームワークと見いだした101の論点を紹介する小冊子「EdTechのELSI論点101」をWeb出版した。[5] 紙面の都合で101の論点の紹介は割愛するが、論点の中には前述の米国でのＥＬＳＩ顕在化事例に対応するものが含まれている。例えば「児童・生徒の学力によって、学校をランク付けたり、教員の評価に直結させたりする場合、そのルールづくりが必要ではないか？」「教員評価の対象が、測定できるものに矮小化されないか？」といった論点である。いくつかの論点については、インターネット調査会社の登録モニタを対象に社会的受容を検討する調査を行っている（後藤・加納、２０２３）。調査結果からは、教育・学習が個別最適化されることとその手段としてＥｄＴｅｃｈが用いられることには受容されやすい一方で、教育制度や学校・教師の役割が大きく変わるようなＥｄＴｅｃｈの導入はやや受容されにくい傾向が見られた。ＥｄＴｅｃｈ導入に関して、法による制約をあまり重視しない傾向も見られ、十分な議論がないままでの拙速な導入とならないよう導入に際しては批判的な視点からの議論が必要であることが示唆された。また、ＥｄＴｅｃｈを導入するとしても児童・生徒や教師、学校が利用するか否かの選択権を持つことが望まれていることもうかがわれた。１０１の論点はいずれも日本において顕在化する可能性のあるものであり、今後検討、対応していくことが望まれる。

これまでに「ＥｄＴｅｃｈのＥＬＳＩ論点１０１」が「教育データの利活用に係る留意事項（第１版）」及び日本学術会議による追加提言（２０２３）内で言及されてきており、政策・提言においても検討すべき論点として理解されはじめている。

論点の検討・深掘りに加え、具体的なＥＬＳＩ対応方策づくりも求められるだろう。米国連邦政府による法律に類似した立法が必要となる可能性があるだろう。一方で、日進月歩の技術であるため、法律が追いつかない範囲もカバーしていく必要がある。

そこで、ＥｄＴｅｃｈ関連企業団体によるプレッジ（宣言）が必要となる可能性、教育委員会や学校現場に向けたガイドラインが必要となる可能性など、臨機応変に対応できる複数の可能性をも考慮しながら進めていく必要があるだろう。

付記

本研究の一部はＪＳＴ／ＲＩＳＴＥＸ「科学技術の倫理的・法制度的・社会的課題（ＥＬＳＩ）への包括的実践研究開発プログラム」プロジェクト企画調査「学習データ利活用ＥｄＴｅｃｈ（エドテック）のＥＬＳＩ論点の検討」及び本調査「教育データ利活用ＥｄＴｅｃｈ（エドテック）のＥＬＳＩ対応方策の確立とＲＲＩ実践」の助成を受けている。

また、本稿の一部はプロジェクト企画調査「学習データ利活用ＥｄＴｅｃｈ（エドテック）のＥＬＳＩ論点の検討」終了報告書、情報処理誌ぺた語義への寄稿「教育データ利活用　ＥｄＴｅｃｈ（エドテック）への期待とＥＬＳＩ（倫理的・法的・社会的課題）」（加納圭、２０２３、情報処理、67巻4号、３３２–３３６）、本調査「教育データ利活用ＥｄＴｅｃｈ（エドテック）のＥＬＳＩ対応方策の確立とＲＲＩ実践」２０２２年度報告書、及び筆者らが日本科学教育学会２０２２年年会、日本教育工学会２０２３年秋期全国大会、２０２３年度日本人工知能学会全国大会（JSAI2023）において発表してきた予稿集に基づいている。

【注】

1　Education と Technology をあわせた造語。定義の一つとして「教育におけるＡＩ、ビッグデータ等の様々な新しいテクノロジーを活用したあらゆる取組」（文部科学省、２０１８）が知られる。

2　２０２０年３月２日から春休み前までとして実施された。ただし、感染状況が深刻な地域では２０２０年５月末まで続いた。

3 GIGAはGlobal and Innovation Gateway for All の略である。「1人1台端末及び高速大容量の通信ネットワークを一体的に整備するとともに、並行してクラウド活用推進、ICT機器の整備調達体制の構築、利活用優良事例の普及、利活用のPDCAサイクル徹底等を進めることで、多様な子供たちを誰一人取り残すことのない、公正に個別最適化された学びを全国の学校現場で持続的に実現させる」ことを目的とした文部科学省所管事業。コロナ禍を受けて当初計画を前倒しして実施された。

4 ELSI顕在化事例を米国だけでなく欧州や我が国でも見いだすことができる。また、本稿で紹介する観点以外にも行動データ・顔画像データ・検索履歴データに関するELSI顕在化ケースを見いだすこともできる。詳細については若林・岸本（2023）を参照のこと。

5 下記URLからダウンロードできる。https://doi.org/10.6084/m9.figshare.25866901.v2（最終アクセス：2024年6月16日）

【参考文献】

大桃敏行、背戸博史編（2020）「日本型公教育の再検討」、岩波書店

後藤崇志、加納圭（2023）「初等・中等教育における学びの個別最適化に向けたEdTech利用の社会受容―倫理的・法的・社会的課題（ELSI）の視点に基づく調査」、人間環境学研究、21（1）、3–13頁

中央教育審議会（2021）「『令和の日本型学校教育』の構築を目指して～全ての子供たちの可能性を引き出す、個別最適な学びと、協働的な学びの実現～（答申）」 https://www.mext.go.jp/content/20210126-mxt_syoto02-000012321_2-4.pdf（最終閲覧：2023年11月18日）

デジタル庁、総務省、文部科学省、経済産業省（2022）「教育データ利活用ロードマップ」 https://www.digital.go.jp/assets/contents/node/information/field_ref_resources/0305c503-27f0-4b2c-b477-156c83fdc852/20220107_news_education_01.pdf（最終閲覧：2023年11月18日）

内閣府（2022）「Society 5.0 の実現に向けた教育・人材育成に関する政策パッケージ」 https://www8.cao.go.jp/cstp/tyousakai/kyouikujinzai/saishu_print.pdf（最終閲覧：2023年11月18日）

日本学術会議（2020）「教育のデジタル化を踏まえた 学習データの利活用に関する提言 ―エビデンスに基づく教育に向けて―」 https://www.scj.go.jp/ja/info/kohyo/pdf/kohyo-24-t299-1.pdf（最終閲覧：2023年11月18日）

日本学術会議（２０２３）「教育データ利活用のさらなる促進に向けた考察～データ駆動型教育への対応に向けた論点整理～」 https://www.scj.go.jp/ja/member/iinkai/kiroku/3-20230908.pdf（最終閲覧：２０２４年５月１日）

文部科学省（２０１８）「Society5.0 における EdTech を活用した教育ビジョンの策定に向けた方向性」 https://www.mext.go.jp/b_menu/shingi/chukyo/chukyo3/002/siryo/_icsFiles/afieldfile/2018/06/20/1406021_18.pdf（最終閲覧：２０２３年11月18日）

文部科学省（２０２３）「教育データの利活用に係る留意事項（第１版）」 https://www.mext.go.jp/content/20230908-mxt_syoto01-000028144_1.pdf（最終閲覧：２０２３年11月18日）

若林魁人、岸本充生（２０２３）「教育データ EdTech のＥＬＳＩ（倫理的・法的・社会的課題）を考えるための国内外ケース集」、ＥＬＳＩ ＮＯＴＥ、31、1－31頁

Ⅱ　教育における人工知能
――見出されるべき居場所

エリック・ブリュイヤール、ジョエル・ボワッシエール
／堀口悟郎 訳

人工知能、あるいは少なくとも「人工知能」と呼ばれるものを含む高度なコンピューティングは、非常に注目されているテーマであり、それが雇用や人間の多くの活動に与える影響は大きいようである。Cédric Villaniが2018年にフランスで発表した報告書を含む数多くの報告書が人工知能に焦点を当てているのは、このためである。中国は2030年までにAI分野で世界的リーダーになるという目標を掲げ、それを優先課題としている。

特に運輸、健康、安全の分野で大きな課題が待ち受けていることは確かだが、教育分野についてはどうだろうか。多額の予算（フランスでは15億ユーロ）が用意され、その最初の措置の一つとして、AIとそれが変革しつつある分野の高等教育、特にコンピュータサイエンスとエンジニアリングの修士課程が

強化された。しかし、それ以外で教育分野に割り振られた予算は1200万ユーロ（全体の1％弱）にすぎず、その優先順位は二の次といえる。人工知能は、学校教育、多かれ少なかれフォーマルな教育、そして高等教育に、どのような変化をもたらしうるのだろうか。

この問いに答えるため、まずは歴史的な背景を探ることにする。人工知能を教育に活用しようという考えは新しいものではない。最初に研究が始まったのは半世紀以上前に遡る。この歴史のなかで生じた画期的な出来事を紹介し、いくつかの主要な成果と、よく説明されているさまざまな限界を示そう。ある意味で、この歴史は、果たされなかった約束を明らかにしているともいえる。それが今後も、同じように繰り返されるのだろうか。

次に、パーソナライゼーションと、その教育における二つの主な意味について説明したうえ、アダプティブラーニングについて説明する。アダプティブラーニングは、生徒の学習状態を考慮し、その生徒が対応できそうなものを提案するシステムに基づいている。生徒の知識（扱われている問題だけでなく、その他のテーマも含まれる）、多様な好み、関心、余暇時間、他の共同学習者の位置づけ（これを完全に無視することは不可能である）等々が考慮される。

そのうえで、中国が教育における人工知能に関して取り上げている、主な三つのテーマに戻る。それは、データ（ビッグデータ）、スマートラーニング、そしてプラットフォームである。ここでは、説明可能性とアルゴリズムのガバナンスという中心的な問題について議論することで、教育における人工知能に関する課題を特定し、教育における目的は、デバイスが賢くなることではなく、人間が効果的に良好な条件で学べることである、ということを再確認したい。

1　AIと教育――色あせた歴史と新たな分野

1960年代の終わりには、いわゆるプログラムされた教育には限界がみえた。それは、すべてが事前に計画されていなければならず、学習者の性質が少し変わると、「プログラム」を変更しなければならない。そのうえ、学習者に提案される「対話」や道筋には柔軟性がない（詳しい歴史については、Bruillard 1997 参照）。生徒とオープンな対話を交わし、時に質問を投げかけ、知識を教えて確実に吸収させられるような機械を設計することはできるだろうか。これが人工知能が直面した課題である。1970年には Siklóssy が、自分が何を教えているかを認知するチューターを設計することを提案した。これは、問題を解けるモジュールが組み込まれたコンピュータが、生徒に出した問題に解答し、どうすれば解けるかを説明して、生徒にその方法を的確に教えるというものである。

プログラムされたティーチングマシンの延長線上で、「チューター」という言葉が使われている。たくさんの生徒に教師が一人という構図ではなく、家庭教師のように一対一の対話（生徒一人と機械一台）という形になるためである。対話は自然言語で行われ、学習者が主導権を握り、機械に質問することができる（相互主導型対話と呼ばれていた）。このような対話型の学習は今や着実に根付いている。これは「会話エージェント」と呼ばれるシステムで、主にリモートでやり取りをする会話として急速に発展している機能の一つである。

数学に近い分野では、別の対話型が提唱された。問題を解く工程、特に複雑な計算や式の変換を段階的にフォローするものである。医療に例えると、この相互作用は診断と施術の過程に従って行われる。収集データやそれを分析する技術をベースに診断を行い、その診断を考慮しながら目標や技術に基づいて施術がなされる、という形式である。これはいわば生徒と教師のモデルにあたる。

生徒モデルの構築は、多くの研究を引き出した。この研究は、介入形態により、主に三つのアプローチに分けられる。

一つ目のアプローチは、部分的専門知識モデル、あるいは重ね合わせ（オーバーレイ：Carr et Goldstein 1977）と呼ばれるものである。生徒の知識は、目標とする知識のサブセットとみなされる。このモデルは非常に「実践的」であり、能力の獲得をめぐる断片的なアプローチに適合する。習得すべき能力のリストが提供され、介入プロセスは、まだ習得されていない能力（または獲得されていない知識）の発見または深化に対応する。これらは、それぞれ独立して取り組める場合が多い。

二つ目は、専門知識の混乱に対応した、「誤った知識」を統合する差分モデルである。数学を例にだすと、乗算を一般化し、$(x + y)^2 = x^2 + y^2$（和の二乗は二乗の和！）としてしまう生徒が多い。母国語の構文を外国語の構文にあてはめてしまうなど、外国語の学習でも似たような誤りが見られる。誤った知識を発見することは重要であり、適切な診断を下す方法を見つけなければならない。そして、その誤った知識が定着しないように早急に訂正する必要がある。ベストな方法は、最適なタイミング（VanLehn が「至福」の条件と呼ぶタイミング）で知識を提供し、誤りが生じない教育モデルを確立することである。いずれにせよ、誤りを特定し、それを根絶または回避するための、教訓的な研究が必要になる。

三つ目は、今では科学学習において定着した、誤解（misconceptions）についてのアプローチである。実際、子どもたちだけでなく大人でさえ、電流はパイプの中を通る水流と同じようなものだと誤解していることがあるが、物理現象に対する日常的な認識は、物理学の理論と矛盾することがよくある。誤解は学習の妨げとなることがあり、それを自覚することが重要である。専門知識からいきなり認識の誤りにアプローチすることはできない。先のケースと同じく、推測が容易でない誤解を発見するためには、教訓的な研究を進めることが重要である。

ご想像のとおり、参照モデルのサブセット（部分的専門知識）、参照モデルからの逸脱（差分モデル）、あるいは専門家や参照モデルからかけ離れた誤った概念化のいずれに依存するにしても、こうしたモデルを設計し維持することは容易ではない。このようなことから、コンピューターチューターと呼ばれる、生徒の学習効果という点で「有効」な個別指導を提供するシステムが数多く開発されるに至った。

(1) 形式化された分野における模範的な成功例

広く引用される例は、カーネギーメロン大学の一般的な Cognitive Tutor プログラムである。この教育システムは、実践ベースの学習を支援するもので、さまざまな分野、特に代数分野で利用されている（Koedinger et al. 1987; Ritter et al. 2007）。

1990年代初めに生まれたこのコースは、多くのクラスで継続的にテストされており、1998年から1999年までは75校であったのが、2003年には1400校を超えるほどになっている。2004年には、アメリカ合衆国教育省によって「効果的な」[1]テクノロジーの一つに選出された。このソフトウェアは、研究者が追加データを収集し、プログラムを継続的に改善しており、多くの学校に販売されている。Koedinger によれば、この継続的な実験を通じて、生徒が代数を正しく習得するために何が有効で何が有効でないのかという、教育と学習のプロセスに関する広範な知識が得られるという。

このケースでは、「正しい」解答が簡単にわかり、教育目標が明らかに（狭義的に）定義される教科（数学、特に代数）においては、生徒の学習に関する長期的なデータの収集と分析が成功につながっている。

代数チューターが約30年前から技術的に可能で、学校に導入された一例だとすれば、教育分野におけるＡＩのもう一つの応用分野は、学生や生徒たちに質問し、生徒たちからの質問にも答える「相互主導型」の対話ができるコンピュータチューターである。VanLehn（2011）は、人間のチューターとコンピュータチューター、そしてチューターがいない状態での学習効果を比較した。その結果、コンピュータチューターのシステムには、人間のチューターが教える場合とほぼ同等の学習効果があるという結論が得られた。

AutoTutor はこのアプローチの一例である。これはメンフィス大学のチューター研究グループが開発したもので、当初はニュートンの定性物理学とコンピュータサイエンスの教育を支援するためのものであった。その設計は、学習における生徒の知識に適応的に反応するインテリジェントな個別指導システムの説明に基づく構成主義理論と、個別指導の談話における対話パターンの研究に触発されたものである。AutoTutorは、典型的な人間のチューターの談話パターンと教育戦略をシミュレートし（Graesser et al. 2001）、フィードバックを提供し、より多くの情報を求め、助言を与え、誤解を特定し、修正する（Graesser et al. 2004）。AutoTutorが複数の領域（たとえば、コンピュータリテラシー、物理学、クリティカルシンキングなど）において学習効果を生み出すことが、実験によって証明された（Nye et al. 2014）。AutoTutorの拡張は、チューターと第三者の学生を参加させ、三者間会話にして行われた（Graesser 2016）。こうしてオリジナルのAutoTutorから、1ダース以上のシステムが開発された。

これらの例には将来性が認められるが、従来型の教科指導や個人的な知識習得との関係性が強く、より積極的な参加型学習や共同学習の形態にはほとんど結びつかない。

（2）AIチューターをつくることは、正しい方向なのか？

完全なＡＩアダプティブチューターを実現するには、教育において相互作用する三つの要素に対応できるよう機械に知識を導入しなければならない。その三つの要素とは、テーマ、生徒、そして質問に答えられる教師であり、要するに、何を誰にどうやって教えるか（what, who, how）ということである。そこで、これら三つを関連づけるモデルが導入された。分野モデル（教える分野）、生徒モデル、そして教師モデルである。１９７０年代から80年代にかけて教育分野で行われたＡＩの研究により、教育および学習のプロセスの管理が非常に複雑であることが示され（Bruilland 1997）、機械による制御には大きな障害があることが明らかになった。

実際、最初の大きな限界は、一般的な集団教育に適合しない、生徒一人と機械一台が対峙するという相互交流のモデルにあった。たとえ一部のシステムが共同学習者の存在（AutoTutor の一部拡張と同様）をシミュレートしたとしても、モデルは家庭教師の教育モデルに偏っていた。教師が教室で行うことを理解しようとすると、判断や決断する要素があまりにも多く、そうした状況のモデル化は非常に難しい。そのため、長く続いたＡＩシステムは、主に個別学習に限られていた。

また、そのコンセプトが抱える重大な問題以外では、学習における自動管理の最も深刻な障害は、純粋に実際的なものである。機械が教えられるようになるには、人間に期待されるやり方とほぼ同じ方法で機械が教える、あるいは機械が出す問題に機械が解答できなければならない。しかし、数学やコンピュータのように形式化されていない分野で、そのようなことを実行するのはかなり難しい。さらに、こうした学習を機械が完璧にやれるようになると、同じことを人間が習得する意味があるのかという問題もある。機械が完璧にできることを、なぜ人間が学ぶ必要があるのか。私たちはむしろ、一人で行うのではなく、機械と一緒に行うことを学び、コンピュータ化された活動を開発して、複雑な業務を遂行するために相互の交流をはかるべきではないのか。

最後のポイントは、生徒のモデルに関するものである。すでに述べたとおり、生徒たちは、教育が満たそうとする空の入れ物ではない。生徒たちはすでに、正解か間違いかの知識、ときには不確かな知識を持っており、効果的な学習が確実に行われるためには、彼らが知っていること、あるいは知っていると信じていることを理解することが重要である。広く蔓延している一部の誤った知識について、その特徴を探ると、誤りの原因を見つけることができる。人工知能の技術を使えば、多くの正しい知識の中に紛れ込んだ誤りを自動的に発見することができる。しかし、綿密な研究なしには説明は不可能であり、ましてやそれを乗り越えることはできない。

様々なモデル（学習領域、生徒、教授法）を開発することの複雑さ、そしてそれらを結びつけることのさらなる複雑さを、研究は示してきた。実際、人間の学習とコンピューティングに関する研究は、人工知能への期待が支配的であったが、20世紀末に普及したコンピュータ化された環境を形作ったのは、ハイパーテキストと人間と機械の相互作用に関する研究であった。Douglas EngelbartやAlan Kayといった先駆者たちは、人間の能力を拡張し、あらゆる活動（仕事、遊びなど）を支援するマシンを想像した。そして、そうした機械は現在、特に若者にとって一般的なものになっている。

ただ、この議論は今でも続いている。それは、機械をインテリジェントにすることなのか、それとも人間を支援し、機械を人間の考え方や働き方に適応させて、機械のお蔭で人間がよりインテリジェントになるのを助けることなのか、といったものである。

私たちは、自動的に問題を解決する機械を設計すべきなのか、それとも人間に文献やデータを提供し、人間がそれらを読み込んで解釈し、望ましい行動を決定できるようにすべきなのか。これに似た議論は、パーソナライゼーションと個別学習にも存在する。

2 パーソナライゼーション――2つの相反するビジョンのうち、統制のビジョンが常に勝つ！

数年前から、教育界ではパーソナライゼーションがキーワードになり、人工知能はこのパーソナライゼーションを実現するのに最も適した技術のように思われている。しかし、この言葉には非常に異なる解釈、さらにはこれから紹介する激しい対立さえも隠されている。

(1) パーソナライゼーション――企業にとっては「エビデンス」だが、その定義は困難

今日、学習と教育のパーソナライゼーションを称賛する声が高まっている。一方では、若者たちの新たな期待を考慮に入れなければならない。若者たちは明らかに学校で退屈しており、彼らをサポートするためにも、さまざまな活動やフィードバックを提供しなければならない。また、彼らはいわゆる「最新」の技術を使うことを好む。ただし、最後の点に関しては、彼らは日常的にデジタル技術を使用しているものの、それを学習のために使用することは比較的少ないという調査結果がある。

他方で、教育当局は、生徒を中心に捉え、差別化された教育を行い、個々の生徒一人ひとりのニーズを考慮することが必要だと述べている。たしかに、子どもたちは誰もが違う個性（障害、認知スタイル、学習スタイル、興味や目的など）をもっている。しかし、教師がどのように子どもたちを扱えば、異なる個性を発揮させることができるのか。

個性豊かな子どもたちを支援するために、大小さまざまなEdTech企業がサービスを提供している。

インターネットのサイトを見るとそれがよくわかる。Aurora Institute[2]は、「生徒たちの個性的なニーズを取り上げ、それに応えること。日常的な学習を最適化し、時間単位で学ぶ学習量を最大化すること」を謳っている。また、Centuryは、「わが社のＡＩ技術は、その生徒にとってどのような学習法がベストなのかを理解し、個々の生徒に必要なフォローや課題を提供するために、常に最適化している[3]」としている。パーソナライゼーションの概念を具体的に限定したうえで、これらの控えめにいっても誇張された発言に戻ることとしよう。

パーソナライズド・ラーニングとは何か。その定義は一つではなく、たくさんある！ Great Schools Partnershipが作成したオンライン用語集『教育改革用語集（Glossary of Education Reform）』に記されているとおり、「この用語は、潜在的なプログラムや戦略についての意味を幅広く網羅しているため、修飾語や具体例、あるいは補足的な説明[4]がない場合、明確に定義するのは難しい」。

定義[5]が多岐にわたるだけでなく、教室において使われる場合もかなり多様な使い方になる。しかし、Larry Cubanは、「リーディングリスト、自己評価ソフト、カスタマイズされた授業など、パーソナライズド・ラーニングを組み込んでいる教室、プログラム、学校、地区であっても、すべて伝統的な年齢別の学校構造の中で運営されている。私が訪問したシリコンバレー地域の公立学校で、百年来のこの学校運営方式から逸脱した学校は一校もなかった[6]」と指摘している。

いずれにせよ、学習の目標、内容、方法、ペース、場所など、さまざまなパーソナライゼーションの形態を挙げることができる。また、学習者と学習システムのどちらを適応させるべきかという問題もある。個人の性格や目標、ニーズに応じた教材を学習者に提供すべきなのか、それとも、自身の学習に最も関連すると思われる教材を学習者が選択できるようにすべきなのか。

（2）パーソナライゼーションに関する二つの相反する歴史的ビジョン

Justin Reich[7] によれば、学習はパーソナライズされるべきであり、学習体験は個々の生徒に合わせて調整されるべきであり、そうしたパーソナライゼーションは新しいテクノロジーによって実現できる、という考えに誰もが同意しているようである。しかし、この「パーソナライゼーション」という言葉の意味は一つではない。すなわち、それは、

- 「テクノロジーを活用して標準化されたテストで生徒の能力を個別に診断したうえ、アルゴリズムを適用して個々の生徒に適した挑戦的なコンテンツをその生徒に合う方法で提供し、テストの成績を向上させる」ことなのか
- それとも、「個々の生徒に情報と専門知識の世界を開き、研究し創造する力を与え、興味と情熱をさまざまな方向に向けられるようにする」ことなのか

教育の産業モデルを採用し、個々の子どもに組み立てラインを与えるか、それとも工場を爆破し、何か別のもの（おそらく創造的な機関）を建設するか。Reich は、歴史家 Ellen Lagemann の分析を踏襲し、20

世紀の教育史では、Thorndike と Dewey が争い、Dewey が敗北したとみる。事実、Dewey は多くの科学分野に影響を与えたが、教育の分野により大きな影響を与えたのは Thorndike の考え方であり、それは（アメリカにおける）公立学校の実践の形成に貢献した。Gibboney（2006）によれば、Thorndike は人間を機械のイメージで捉えたのに対し、Dewey は人間を生命のイメージで捉えた。Thorndike は、客観的な測定に基づく教育科学を支持し、Dewey は、たとえ結果の測定が難しいとしても、学校を生活に似せることを支持した。Reich は、なぜ Thorndike のビジョンが勝利したのかを理解する必要があると結論づけている。

なぜ統制が解放に勝ったのか。それには複合的な理由が考えられる。

まず、教育産業の成長が、指標をベースにする統制的な手段を強化したことがある。もちろん、これらの指標の値を計算できなければならず、そのためには、ベンチマークに対応する小規模で独立した課題、（プログラム化された教育のような）小規模な段階が必要である。また、「エビデンスに基づいた」（evidence based）活動を行うことは、明確に識別可能な実証済みの実践（グッド・プラクティス）を優先することにつながる。その結果、注意深くマークされた道筋に沿って展開される習得の教育学、あるいは習得の幻想が生まれる。さらに、課題が細分化されることで、特定の課題に適応した教材が開発・提供されるようになり、新任の教師、あるいは知識のない教科を教えなければならない教師にとって、心強い支援になる。教育管理者からすれば、このようなことはすべて、教師や生徒の活動を傍でみることができ、しばしば管理しているような錯覚に陥る。要するに、教育の産業化のプロセス（Moeglin 2010; 2016）が、しばしば避けられないものとして提示され、それが統制の側面を強めているのである。

これと同じ対立が、eポートフォリオにおける、物語として記述されたものと、データベースに基づいたものとの間にも見られる。学習のeポートフォリオとは、一定の成果を通して学生の学業の質と成長を証明する、最終的で根拠のある文章の集まりである。これには、遺伝的側面（時間の経過に伴う進化を示す）と反省的側面（行ったことを批判的な視点で見る能力を示す）が組み込まれている。しかし、教育機関の評価データにおける統一性のニーズを満たすためにデータベースのように構造化すると、長年ポートフォリオの旗印だった表現の創造性が失われるおそれがある。「真正で反映的」な評価から、二つの競合するプロセスによる認定のためのデータの集約に移行してしまう。一つは、活動や計画のレベルのプロセスであり、もう一つは、行動や試験のレベル（基礎的能力のリスト）のプロセスである。自分のポートフォリオを、ビジョンやアプローチを表現する作品集としてではなく、「能力の証明」のリストとして考えるアーティストには、人々に自分の芸術的「価値」を認めさせることは難しいだろう。

いずれにせよ、企業はこの二つの相反するビジョンに何らかのかたちで乗っかっている。たとえば、Anrora Institute は、パーソナライゼーションの定義を次のように提案している。「可能な限り高いレベルを確実に習得するうえで必要な柔軟性とサポートを提供するために、生徒が自分自身を表現し、何を、どのように、いつ、どこで学ぶかを選択できるようにすることを含めて、各生徒の長所、ニーズおよび興味に合わせて学習を適合させること」[8]。しかし、これは「リアルタイムのデータを活用して、各生徒が最も必要としているところに的確に介入する」ことに行きつく。この技術主義的なパーソナライゼーションのビジョンにおいて、本当に生徒固有のニーズを特定し、それに応えることができるのだろうか。教師中心のクラスから生徒中心のクラスへ、さらにできれば、生徒自身がペース、ツール、学習目標を自身の興味に応じて選択できる、いわば生徒「主導」のクラスへの移行は、すぐにはできない。パーソナライズド・ラーニングを発展させるには、たとえばプロジェクトベースの教育など、テクノロジーに頼らない他の手段もある。[9]

機械に頼る学習は、個人主義的になる。現時点では機械は他のことをする術を知らないからだ！　しかも、多くのデータを収集しなければならない。実際、十分な制御を行うためには、人工知能のモーターを動かす燃料が必要である。その結果として、何らかの悪循環に陥いる。ＡＩの機能には多くのデータが必要で、機械や正しい使用法、サポートが求められるが、これは生徒の体験を何らかの方法で構造化してしまう。そうなれば、パーソナライゼーションは標準化される危険性がある。

人工知能――空想と近似！

ＡＩ（人工知能）の話題は盛んだが、情報に通じ、バランスが取れたものはほとんどない。実例として、最近のインターネット記事を見てみよう。２０１９年８月、『Siècle digital』は、「デンマークのＡＩは、生徒の行動や成績を監視するために使われる」[10]という見出しを掲げた。これは、ＶＢ（Venturebeat）が「Researchers use AI to track students' performance in on line courses」[11]と題して放送したニュースを取り上げた記事である。このニュースは、２０１８年７月に行われたＥＤＭ（Educational Data

Mining）のシンポジウムで発表された学術論文（Lorenzen, Hjuler, Alstrup 2018）[12]に言及している。ところが、この論文には人工知能を連想させるような言葉が全く出てこない。デンマークの小学生たちが使うClio Onlineというオンラインアプリのログファイルの分析で、通常の数学的技法（マルコフ連鎖）を使ってクラスタリングを行っているものだが、フランス語と英語のインターネット記事の内容を比較すると、参照された学術論文とは隔たりがあることに気づく。完全に虚偽ではないにせよ、いい加減である。たとえば、生徒を「追跡」することではなく、記録されたファイルを事後的に研究することが問題なのである。

フランス語の記事には、「研究者たちは、デンマークの生徒と学生のデータ1万4810人分を調査した」とある。しかし、この1万4810人という数字が正しければ、それはデンマークの小学校向けにデジタルコンテンツを提供する最大のプロバイダーClio Onlineの参加者である。彼らは学生ではない。

「これらの結果は、たとえば、科学的な課題に取り組む生徒たちは、読書にかなり多くの時間を費やしていることを示している。言語の学習に取り組んだ生徒たちは、一般に、集中的に取り組んだ場合にのみ、良好な成績を収められる」とある。しかし、この学術論文が示しているのは、「文章の講読がより重要視される他の科目よりも、クイズに参加することで生徒の言語能力が向上するようだ」ということである。面倒な比較を避けるために、最後に結論だけを記しておこう。「近い将来、教師が個々の生徒に合わせた授業計画が立てられるよう、クラスごとに時間的な変化を追跡できるシステムを開発したいと考えている」。しかし、これまで見てきたとおり、まだリアルタイムの追跡システムは存在せず、できることはただ期待することだけである。「たとえば言語を習う生徒に学習クイズを推奨したり、生徒が学校でシステムを使用する時間を確保したりするなど、教師が生徒に最適な行動を促すことを助けてほしい」と。

これほど短い文章で、こんなに多くの間違いを見つけるのは難しい！　英文のインターネット記事ではまだ間違いが少なく、劣化したコピー＆ペーストがなされたことは明らかだ。

3　教育におけるビッグデータ――収集されたデータは、誰に何を語りうるのか？

よりよく教え、学ぶには、相手をよく知ることが大切だ、ということには教師や指導者たちも同意するはずである。そのため、生徒や学習者たちがこれまでにしてきたことやその歴史、知っていることとできること、環境や制約、目的、目標を知ることが役に立つ。対面式の授業では、欲しい情報がない場合、もう見たことがあるかどうか、何を知っているかなどを尋ねることができる。一種の共適応化の関係を確保し、教師と生徒たちの間に信頼関係を築くという考えである。

今の文脈で、学習者に関するデータの収集について話そう。データはないよりもあったほうがいい。では、すでにデータを持っているのに、さらに多くのデータを収集する方がよいのか。さらなるデータは必要で、役に立つのだろうか。

素朴な技術的観点からは、データは多ければ多いほど効果があると思われるかもしれない。しかし、これは自明とはいいがたく、よくいわれる「多すぎるデータはデータを殺す」という表現があてはまる可能性がある。

実際、データの収集は中立的なプロセスではなく、教育の関係性を変える可能性がある。データが網羅的で完全だと思うのは幻想であり、収集された部分的なデータの性質、つまり何が明らかになり、何が隠されたままなのかについて考えることを妨げる。データ収集の目的そのものを問い直すべきである。我々が目指しているのはコントロールなのか、完全な透明性（パノプティコン）なのか。そして次に、いくつかの能力が問題になる。データの処理能力や解釈能力（データや処理結果）、そして介入能力である。

以下では、ビッグデータの意味を明らかにし、その収集と処理が教育に何をもたらすのかについて、いくつかの例を示そう。

(1) 特定のインフラが必要なビッグデータ

ビッグデータとは何を意味するのか。それは大量、多様、リアルタイムという主に3つの特徴を持つデータフローである。これらは3Vと呼ばれる。つまり、Volume（データの規模）、Vélocité（収集と処理の迅速性）、Variété（構造化データまたは非構造化データの多様性）である。

ほかにも特性が追加された結果、Vの言葉で始まる新しい言葉が現れた。追加されたのは、データがアクセスしやすく使いやすいことを意味する可視性（Visibilité）と、データの品質を意味する真実性

（Véracité）で、これらを合わせると5Vになる。可視化されたデータは適切な分析（適切な決定）を可能にする。さらに、性質や判断の違いに関わる（コンテクストの）可変性（Variabilité）、変化するデータと興味深いデータ処理を意味する有用性（Valeur）が加わると、7Vになる。さらに10Vとなると、Volatilité（鮮度と保存性）、Vulnérabilité（脆弱性）、Validité（有効性）[13]が追加される。

あるアメリカのウェブサイト[14]では、Venue（データの出所、所有者、アクセス制限）、Vocabulary（データモデル、オントロジー、分類法など）、Vagueness（ビッグデータの分野でさえ混乱！）など、10Vの特性が驚くほど異なっている。

2017年には、このVは信じられないほどの数に達しているが[15]、これはBig Data and Data Science[16]の42のVが加わったためである。同じページから引用された図には、Vのリスト（英語）とそれが登場した年が表記されている。解説者によると、10Vの解釈が異なるため、15Vと数えることもできる！

いずれにせよ、このようなビッグデータを管理するには、大容量のストレージスペース、リアルタイムのデータ収集インターフェース、データの整理、処理、可視化ソフトウェアなどが必要になる。従来のデータベースの管理ソフトや情報管理ソフトでは、このような非常に大きなデータを丸ごと処理することができないため、Hadoop や Spark のような特殊なオープンソース・インフラストラクチャもつくられた。

そもそもの考えは、facebook や YouTube その他のオンラインサービス[17]でユーザーがつくり出すデータ量を意識するようになった2005年に遡るようだ。こうしたトレンドの原点にあるのはマーケティングである。それは本当に教育に関するものなのか、それとも大企業が指示しようとする行動に関するものなのか。

(2) 教育分野における大量のデータ収集――説得力の乏しいデータ処理

データを大量に集めることができるとして、それが教育に何をもたらすのか。いくつかの例を挙げながら、その可能性について考えてみよう。

① MOOCでの成功――十分にクリックしたか?

最初の例は、MOOC(大規模公開オンライン講座)に関するものである。2011年にメディアで紹介されたときは、大きな発展、さらには革命だともてはやされた。もちろんマス教育ではあるが、パーソナライズされたマス教育が約束されている。数万人、場合によっては数十万人の参加者を集め、大量のデータを自動的に収集して処理し、特にどのような間違いがあり、どのような改善策が効果的であったかを学ぶことで、新しいバージョンに更新するたびにコースを継続的に改善することが可能になる。

10年経った今、その結果は印象的なものになるはずだ。マサチューセッツ工科大学とハーバード大学(EdXプラットフォーム)のMOOCデータにアクセスしたJustin Reichは、ある種の皮肉を込めて、このデータから学習に関する大いなる法則を導き出した。基本的に、学生や生徒はやればやるほど成功する可能性が高くなる、というのである。もちろん、これは統計的な「法則」であり、たくさん勉強しても成功しない学生もいれば、あまり勉強しなくても成功する学生もいる。MOOCでは、この法則(収集された大量のデータで検証）は、単純に言い換えれば、学生はクリックすればするほど成功する可能性が高くなる、ということになる。

実際、ＭＯＯＣから得られる大量のデータに関する第一の難点は、テストや回帰に基づく、最も実証され使用されているデータ分析手法が、膨大な量のデータによって飽和してしまうことである。第二の難点は、収集されたデータの性質にある。それは主に、デジタル機器とのインタラクションに結びついた行動データであり、学習データははるかに少ない。また、解釈モデルも不足している。メキシコ人の同僚（Tech de Monterrey）は、メキシコで開始したＭＯＯＣに関するデータ分析について報告した。チキンを食べる学習者の方が成績が良いことを発見した！　と。控えめにいっても解釈が難しいこのような結果の背景には、おそらく（社会経済的な）隠れた変数か、まだ解明されていない関連要素があるのだろう。いずれにせよ、この相関関係が因果関係ではないことは確かであり、学校の成績を上げるために生徒に鶏肉を食べるように勧めるべきではない。

見方によっては、成功という概念そのものが違ってくる。学習者にとっては、すべてが現実的な目標、あるいは想定された目標で決まるからである。学習の目的は、資格の取得、コースの修了、または興味のある科目をいくつか学ぶことだけかもしれない。特に、ＭＯＯＣで扱う科目を教える教師たちは、特定のやり方を学んだり、自分があまり知らない事柄の知識を深めたりすることで、非常に満足する。ＭＯＯＣの教師や設計者たちは、参加者が何を学ぶことができたのかを知りたがっている。プラットフォームの責任者にとっては、ＭＯＯＣの成功や評価は、何よりも参加者の粘り強さで決まる。つまり、つながればつながるほど成功なのである。

このことは、目的の不確実性を裏付けている。それは学習をさせることなのか、行動をコントロールすることなのか、マーケティングなのか、それとも教育なのか。この点については、また後で触れることにしよう。

Cisel (2016) は、MOOCに関する論文において、エントリーキーと登録行動というマーケティングの概念を用いて、MOOC学習の達成が予測できる優れた因子を割り出した。特定の製品を探してMOOCに申し込んだ場合（製品のエントリーキー）、MOOCが提供するプラットフォームを閲覧して選んだ場合（プラットフォームのエントリーキー）よりも、学習を修了する可能性がはるかに高いという。

② ワープロや表計算ソフトをうまく使いこなせるか？

大量のデータを保有するとして、それを処理する目的は何だろうか。

Microsoft は行動学者を雇い、人々が自社の製品を（特に飛行機での移動中に）どのように使っているかを調査した。それと同時に、何年もかけて、世界中のユーザーから膨大な量のデータを収集した。製品がインストールされたら、使用データを収集するためのボックスにチェックを入れるだけで完了だ。この膨大な量の情報を利用すれば、企業はユーザーの行動から非常に興味深い認識を抽出したり、不適切な使い方に至る理解力や習熟不足を特定したり、効果的な使い方ができるようにするキーポイントを割り出すといったことができたはずだ。

しかし、実際はそれどころか、多くのユーザーが一部の機能の理解不足のために膨大な時間を浪費している。Microsoftはこのデータを何に活かしたのだろうか。ワープロや表計算ソフトのスキルを向上させることか、それとも、必ずしも効果的でないルーティンに閉じこめて、直感的であるかのように錯覚させることか。

③　大量のデータを必要とするのは誰か？

これまでの例を見ても、大量のデータを所有するだけでは教育の改善には到底至らないことがわかる。データの性質上、期待される処理ができない、あるいは処理の目的そのものが学習の改善に直接向けられていないからである。

国内外では、さまざまな企業が、たとえばＰＩＳＡ（国際学習到達度調査）、ＴＩＭＭＳ（数学・理科の傾向調査）あるいはアメリカのＮＡＥＰ（全国学力・学習状況調査）などに倣い、いろいろなテストからデータを収集している。アメリカでは、大量のデータが国家規模で収集されているが、これはビッグデータと呼ばれるには程遠い。いろいろな機関が行う統制のとれたデータ収集と統計処理は、確実性の高い結果を提供し、教育システムの大きなトレンドにかかわる情報を与えている。簡略版もメディアに公開され、国民の教育における成功や直面する問題について、国民的な議論を促進している。たとえば、２０１８年のＰＩＳＡ調査では、フランスの学校に存在する非常に大きな不平等主義が確認された。「フランスは、社会経済的な要素によって得点上昇の大部分が説明される国である」[18]。時にＡＩを使うこともあるデータ分析は、退学リスクのある生徒の特徴を特定し、予防策を実施するうえで非常に有用である。

このタイプの調査については、教師が利用できる情報が提供されない限り、教師が授業に使える具体的な何かを得られるわけではない。ＡＩと学習に取り組む研究者は、常に大量のデータに興味があるわけではなく、むしろ、Cognitive Tutor に関して行われたことと同じように、教室での定期的でターゲットを絞ったデータ収集に興味を持っている。

一方、これまで見てきたように、「デジタルトランスフォーメーション」に取り組んでいる企業は、ほぼ同じことを言う。こうした企業によると、いわゆるアダプティブラーニング（adaptive learning という英語表記が定着しているようだ！）は、収集された豊富なデータと人工知能のおかげで、教育に新たな推進力を与える。つまり、学習の向上をしっかりフォローし、個々のニーズをより把握することができる。要するに「個々の生徒に応じて教育をパーソナライズするためのＡＩ」になる。しかし、「この学校には、生徒一人ひとりの支援ニーズを特定するためのデジタルツールがまだ必要だ」[19]（フランス、ＳＣＣ社）[20]。

たしかに、データの収集と分析は、生徒が接続されたデジタル機器を使って作業することが前提となる。そのため、企業は学校をそうした方向に向かわせなければならない。教育の産業的なビジョンが、どこでも適用できるソリューションを提供することにつながり、生徒への適応は、常に生徒に課される枠組みの中で行われる。その結果、「不思議なことに、このパーソナライゼーションは、従来型の教育よりもさらに画一的である」。実際、教育には多くの細分化（言語的・文化的な多様性を伴う教育実践、教材、内容、方法、生徒のタイプ）があり、これが自動化を遅らせている（Olivier Ezratty）[21]。さらにパーソナライズされた教育を発展させるためには、規模を拡大する必要がある。規模を拡大する最善の方法は標準化であるが、標準化はパーソナライゼーションの敵である（Peter Greene）[22]。

では、誰がパーソナライズされた教育を望むのか。それは商業的な論理に従うことにならないか(Alexandre Roberge)[23]。

4　人工知能は教育関係者にどのような貢献ができるのか？

こうしたテクノロジーが教室ではどのように機能するのか。パーソナライゼーションのデジタルプログラムを活用するということは、多くの時間をコンピュータと一対一で過ごさなければならないということである。企業によれば、生徒がプラットフォーム上で過ごす時間が長ければ長いほど、人工知能は生徒の情報を獲得して提案力を向上することができるというが、このような時間を機械に費やすことで問題が引き起こされるリスクもある。しかし、よく話題になるとおり、生徒と一緒に行う活動の多様化について、教師をサポートすることもできる。

(1)　物議を醸した教室での活用

実際、学校で使用されているプログラムのなかには物議を醸しているものもある。たとえば、Facebookが開発したSummitというプログラムの活用に関して、ニューヨークタイムズ紙は、「シリコンバレーがカンザスの学校にやってきた。それが反乱を起こした[24]」というタイトルのもと、頭痛、手の痙攣、不安が生じるという懸念について報道している。「我々はコンピュータに授業をさせ、子どもたちはまるでゾンビのようだ」。ある調査では、4分の3以上の人が自分の子どもをSummitプログラムを使うクラスには入れたくないと答えた。

より詳しい報告書（Boninger, Molnar and Saldaña 2020）も、この懸念を確認し、多額の資金（チャン＝ザッカーバーグ・イニシアティブやゲイツ財団などから約2億ドル）が、米国で最も注目を集めるデジタル・パーソナライズド・ラーニングプログラムの一つに流れていると説いている。「この急速な普及は——透明性に欠け、約束が守られる確実な証拠がないにもかかわらず——デジタル・パーソナライズド・ラーニングプログラムを導入するよう、資金や利害関係の圧力を受けると、どのような困難に直面するかを示す強力な例になる」。

一部の学校では、生徒の学習をパーソナライズするため、毎朝各生徒に提供されるリーディングリストの一種であるカリキュラム「プレイリスト」（コンピュータで行うべき活動のリスト）を使用しているが、このテクノロジーは安価でも実証済みでもない[25]。

問題は、教師の役割と、教師が行使できるか否かのコントロールに関するものである。教師のもとに届くデータフローや、教師がシステムに委任するか否かの決定はどのようなものになるのか[26]。

（2）教師に主導権を与える——Villaniレポート（2018年）

Villaniレポートは、教師を脇に置くアプローチに明確に反対している。人工知能が握る主導権に屈服し、決定を委ねるのではなく、いわゆる「教育における創造性の場を強化することによる、ＡＩとの相補性の強化」が重要だというのである。

それには、生徒のデータを分析しわかりやすく表示してくれるダッシュボードの活用を教師に促すだけでなく、学習者が学習データを使いこなす力を伸ばすことも重要である。また、モニタリングや成績向上のためにAIを使用するのではなく、教育の自由を実践し、学習者との対話において教師の影響力を高めるための活用を確実に行うことも必要である。

より具体的には、Villani レポートは、関係者（学習者と教職員）による学習データの利用を容易にするために、学習者の権利と利益を尊重しつつ、関連するデータを特定し、それらへのアクセスを促進し、充実させることを提案している。Barabara Means (2010) の研究によれば、教室でのテクノロジー利用において、学習効果と効果的なクラス運営の両面で違いを生むのは、ソフトウェアが生成するデータレポートを活用できるかどうかであるという。

しかし、教師が生徒のデータを使って職務を改善させることが期待されているならば、それができるように教師を支援しなければならない。これは研修プログラムで扱われていない (Means 2010)。アメリカだけでなく、フランスでも同様のようである。教師に適切な研修や支援を提供するには、データ活用に関する教師のスキルや課題を理解しなければならない。教師がデータを賢く倫理的に活用できるようにすることは、現役教師や将来の教師を育成・支援するすべての人々が負うべき責任である。[27]

実際、教育におけるパーソナライゼーションは、何よりもまず局所的なものであり、教師によって実行される連鎖の末端での適応である。問題は、教師がこれをできるようにするためには、どう支援すればよいかということである。たとえば、特にハンディキャップや障害がある生徒も含め、教師が（ローカル）データを活用して生徒グループの強みと弱点、授業で習熟度が高い部分と低い部分、生徒たちの関心度等を特定することなどが想定できる。しかし、それだけの教育データがあるだろうか。

時間を節約できるか。マッキンゼーの調査は、教師たちの準備時間を短縮する方法を示唆している。[28]特にAIは、生徒にあった教材や活動の提案を提供することができる。しかし、それはそう単純な話ではない。リコメンドシステムを導入する場合、商業的な問題でシステムが混乱するリスクがある。また、教師自身が教材に十分適応できないというリスクもある。

それでも、教師がデータを活用できるように、その労働環境や生徒に関するデータの流通を再考する必要があることは確かである。

（3）説明可能性──教材の必須要件

健康は、人工知能の応用にとって重要な分野の一つである。人工知能は、特に病気の兆候を検出するための写真や画像の自動解析において、この分野に大きな改善をもたらす（たとえばＩＮＳＥＲＭのウェブサイトには、興味深い展望がある）。[29]しかし、それらの自動解析を受け入れ、あるいは無関係なものとして排除するためには、機械やアルゴリズムが提案する解決策が理解できなければならない。機械が説明を提供できるようにするためにも、実行された「推論」へのアクセスが必要である。特に医師が患者と話し合い、選択肢を説明するためには、これが欠かせない。

こうした「人工知能」による提案の説明可能性に対する要求は、ますます強まっている。ところが、ここ10年ほどの間に爆発的に普及した「ディープラーニング」と呼ばれるデジタルアプローチでは、さまざまな層に組織化されたニューロンネットワークが情報を交換し、多かれ少なかれ教師なしで学習するため、ほとんどの場合、「機械」は自身の決定の正当性を証明することができない。つまり、誰もアルゴリズムがやることをわかっていない。それでは、どうやって医療上の決定に責任を負うのか。

この問題については数多くの文献があり、まず犯した誤り（Heaven 2019）と特定された偏見（時代の偏見、設計者の偏見、特定のカテゴリーの人々の過剰代表など）が指摘されている。研究者からすれば、標準的なディープラーニングでは不十分であり、たとえば因果モデルを統合することによって、古典的なＡＩアプローチとニューロンネットワークのアプローチを組み合わせることができるようにする必要がある（Vasudevan et al. 2021）。

いずれにせよ、こうした説明可能性の必要性は、重要だが難しい一連の研究につながるものである。というのも、厳密に科学的な側面を超えて、個別の状況において「有効」なレベルの説明可能性を特定するには、技術的、法律的、財政的な事項の考慮が必要となるからである（Beaudouin et al. 2020）。

教育分野では、それが中心となる。ずいぶん昔に開発されたMycinは、その典型例である。１９７０年代初めに開発されたMycinは、ルールベースのエキスパートシステムであり、血液凝固疾患の診断に使われる。そのMycinから考案された教育システムであるGuidon（Clancey 1983）の使用により、専門知識を主目的として設計されたエキスパートシステムは、アプリオリに優れた教育システムではないことが示された。これは、教育戦略の欠点によるものではなく、実装されている知識の種類そのものによるものであり、たとえ専門家にとっては十分でも、初心者にとっては不十分なのである。初心者には、経験から得られた専門知識の様々な規則を説明する（因果関係型の）モデルが必要となる。実際、専門家の戦略をまとめると、非常に凝縮された論理になり、生徒にはほとんど理解できず、これらの非常に異質なルールから意味をつくり出すことは困難である。[30]

このことは、物事を説明可能にする必要性と、ブラックボックスが教育には適さないことを明確に示している。これは Rosé et al（2019）も主張していることである。それによれば、モデルはますます複雑化しており、数万以上のパラメータが対象になることも多いという。「ブラックボックス」のシステムでは、これらが構築されたデータを超えて適用された場合、どのように、なぜ機能するのか、あるいは、機能するかどうか理解しようとしても、内部を見ることができない。したがって、正確な予測に加えて、解釈可能で利用可能な情報を提供する、説明可能な学習モデルの開発も必要になるだろう。

教育における最近の一部の傾向について、この説明可能性の要求に反していないかという疑問を持つのは当然である。その目標は、新しいことを発見して理解できるように学習者を導くことではなく、たとえ学習者が明確に認識していなくとも、新しい行動を採用させることに置かれているのである。

（4） 教えるということ――それは行動を変えることなのか？

「私が関与していることに気づかれることなく、あなたを思い通りに動かすことができたら、と想像してみてほしい。私がすべきことは、私が望む方向にあなたを導くとわかっている方法で、あなたを取り囲む情報を並べ替えることだけだ。私は、あなたがしなければならない選択の順序を変えることもできるし、あなたの感受性や弱点についての知識を利用して、あなたにナッジするのにふさわしいタイミングや方法を選ぶこともできる」（Sætra 2019）

この引用文は、「When nudge comes to shove: Liberty and nudging in the era of big data」と題する論文の序文から引いたものであり、「『ナッジ』が『プッシュ』になるとき――ビッグデータ時代の自由とナッジング」と訳すことができる。行動経済学者のRichard Thalerと法学者のCass Sunstein[31]が提唱したこのナッジ理論は、強制も義務も制裁もなしに、人間の行動、特に下すべき決断やとるべき選択を変える影響力の方法を意味する。Ambrosino et al.（2018）によると、この理論は「行動経済学に由来するものであり、人々の合理性は限定的であり、しばしば明確な選好を持たず、多くのバイアスに左右され、自分の利益にならない、ときには自分の意思に反する選択さえすることがある、という考えに基づいている」。「説得や社会的影響力によってユーザーの態度や行動を変えるが、強制はしない」（Zouinar 訳 2019）ように設計された、いわゆる説得技術（Fogg 2009）に非常に近い。

特に倫理的な観点から、このナッジまたは一押しという概念を分析する学術文献がますます増えている。実際、ナッジは、次の三つの理由からますます有効なものとなっている。すなわち、①人々に関するデータが格段に増え、より効果的にナッジすることができるようになったこと、②人間の機能に関する理論がますます洗練され、人間の脆弱性をターゲットにできるようになったこと、③さまざまなチャネル（ソーシャルメディア、オンライン広告、ＧＰＳ情報など）が各個人をターゲットにする手段を提供するようになったことである。軍事的な比喩を用いれば、ナッジはかつての絨毯爆撃よりも外科的攻撃に似ており、より効果的である。

行動という概念は、新行動主義教育ともいえる新しいアプローチ、つまり行動に関する新しいデータ、行動を修正または制御する新しい方法の核心である。実際、プラットフォームから自動的に取得されるデータの多くは行動データであることがわかっている。

企業は、行動を変えるという目標を明確に掲げている。前に、記憶のアンカリングと新しい自動化[32]の採用との関係について説明した。同様に、Boundless Minds 社は、人工知能と神経科学を駆使し、神経学レベルで人間の行動を形成、予測、分析している。この Boundless Minds 社は２０１９年に Thrive Global 社に買収された。そのプレゼンテーションで示されたスローガンの一つは、「脳はプログラム可能であり、必要なのはコードだけ」であった。「Boundless technology changes peoples' behaviors, beliefs and bein」、つまり「無限のテクノロジーは人々の行動、信念、あり方を変える」ということである。

「ＡＩによって、ユーザーの行動を予測可能なものに変えましょう。私たちは、人間とデバイスの関わり方を変えており、説得および行動テクノロジー分野のリーダーであることを誇りに思います[33]」

MOOCやJustin Reichの分析でわかったように、「生徒が何をクリックしたのかについては、テラバイト規模のデータがあるが、彼らの心の中で何が変化したのかはほとんど理解されていない」。しかし、その目的が行動の形成であるならば、この理解不足は致命的な欠陥にはならない。

神経科学の成果から導き出された原理（反復、分散学習）と、短時間で断片的な時間の連続からなる作業パターンとを適合させ、パーソナルテクノロジーであるスマートフォンを身体に密着させ、常に利用可能で手の届くところに置き、データを受信し、（人工知能に基づくか否かにかかわらず）アルゴリズムを用いて分析し、ナッジを送り返すプラットフォームと通信させることで、少なくとも部分的には「人間の行動を予測し、形成する」ことができるデバイスにつながる可能性がある。直感的に理解できるインターフェイスを信頼しているユーザーは、喜んで従順なパートナーとなるだろう。

Pablo Jensen（2021）は、ニューロンネットワークとHayekが発展させた新自由主義理論とのつながりを分析した著書の中で、それらの収束が「市場のシグナルやその他のナッジによって、扱いやすく極めて統治しやすい人間」につながると説明している。

それは調教なのか、それとも教育なのか。教育の目的は何か。行動の単なる修正や適応なのか、それとも、より深い解放というかたちなのか。

5 仲介なしで多額の資金を調達するプラットフォーム――規制すべきか?

今のデジタル経済においてはプラットフォームという概念が必要不可欠であり、教育もその概念から逃れることは難しい。中国の例を取り上げれば、教育におけるＡＩ市場の一定の特徴を知ることができる。倫理的・政治的な考察の後にそれを明らかにしよう。

(1) 議論中の倫理的・政治的問題

実際、大量のデータの収集や処理により、説明的ではないが予測可能な統計モデルを提供することはできる。このような構成は、このような結果につながる可能性が高いが、そうした関連性の理由を示すことはできない、というものである。Antoinette Rouvroy (2009; 2011) が指摘しているように、この予測可能性の神話は、透明性を装って非常に抑圧的な新しい形態の政府を生み出す危険性がある。説明可能な因果関係モデルを待っている間、どのような規制を設ける必要があるかが問題となる。

特にＡＩは多くの雇用の消滅や、機械による問題のある統治形態につながる可能性があるため、こうした議論には、非常に多くの倫理的な問題が含まれている。それゆえ、人工知能の責任ある開発に関するモントリオール宣言[34]は、次の３つの目標を定めている。

1 ＡＩの開発と導入のための倫理的枠組みを構築すること

2　誰もがこの技術革命の恩恵を受けられるようにデジタル移行を導くこと
3　包括的で公平であり、環境的に持続可能なＡＩの開発を共同で達成するため、国内的および国際的な対話の場を開くこと

とりわけ、教育におけるＡＩの倫理的側面については、かなり古くから議論されており、この分野に特化した最初のテキストの一つ（「Ethical Guidelines for AI in Education: Startirig a Conversation」[35]）は、著者（Aiken and Epstein）から、この分野のパイオニアの一人であるフランス人研究者Martial Vivetに捧げられている。また、教育における倫理的ＡＩの研究所がバッキンガム大学[36]に設立された。

このように、コンピュータとネットワークは今や我々の生活の一部になっているため、それらの動作を規制することが重要である。人材の育成と組織の規制という問題は相互に排他的ではなく、補完的である。機械の読み取り、書き込み、処理能力は制限すべきだろうか。

人工知能を用いたパーソナライズド・ラーニングの無秩序な導入の背後にあるリスクは、カンザス州でのSummitプログラムの使用例（Boninger, Molnar and Saldaña 2020）が示すように、生徒が非常にストレスの多い環境に閉じ込められ、幼い頃から絶え間ない競争を強いられ、非人格化された教育につながることである。

ブルッキングス研究所[37]などアメリカの一部の人々は、人工知能技術の競争においてアメリカが優位に立ち続けていることを踏まえて、これは教育にとって不可避的な方向性であるとみなしている[38]。しかし、

彼らは、このようなシステムが多くの生徒を「道端に」置き去りにする可能性があることを認識している。これは深い道徳的問題を提起しており、政策立案者は関係する技術の根本的な力学を理解する必要がある。また、デジタルプラットフォームやパーソナライズド・ラーニングプログラムと連動したモニタリングやアカウンタビリティの仕組みを導入することにより、公共の利益を守ることも必要である（Boninger, Molnar and Saldaña 2020）。

(2) 教育における人工知能とは何か？

中国における人工知能の発展に関する分析と、大手デジタル企業から観察できることを取り上げると、傾向がはっきりとみえてくる。十分な市場を獲得するには、プラットフォームに頼って顧客を引き付け、信頼を獲得・維持し、無料のリソースとサービスを提供してコミュニティ（生徒、教師、保護者）の形成を促し、大量のデータを収集する必要がある。中国では、Wechat アプリケーション（生活様式とみなされている）がコミュニティ間のつながりを促進している。次に、二重の市場がある。一つは（国家による学校の）統制の市場、もう一つは個人（家族）的な成功の市場である。後者は、生徒間の競争と、高得点を競うテスト（中国では重要な宿題と高考〔全国統一大学入試〕）によって助長される。家族や生徒は、コーチングやパーソナライズされた学習支援に支払う金を用意するが、その学習効果は収集された大量のデータの処理に部分的に依存している。

中国政府が発表したオンライン教育に対する規制措置（2021年5月）

最近の規制が倫理問題を重視したためだとは考えにくいが、中国政府はオンライン教育部門に対する規制を強化し、時には弾圧を加えている。そのため、（教育的には必ずしも効果的ではないにしても）経済的に大きな利益を上げている、テンセントやアリババなどの大企業グループの支援を受けるスタートアップ企業の多くは、今年数十億ドル規模の上場申請計画を縮小せざるをえなくなっている。公式には、学業の支援により、子どもたちが感じる大きなプレッシャー、つまり「効果が不確実で思考能力を失わせるオンラインコース[39]」を軽減することが目的とされている。そのため、放課後以降の営業時間の制限、6歳未満の子どもに対するオンライン授業の禁止、授業料の制限、授業の質（教師の資質）の向上、攻撃的で誤解を招く広告の規制など、いくつかの規制措置が講じられる。[40]

たとえば、複数の企業が、自社のプラットフォーム上で英語と数学の教師を演じさせるために、同じ女優を雇った。ネットに投稿されたプロモーションビデオの一つでは、その女優が33時間のライブレッスンがたった8ドルで購入できると宣伝している。さらに、そのレッスンを受けないことは重大な影響を及ぼすとし、次のように警告している。「子どもをダメにしているのは、親自身かもしれません[41]」。

これらはすべて、約10年前に韓国で導入された規制を彷彿とさせる。

また、持てる者と持たざる者、つまり追加コースを受講できる財力のある者とない者との格差の拡大が懸念される。中国のEdTech企業は、慈善事業を通じた農村部の教育に関心を持っている。これにより、学校が資金を提供できないような新しいテクノロジーを試し、将来の消費者や地域政府との信頼関係を築くことができる。[42] 中国における教育テクノロジーに関するＥＵの報告書（Feijoo et al. 2021）によると、インフラが整っていない地域と都市部との教育格差の是正に意欲を見せる中国は、手頃な価格で技術的に高度なイノベーションを生み出す規模の経済をつくり出す可能性があり、欧州もそれに学ぶことになるかもしれないという。

中国で何が開発され、輸出されるのかどうかを正確に予測することは、控えめにいっても難しいが、勢いがあり、教育に新たな提案をもたらすことは間違いない。スウェーデンの学校におけるプラットフォームの使用に関する展望の論文（Hillman et al. 2020）は、アメリカのプラットフォーム（Poodle と呼ぶ）を中国のプラットフォームに置き換えることについて論じている。この中国のプラットフォームは、特にグループワークのサポートに適しているため、広く受け入れられるだろう。その経済モデルは広告と連動するものではないが、パートナー企業への就職に向けて、若者たちが選ぶ進路とその準備に重点を置くだろう。そのリスクは、民主的に取り決められた価値観に裏打ちされたカリキュラムが、商業的利益やアルゴリズムによってつくられた学習経路に取って代わられることである。

フランスに関する限り、我々は簡単に評価を下すことができる。これまで学校向けのＡＩにはほとんど関心がなく、アクセス可能なデータはほとんど、あるいは全くない（「データ教育ハブ」設立の可能性は保留）。ＧＤＰＲによって閉鎖されており、教員の研修も行われていない。教育出版社は準備も関心もないようであり、Educlever のような稀な例外を除いて、学習支援にはほとんどデータを必要としない。フランス政府が「教育とデジタル」加速戦略の一環として発表した教育におけるＡＩ戦略が、実際にどの程度野心的なものになるかは、まだわからない。

結論として、教育分野における人工知能の課題は何だろうか。第一に、大きな傾向を分析し、大量のデータの背後にある規則性を見つけ出し、一般的な政策の指針に役立てること。第二に、教育関係者が個人を尊重しながら良好な学習のための条件を改善できるように支援することである。

そのためには、生徒のデータを収集・処理することの曖昧さを意識し、管理の誘惑を回避する必要がある。教育システムが生徒を評価しないため、生徒にとってほとんど違いがないとすれば、それは教師を管理することを可能にするだけである。また、機械には超能力があり、人間の必要性を理解する能力がある、と信じることも避けなければならない。したがって、数学者たちが機械学習に関して得た興味深い結果は、注目に値する。それは、学習の可能性は、数学の標準的な公理を使って証明も反駁もできないという意味で「決定不可能」[43]であるとし、機械が実現できることに科学的な限界を与えているのである。

Paul Emerich France は、アメリカで数年間、自動化されたパーソナライズド・ティーチングを導入した学校で働いた後、教室に公平性と人間性を取り戻すことを願い、パーソナライズド・ティーチングに背を向けた。彼に倣い、テクノロジーが提供する非人間的な[44]パーソナライゼーションではなく、人間的なパーソナライゼーションを発展させることはできないだろうか。おそらく私たちは、Dewey と

Thorndike のどちらかを選ぶ必要はなく、それらをできる限り明確にして、リスクテイクを奨励し、間違いを受け入れ、不完全さを認めつつも、デジタル技術を駆使した、限定的ではあっても学習や必要なスキルの習得に効果的な活動を提供できる、開かれた学校を築くことができるはずである。

【引用文献】

Ambrosino A., Faralla V., Novarese M. (2018). "Nudge". in Marciano A., Ramello G. (eds), *Encyclopedia of Law and Economics*, New York, Springer. https://doi.org/10.1007/978-1-4614-7883-6_631-1

Beaudouin Valérie, Bloch Isabelle, Bounie David, Clémençon Stéphan, d'Alché-Buc Florence, et al. (2020). "Identifying the 'Right' Level of Explanation in a Given Situation." Hal-02507316

Boninger Faith, Molnar Alex, Saldaña Christopher (2020). "Big Claims, Little Evidence, Lots of Money: The Reality VBehind the Summit Learning Program and the Push to Adopt Digital Personalized Learning Platforms". https://nepc.colorado.edu/publication/summit-2020

Bruillard Éric (1997). *Les machines à enseigner*. Paris, Hermès

Cisel Marthieu (2016). "Utilisations des MOOC : éléments de typologie". Thèse de l'université de Paris-Saclay, ENS de Cachan. https://tel.archives-ouvertes.fr/tel-01444125/document

Clancey W.J. (1983). "The Epistemology of a Rule-Based Expert System, a Framework for Explanation". *Artificial Intelligence*, 20, pp. 212-251

Feijoo C., Fernández J., Arenal A., Armuña C., Ramos S. (2021). *Educational technologies in China*, Cabrera Giraldez M., Maghiros I., Punie Y., Vuorikari R. editor (s), Publications Office of the European Union, Luxembourg, 2021 (online). doi: 10.2760/604641

Fogg B. J. (2009). "A behavior model for persuasive design", in Proceedings of the 4th International Conference on Persuasive Technology, ACM, 40. https://dl.acm.org/doi/10.1145/1541948.1541999

Gibboney Richard A. (2006). "Intelligence by design: Thorndike versus Dewey". *Phi Delta Kappan*, 88 (2), 170-172.

Goldstein I., Carr B. (1977). "The computer as a coach: an athletic paradigm for intellectual education". Proceedings of 1977 ACM annual conference, Seattle, october, pp.227-233. (Voir https://dl.acm.org/doi/10.1145/800179.810208)

Graesser, A.C.(2016). "Conversations with AutoTutor help students learn". *International Journal of Artificial Intelligence in Education*, 26(1), pp. 124–132.

Graesser, A.C., Lu, S., Jackson, G.T., Mitchell, H.H., Ventura, M., Olney, A.M. and Louwerse, M.M.(2004). "AutoTutor: a tutor with dialogue in natural language", *Behavior Research Methods, Instruments, and Computers*, 36, pp.180-193.

Hillman Thomas, Bergviken Rensfeldt Annika, Ivarsson Jonas(2020). "Brave new platforms: a possible platform future for highly decentralised schooling, Learning". *Media and Technology*, 45: 1, 7-16. https://doi.org/10.1080/17439884.2020.1683748

Héber-Suffrin Claire(1994). « Pourquoi des ateliers d'écriture dans les réseaux d'échanges réciproques de savoirs ? » *dph*, 12. http://base.d-p-h.info/fr/fiches/premierdph/fiche-premierdph-3461.html k

Jensen Pablo(2021). *Deep earnings. Le néolibéralisme au cœur des réseaux de neurones*. Caen, C & F éditions.

Koedinger, K.R., Anderson, J.R., Hadley, W.H. and Mark, M.A.(1987). "Intelligent tutoring goes to school in the big city", *International Journal of Artificial Intelligence in Education*, 8, pp. 30-43.

Lorenzen Stephan, Hjuler Niklas, Alstrup Stephen(2018). "Tracking Behavioral Patterns among Students in an Online Educational System. International Educational Data Mining Society". Proceedings of the 11th International Conference on Educational Data Mining, Raleigh, NC, Jul. 16-20 2018.

Means B.(2010). "Technology and education change: Focus on student learning". *Journal of Research on Teacher Education*, 42, 3, 285-307.

Moeglin Pierre(2010). *Les industries éducatives*. Paris, PUF, Que sais-je ?

Moeglin Pierre(dir.)(2016). *Industrialiser l'éducation. Anthologie commentée(1913-2012)*. Presses Universitaires de Vincennes.

Nye, B.D., Graesser, A.C. and Hu, X.(2014). "AutoTutor and family: A review of 17 years of natural language tutoring", *International Journal of Artificial Intelligence in Education*, 24(4), pp. 427-469.

Ritter, S., Anderson, J.R., Koedinger, K.R. and Corbett, A.(2007). "Cognitive tutor: applied research in mathematics education", *Psychonomic Bulletin and Review*, 14(2), pp. 249-255.

Rosé Carolyn P., McLaughlin Elizabeth A., Liu Ran, Koedinger Kenneth R.(2019). "Explanatory learner models: Why machine learning(alone) is not the answer". *British Journal of Educational Technology*, vol. 50, no 6, 2943-2958. https://bera-journals.onlinelibrary.wiley.com/doi/epdf/10.1111/bjet.12858

Rouvroy Antoinette(2009). « Gouverner : détecter et prévenir ! » *Politique*, no 61, en ligne http://www.crid.be/pdf/public/6167.pdf

Rouvroy Antoinette（2011）. « Pour une défense de l'éprouvante inopérationnalité du droit face à l'opérationnalité sans épreuve du comportementalisme numérique ». *Dissensus : revue de philosophie politique de l'ULg*, no 4, p. 127-149.

Sætra Henrik Skaug（2019）. "When nudge comes to shove: Liberty and nudging in the era of big data". *Technology in Society*, vol. 59, 101130. https://doi.org/10.1016/j.techsoc.2019.04.006

VanLehn, K.（2011） "The relative effectiveness of human tutoring, intelligent tutoring systems, and other tutoring systems", *Educational Psychologist*, 469（4）, pp. 197-221

Vasudevan Douglas（2019）. "Deep trouble for deep learning". *Nature*, vol. 574, 163-166.

Vasudevan R. K., Ziatdinov M., Vlcek L. et al.（2021）. "Off-the-shelf deep learning is not enough, and requires parsimony, Bayesianity, and causality". *npj Computational Materials*, 7, 16. https://doi.org/10.1038/s41524-020-00487-0

Zouinar Moustafa（2019）. « Théories et principes de conception des systèmes d'automesure numériques. De la quantification à la régulation distribuée de soi ». *Réseaux*, vol. 216, no 4, 83-117. https://www.cairn.info/revue-reseaux-2019-4-page-83.htm

【注】

1 What Works Clearinghouse.
2 https://www.inacol.org/news/what-is-personalized-learning/
3 https://www.century.tech/the-platform/ （2021年10月最終閲覧）
4 https://www.edglossary.org/personalized-learning/
5 Benjamin Herold （2019）. What Is Personalized Learning? https://www.edweek.org/technology/what-is-personalized-learning/2019/11
6 https://larrycuban.wordpress.com/2017/03/22/a-continuum-on-personalized-learning-first-draft/
7 https://www.edweek.org/education/opinion-battling-over-the-meaning-of-personalization/2012/06
8 https://aurora-institute.org/blog/what-is-personalized-learning/
9 Voir par exemple https://www.gettingsmart.com/2018/03/personalized-learning- experiences-why-and-how/
10 https://siecledigital.fr/2019/08/27/danemark-lia-est-utilisee-pour-suivre-le- comportement-et-les-performances-des-eleves/
11 https://venturebeat.com/2019/08/26/researchers-use-ai-to-track-student-performance-in-online-courses

12 https://arxiv.org/pdf/1908.08937.pdf

13 https://le-datascientist.fr/les-10-v-du-big-data

14 https://mapr.com/blog/top-10-big-data-challenges-serious-look-10-big-data-vs/

15 42 est la réponse à *La gronde* question sur la vie, univers *et le reste* dans l'œuvre de Douglas Adams *Le Guide du voyageur galactique*, sans que l'on sache qu'elle était précisément, la question.

16 https://www.kdnuggets.com/2017/04/42-vs-big-data-data-science.html

17 https://www.oracle.com/fr/big-data/what-is-big-data.html

18 https://www.lemonde.fr/societe/article/2019/12/03/pisa-2018-les-eleves-francais-legerement-au-dessus-de-la-moyenne-de-l-ocde-dans-un-systeme-toujours-tres-inegalitaire 6021440 3224.html

19 https://france.scc.com/news/lia-pour-personnaliser-leducation-en-fonction-des-besoins-de-chacun/

20 https://france.scc com/a-propos/

21 http://www.magrh.reconquete-rh.org/index.php/articles/formation/455-les-applications-de-l-intelligence-artificielle-dans-l-education

22 Scaling Up Personalized Education, Peter Greene, https.//www.forbes.com/ sites/petergreene/2018/09/10/scaling-up-personalized-education/#127e0c3f735e

23 https://cursus.edu/articles/42761/qui-veut-dune-education- personnalisee#.XYDSq2bgqUk

24 https://www.nytimes.com/2019/04/21/technology/silicon-valley-kansas-schools.html

25 http://www.edweek.org/ew/articles/2017/03/29/curriculum-playlists-a-take-on- personalized-learning.html

26 Ed Week, Michelle R. Davis, November 5, 2019: https://www.edweek.org/technology/q-a-the-promise-and-pitfalls-of-artificial-intelligence-and-personalized-learning/2019/11

27 https://datafordecisions.wested.org/wp-content/uploads/2016/08/2016 Teachers-Learning-How-to-Use-Data.pdf

28 https://www.mckinsey.corn/industries/social-sector/our-insights/how-artificial- intelligence-will-impact-k-12-teachers

29 https://www.inserm.fr/information-en-sante/dossiers-information/intelligence- artificielle-et-sante

30 http//tecfaetu.unige.ch/staf/staf-d/joye/staf11/IA/clancey.html

31 Voir https//fr.wikipwdia.org/wiki/Nudge_（livre）

32 https://www.woonoz.com/blog/attention-ancrage-reflexe-formation/
33 https://www.linkedin.com/company/boundlessai/
34 https://www.declarationmontreal-iaresponsable.com/la-declaration
35 International journal of Artificial Intelligence in Education（2000), 11, 163-176.
36 https://www.buckingham.ac.uk/research-the-institute-for-ethical-ai-in-education/
37 https://www.brookings.edu/about-us/
38 https://www.brookings.edu/research/why-we-need-to-rethink-education-in-the-artificial-intelligence-age/
39 https://fortune.com/2021/05/31/china-edtech-private-tutoring-ipo-delay-crackdown-student-overwork/
40 https://kr-asia.com/what-the-world-could-learn-from-chinas-edtech-crackdown
41 https://fortune.com/2021/05/31/china-edtech-private-tutoring-ipo-delay- crackdown-student-overwork/
42 https://thediplomat.com/2020/12/edtech-in-rural-china/
43 https://www.nature.com/articles/s42256-018-0002-3
44 https://paulemerich.com/2020/07/06/three-tips-for-personalizing-in-a-pandemic/

The chapter entitled “*Intelligence artificielle dans l'éducation : une place à trouver*”, was originally published in *L'école digitale. Une éducation à construire et à vivre* By Joël BOISSIERE and Eric BRUILLARD

COLUMN

アシスタントとしてのＡＩ——日本語版への補論

エリック・ブリュイヤール／堀口悟郎 訳

ジョエル・ボワッシエールと共に執筆した『デジタル学校』〔Joël Boissière et Éric Bruillard, *L'école digitale: Une éducation à apprendre et à vivre*, Armand Colin, 2021〕は、教育における人工知能（ＡＩ）の爆発的な普及、特にテキストや画像、その他のメディアの生成において生成ＡＩが大成功を収める前に出版された。そのため、現在進行中の変革に光を当てるべく、いくつかの要素を加えて補足することが重要であると思われる。

まず、私たちは、あたかも生成ＡＩの登場が教育システムに（不正行為その他の）無数の問題を投げかけ、すべてを変革するかのような、文章や反応などの洪水を目の当たりにしている。しかしながら、この生成ＡＩは、単に新しいアバターとしてみることができる。不完全な道具が、教育を含む社会的・経済的世界に飛び込んできたわけである。その使用は、従来生徒に求められてきた、あるいは教師が職務のなかで引き受けてきたタスクの全部または一部を引き継ぐものであるため、問題を惹起する。だが、教育におけるＡＩについて、教師に取って代わる機械ではなく、生徒が実行しなければならならないタスクを手助けするアシスタントという、新たな位置づけがみられることに留意すべきである。

相互主導型の対話

教育におけるＡＩの歴史を遡ると、人工知能技術を使った最初の教育プログラムは、Carbonell（1970）によって書かれたScholarというプログラムである。このプログラムでは、相互主導型と呼ばれる相互作用の様式が用いられている。生徒とシステムが順番に主導権を握って質問することができる。図1は対話の抜粋である。生徒（E）はシステム（O）に自然言語（簡単な文ではあるが）で質問し、システムは「〜について教えてください」といったごく一般的な質問に答えて、前のトピックに戻ることができる。

O）アルゼンチンでは何語が話されていますか？

E）おそらくスペイン語です。

O）素晴らしい。アルゼンチンの面積はどのくらいですか？

……生徒が話題を変える。

E）ペルーについて教えてください。

O）ペルーは国です。南米にあります。ペルーの首都はリマです。では、さきほど答えなかった質問に答えてください。

……生徒が答える。

E）アルゼンチンの面積は110万平方マイルです。

O）大体合ってますが、より正確には120万です。ペルーの東に隣接する国は――

E）カトリック。

……生徒が誤りを犯したので訂正する。

O）誤り。カトリックは国ではなく宗教です。正解は「ブラジル」です。ペルーはどこですか？

……生徒がまた話題を変える。

E）アスンシオンは暑いですか。

O）アスンシオンはパラグアイの一部なので、そうです。

E）ペルーとパラグアイの最も重要な違いは何ですか？

図1　SCHOLARとのセッション（意訳）（Barr and Feigenbaum, 1982, p. 238）。
コンピュータによる介入は太字で、コメントは下線で示した。

このように、最初の研究プロジェクトは、一種の会話エージェントに関するもので、その使用は発見の段階、とりわけ質問と展開を交互に繰り返す修正の段階で非常に役立つものであった。その後の教育におけるＡＩの歴史は、主にインテリジェント・チューターの設計に関するものであったが、これは非常に困難で、１９９０年代には放棄された。したがって、２０００年代には、会話エージェント（対話モデル）や、教室で継続的にテストされた特定のチューター（米国の「代数チューター」など）を除いては、教育におけるＡＩは小さな成功しか得られなかった。その一方で、人間の考え方に適応し、自らを家庭教師としてではなく、アシスタント、道具、あるいは「学習者」として提示するように設計された機械が、コンピュータと対話する方法で人間に力を与えるアプローチが大成功を収めた。特に、これは多くの不完全な問題解決プログラム（計算機、校正機、測定機、翻訳機など）の普及につながり、学校は、これらの不完全な道具の使い方を子どもたちに教えるという、これまでほとんど担ってこなかった責任を負うことになった。

アシスタントとしてのＡＩの発展――「The ＡＩ」から「ＡＩ」へ

ＩＴの開発が進むにつれ、ＡＩをアシスタントとして位置づける試みが徐々に行われるようになったが、「インテリジェンス」を謳うからには、機械が単独で特定のタスクを処理できなければならない。２０００年代初頭、検索エンジンは、ユーザーに代わって検索を実行できるインテリジェントな検索アシスタントやインテリジェント・エージェントの提案を伴っていた。ところが、ユーザーは自分が何を探したいのかを機械に説明できなければならなかった。しかし、情報の流れの中から自動的に探し出すべき要素を記述するには、①どのように説明し、あるいは、②どのように（例による選択など、言葉でいわずに）示せばよいのか。

オフィス・オートメーションの幅広い分野において、ＡＩは、私たちの肩に乗り、行動を観察し、修正や改善を提案してくれるアシスタントとしても非常に役立つことが証明されるかもしれない。このスーパーアシスタントとして作成されたのが、Microsoft Office 97 で他のアニメーションキャラクターとともに登場したクリップアシスタントである、有名な Clippit または Clippy である。

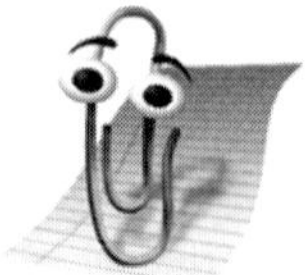

図２　クリップアシスタントのClippy[1]

これは、さまざまなプロジェクトでユーザーに即座にヘルプを提供するもので、ユーザーが必要とするヘルプ（タイピングのヒントなど）を判断するために、一連のベイジアンアルゴリズムが用いられた。しかし、次第に Office ユーザーはほとんど拒否するようになり、マーケティング部門は、多くのユーザーがこのようなインターフェースの追加を望んでいないことに気づいた。Office XP ではデフォルトで無効化され、その後完全に姿を消した。[2] Rosalind Picard（2008）が説くように、「Clippit は、Microsoft Office に関しては天才かもしれないが、人間、特にその感情を扱うことに関してはバカだ」。

同時に、生徒が求めた場合にのみ介入する Jill Watson（Goel & Polepeddi 2018）のように、生徒の質問に答えることができる遠隔学習用のインテリジェントな会話エージェントが開発された。[3] Jill Watson は現在、ChatGPT を活用している（Taneja et al. 2024）。携帯電話と共に登場した Siri、Google Assistant、Alexa、Cortana、Bixby、Djingo などのアシスタントは、他の接続された対象物を操作・制御する能力を提供するものであり、私たちの要求を解釈し、「理解」し、そして多くの場合、適切な応答を与えてくれる。

このようにして、チューター、ツール、アシスタントの役割を再び組み合わせられるようになった。これにより、1970年の相互主導型対話がアップデートされ、よりオープンな議論や対話が幅広い言語で可能になり、何よりも他のプログラムとリンクして多数のタスク（テキスト、画像、プログラムの生成や、文章校正、翻訳など）を実行できるようになった。

それらのAIは、もはや〔抽象的な単数の〕The AIではなく、部分的には会話エージェントであり、非常に優れた対話能力により、より幅広いタスクに対応できるアシスタントとして機能している。Bill Gates（2023）によれば、Clippyはロボットであってエージェントではなく、それが失敗のもとであった。彼は、下記のとおり、AIはコンピュータの使い方を完全に変えるだろうと主張している。

> エージェントたるAIは、コンピュータとの関わり方を変えるだけではない。ソフトウェア業界にも革命をもたらし、コマンドをタイプすることからアイコンをクリックすることに移行して以来の、最大のコンピューティング革命をもたらすだろう。

教育においては、会話エージェントを通じて不完全な問題解決プログラムを使用することが問題になるだろう。もちろん、場合によっては、教育内容、学習課題、学習進度、評価方法を、機械に与えるべき場所、より正確には機械に与えるべき（権限の）委譲という問題も含めて再考しなければならないだろう。

一般に、新しいツールによって学習者に提供される支援は、教育機関によって少なくとも部分的に禁止される。このような禁止措置はそれほど長くは続かないが、デジタルアシスタントの使用を認めると、生徒の評価課題がより複雑になり、試験合格率が低下し、教育システムに支障をきたすおそれがある。

一部の生成AIは、確率的オウムと呼ばれている(Bender et al. 2021)。統計（確率モデル）を用いて、意味を理解することなく、人間が作成したような説得力のあるテキストを生成することを示す比喩である。これは重大な誤り（5本より多くの指を持つ手など）を生成することにつながるため、AIが自ら生成したものを説明できることが望まれているが、それはできない。学校で教えられるような安定した知識分野では、回答の信頼性は確かに向上するかもしれないが、その内容を説明することはできないのである。訓練中には、有名なテレビシリーズに登場するカリフォルニア州の刑事コロンボのようなやりとりが展開されるかもしれない。答えがわかるように、犯人はわかっている。この有罪を証明するには、どのようなプロセスを踏むべきか。それが正しい答えであることを、いかにして証明するか。実に骨の折れる作業であり、多くの生徒にとっては難題であろう。答えがわかっただけで、何を学んだことになるのだろうか。

【引用文献】

Barr A., Feigenbaum E.A. (1982). *The Handbook of Artificial Intelligence*, Volume II, William Kaufman, California, 428p.

Bender Emily M., Gebru Timnit, McMillan-Major Angelina, and Shmitchell Shmargaret (2021). "On the Dangers of Stochastic Parrots: Can Language Models Be Too Big?". FAccT '21: Proceedings of the 2021 ACM Conference on Fairness, Accountability, and Transparency, p. 610–623. https://doi.org/10.1145/3442188.3445922

Carbonell J.R (1970). "AI in CAI: An artificial intelligence approach to computer-assisted instruction". *IEE Transactions on Man-Machine Systems*, vol.11, n°4, pp.190-202

Gates, Bill (2023). "AI is about to completely change how you use computers". GatesNotes, The blog of Bill Gates. https://www.gatesnotes.com/AI-agents

Goel Ashok K., Polepeddi Lalith (2018). "Jill Watson. A Virtual Teaching Assistant for Online Education". *In Learning Engineering for Online Education: Theoretical Contexts and Design-Based Examples*. Chris Dede, John Richards, & Bror Saxberg (editors), Chapter 7, pages 120-143, New York: Routledge.

Picard, Rosalind W. (2008). "Toward Machines With Emotional Intelligence". Version: Author's final manuscript. https://hdl.handle.net/1721.1/137903

Taneja Karan, Maiti Pratyusha, Kakar Sandeep, Guruprasad Pranav, Rao Sanjeev, and. Goel Ashok K (2024). "Jill Watson: A Virtual Teaching Assistant powered by ChatGPT". https://arxiv.org/pdf/2405.11070

【注】

1 出典：https://nohat.cc/f/clippit-microsoft-clippy/m2i8G6d3N4A0A0N4-201907231703.html。なお、Clippy に対するユーザーの心理的な拒否について、Clippy のデザイナーに対して行われた興味深いインタビューがある（https://www.vice.com/fr/article/bmepg3/clippy-est-enceinte-et-son-concepteur-aimerait-bien-savoir-qui-est-le-pere）。

2 https://www.01net.com/actualites/clippyle-trombone-assistantdevrait-faire-son-retour-dans-la-suite-office-de-microsoft-2046056.html および https://www.youtube.com/watch?v=Dl3zNHfrFu0 参照。

3 "AI-Powered Adaptive Learning: A Conversation with the Inventor of Jill Watson". https://www.onlineeducation.com/features/ai-teaching-assistant-jill-watson も参照。

Ⅲ　教育プラットフォームの立憲的デザインに向けて
――メカゴジラは人類の味方か？

堀口悟郎

「メカゴジラ」は、一定以上の年齢層かゴジラファンの読者にしか通じない単語かもしれない。「ゴジラ」は誰もが知る怪獣界のスーパースターであるが、メカゴジラはそのゴジラをモデルにして製造されたロボット怪獣である。メカゴジラが初めて登場したのは１９７４年の映画「ゴジラ対メカゴジラ」であり、好評を得たメカゴジラは翌年の映画「メカゴジラの逆襲」で早くも再登場を果たす。ゴジラシリーズでゴジラ以外の怪獣だけがタイトルに記された映画は後にも先にも例がなく、まさに大抜擢であった。しかし、そこでメカゴジラは、ゴジラのみならず東宝にまで大ダメージを与えてしまった。本作の観客動員数が振るわなかったために、東宝はゴジラシリーズの制作を10年近くも中止せざるをえなくなったのである。そんなメカゴジラが復帰を許されたのは、ゴジラシリーズの記念すべき20作目にしてゴジラ生誕40周年記念作品として制作された、１９９３年の映画「ゴジラvsメカゴジラ」である。ここで見事に返り咲いたメカゴジラは、以後もゴジラシリーズに何度か登場することとなる。

これまでに空想された怪獣は数多いが、このメカゴジラほど人類の味方か敵か分かりにくい怪獣は珍しい。１９８７年生まれの筆者が初めてメカゴジラを目にしたのは、１９９３年の映画「ゴジラvsメカゴジラ」であるが、本作におけるメカゴジラは、ゴジラを倒すための最新兵器として、人類（国連G対策センター）の手で造り出された。この点からすれば、まさしく「人類の味方」である。けれども、そもそもゴジラシリーズの観客はゴジラのファンであるから、ゴジラを倒そうとする怪獣は「敵」と錯覚しやすい。また、本作におけるゴジラが、ゴジラザウルスの赤ちゃんである「ベビー」を必死に守ろうとすることも、この錯覚に拍車をかける。さらに厄介なことに、１９７４年の初登場作品「ゴジラ対メカゴジラ」におけるメカゴジラは、ブラックホール第三惑星人が地球侵略のために製造したものであり、紛うことなき「人類の敵」であった。今度は味方だといわれても、すんなりとは受け入れられない。このように、メカゴジラというロボット怪獣は、人類の味方なのか敵なのかが非常に分かりづらい[1]。

ここでようやく本題に入るが、昨今、メカゴジラと同じように「人類の味方か敵か」が議論されているのが、ＡＩ等の情報技術である。なかでも本稿のテーマである「ＥｄＴｅｃｈ」（Education と Technology をかけあわせた造語）については、従来の学校教育が抱えてきた課題を一気に解決する切り札として期待する声も多い一方で、人類が築き上げてきた学校教育という営みを破壊するものだとして批判する意見も根強い。そこで、本稿では、ＥｄＴｅｃｈが「味方」か「敵」か、すなわち学校教育に対していかなる正負の影響を与えうるものであるかを、筆者の専門である憲法学の観点から考察したい。[2]

一口にＥｄＴｅｃｈといっても多種多様であるが、本シリーズ「怪獣化するプラットフォーム権力と法」のテーマが「プラットフォーム」であることから、本稿も「デジタル教育プラットフォーム」を主な検討対象とする。デジタル教育プラットフォームの捉え方は論者によって若干異なるが、ここではひとまず、教育・学習活動の場となるデジタル空間と広く定義しておこう。その具体例を思いつくままに挙げれば、授業配信等のプラットフォームである、ＭＯＯＣ、カーンアカデミー、スタディサプリや、学習管理システム（Learning Management System：ＬＭＳ）であるMoodle、Google Classroom、文部科学省のＣＢＴ（Computer Based Testing）システムであるＭＥＸＣＢＴ、そして様々なＥｄＴｅｃｈをつなぐハブとなる学習ｅポータルなどがある。

もっとも、教育のプラットフォームは、なにもデジタル教育プラットフォームに限られるものではない。昔からある「学校」という空間も、様々な教育・学習活動の場となる物理的なプラットフォーム、いわば「アナログ教育プラットフォーム」である。[3]デジタル教育プラットフォームは、そうした学校空間を補完し、あるいはそれに代替するものとして位置づけられている。それゆえ、デジタル教育プラットフォームの意義やリスクを考察することは、学校空間の価値や限界を見つめなおすことにもなるだろう。デジタルに限られない「教育プラットフォーム」を本稿の主題に据えたのは、このような趣旨である。

以下では、学校空間というアナログ教育プラットフォームがいかなる価値と限界をもつものであったのかを検討し（↓1）、その補完物あるいは代替物として位置づけられるデジタル教育プラットフォームの意義を分析したうえで（↓2）、デジタル教育プラットフォームがいかなるリスクを有しているのかを、憲法学の観点から考察したい（↓3）。そして、本稿の結びでは、デジタル教育プラットフォームは「人類の味方」か、という冒頭の問題に戻ることとしよう（↓おわりに）。

1　学校空間というアナログ教育プラットフォーム

（1）　学校空間の価値

近年、新型コロナウイルスによるパンデミック（いわゆる「コロナ禍」）を受け、数多くの国で「一斉休校」が行われた。そうして、子どもたちが学校に通えず、オンライン等で教育を受ける状態が続いたことにより、世界中の人々は、半ば自明視されてきた「学校」が、いかに価値のある空間であるかを痛感することとなった。

たとえば、ユネスコから2023年に刊行された「ed‐techの悲劇？」と題する報告書は、次のように論じている。「パンデミックは、ed‐techでは得られない利点を学校が提供していることを社会に思い出させた。学校は、若者が他者と交流し、違いを乗り越え、スクリーンの無菌的な距離を超えて共感を育むことを学ぶ場所である。……パンデミック中の教育体験は、対面式の学校が学業をはるかに超えた様々なコミュニティサービスを統合していることを示している。学校では、生徒に栄養、身体活動、社会的交流を提供することから、文化的・芸術的表現、技術的・職業的訓練、成人教育、地域社会への参加の拠点としての機能まで、ウェルビーイングを高めるための数多くの活動が行われている」[4]。また、2022年に開催された第50回国連人権理事会において、教育を受ける権利に関する特別報告者も、学校は生徒、教師、保護者、家族、地域社会など教育コミュニティの全メンバーが交流する場であり、教育を受ける権利を実現するために必要な他のサービス（食事、保健、暴力からの保護など）が提供される場でもあると述べ、対面教育が遠隔オンライン教育に置き換わることのリスクを指摘している[5]。

日本においても、というより日本ではより一層、学校という空間は教育活動の要であり、様々な役割を果たしてきた。中央教育審議会が2021年1月に公表した答申にも、次のように記されている。「学校の臨時休業に伴う問題や懸念が生じたことにより、学校は、学習機会と学力を保障するという役割のみならず、全人的な発達・成長を保障する役割や、人と安全・安心につながることができる居場所・セーフティネットとして身体的、精神的な健康を保障するという福祉的な役割をも担っていることが再認識された。特に、全人格的な発達・成長の保障、居場所・セーフティネットとしての福祉的な役割は、日本型学校教育の強みであることに留意する必要がある」[6]。

ここでいう「日本型学校教育」とは、「学校が学習指導のみならず、生徒指導等の面でも主要な役割を担い、様々な場面を通じて、子供たちの状況を総合的に把握して教師が指導を行うことで、子供たちの知・徳・体を一体で育む」という、日本特有の学校教育を指す[7]。たとえば、教育の目的を「人格の完成」におき（教育基本法1条）、給食、清掃、部活動、運動会などの生活共同体的な教育活動に力を入れ、学習指導と同じくらい生徒指導を重視していることは、国際的にみて珍しい日本型学校教育の特徴である。[8]

こうした日本型学校教育を実現するうえで、学校という物理的空間は必要不可欠といってよい。知識の伝達だけならばオンラインでも可能かもしれないが、給食、清掃、部活動、運動会などの生活共同体的な活動は、同じ空間で学校生活を送ることが前提となるからである。それだけに、2020年3月頭から5月中旬まで2か月以上にわたって全国の小中高校等が一斉休校となったことは、日本の学校教育に甚大な影響をもたらした。このような経験を踏まえて、近時は、教育を受ける権利における「学校に通う権利」という側面が注目されている。[9]

（2） 学校空間の限界

前述のとおり、日本における学校空間は、子どもたちの知・徳・体を一体で育むという教育的価値や、子どもたちの居場所・セーフティネットになるという福祉的価値を有するものであり、教育を受ける権利（憲法26条）を実現するうえで不可欠の役割を果たしてきた。しかし、その反面で、ほかならぬ学校空間が、ときに子どもたちを苦しめ、その教育を受ける権利を損なってきたという事実も看過してはならない。生活共同体的な性格が強く、人格形成に積極的に介入する日本の学校空間（特にその中心である「学級」）は、息苦しい場となりがちであり、不登校の原因にもなってきたのである。

「学級」の歴史を考察した柳治男は、こうした学級の息苦しさを、「パックツアー」と比較しながら、次のように論じている。曰く、「どちらも、個人が自由にコースを選べないという不自由さがある点で共通している」が、「旅行を楽しみたい人だけが参加するパックツアーのグループと対比すると、『学級』とは、勉強する意欲がなくても入らねばならないし、同じ年齢の子どもだけを集めねばならない」うえ、「いつも競争を強いられ、そして仲良しであるか否かにかかわりなく顔をあわせねばならない」のであり、いわば「『強制されたパック』という性格を持っている」[10]。要するに、「『学級』とは、無理な旅行を強制され、赤の他人と顔をつき合わせる生活を数年間継続するという、大人にも耐えられない生活を子供に求めていることを意味する」のだと[11]。

先に引用した中央教育審議会の答申にも、「学校では『みんなで同じことを同じように』を過度に要求する面が見られ、学校生活においても『同調圧力』を感じる子供が増えていったという指摘もある。社会の多様化が進み、画一的・同調主義的な学校文化が顕在化しやすくなった面もあるが、このことが結果としていじめなどの問題や生きづらさをもたらし、非合理的な精神論や努力主義、詰め込み教育等との間で負の循環が生じかねないということや、保護者や教師も同調圧力の下にあるという指摘もある」と記されている[12]。特に義務教育段階の公立学校では、年齢と居住地域以外はほとんど共通点のない子どもたちが、一つの学校空間に強制的に集められ、一方的に決められた時間割に従い、生活共同体的な活動も含めて、「みんなで同じことを同じように」させられる。そのような学校教育に前記のような限界があることは、各学校を取り巻く状況や学校に通う子どもたちが多様化するにつれて、ますます明白になってきている。

デジタル教育プラットフォームを導入する主目的の一つは、このような学校空間を補完し、その限界を克服することにあるといってよい。実際、デジタル庁・総務省・文部科学省・経済産業省が連名で2022年1月に公表した「教育データ利活用ロードマップ」にも、「一クラスの中に、不登校、特別支援、日本語指導、貧困、特定分野に特異な才能のある子供など多様な背景や認知特性等を有する子供達が存在するうえ、離島やへき地等の過小規模校など様々な実態の学校が存在する中で、学習指導の基本的な枠組み（『学校で』『教員が』『同時に』『同一学年の児童生徒に』『同じ速度で』『同じ内容を』教える）では十分に対応できない可能性」がある、という問題意識が示されている。[13]

2 デジタル教育プラットフォームの意義

（1） 学校空間の補完

それでは、デジタル教育プラットフォームは、学校空間をどのように補完するのか。先にも引用した「教育データ利活用ロードマップ」などを参考に、日本政府が想定しているデジタル教育プラットフォームの主なメリットを整理すると、以下のようにまとめられるだろう（その全体像については図表参照）。

第一に、学習ログ等の教育データを用いた学習分析（Learning Analytics）[14]による「個別最適な学び」の実現である。デジタル教育プラットフォームでの教育・学習活動は、データとして自動的に記録するこ

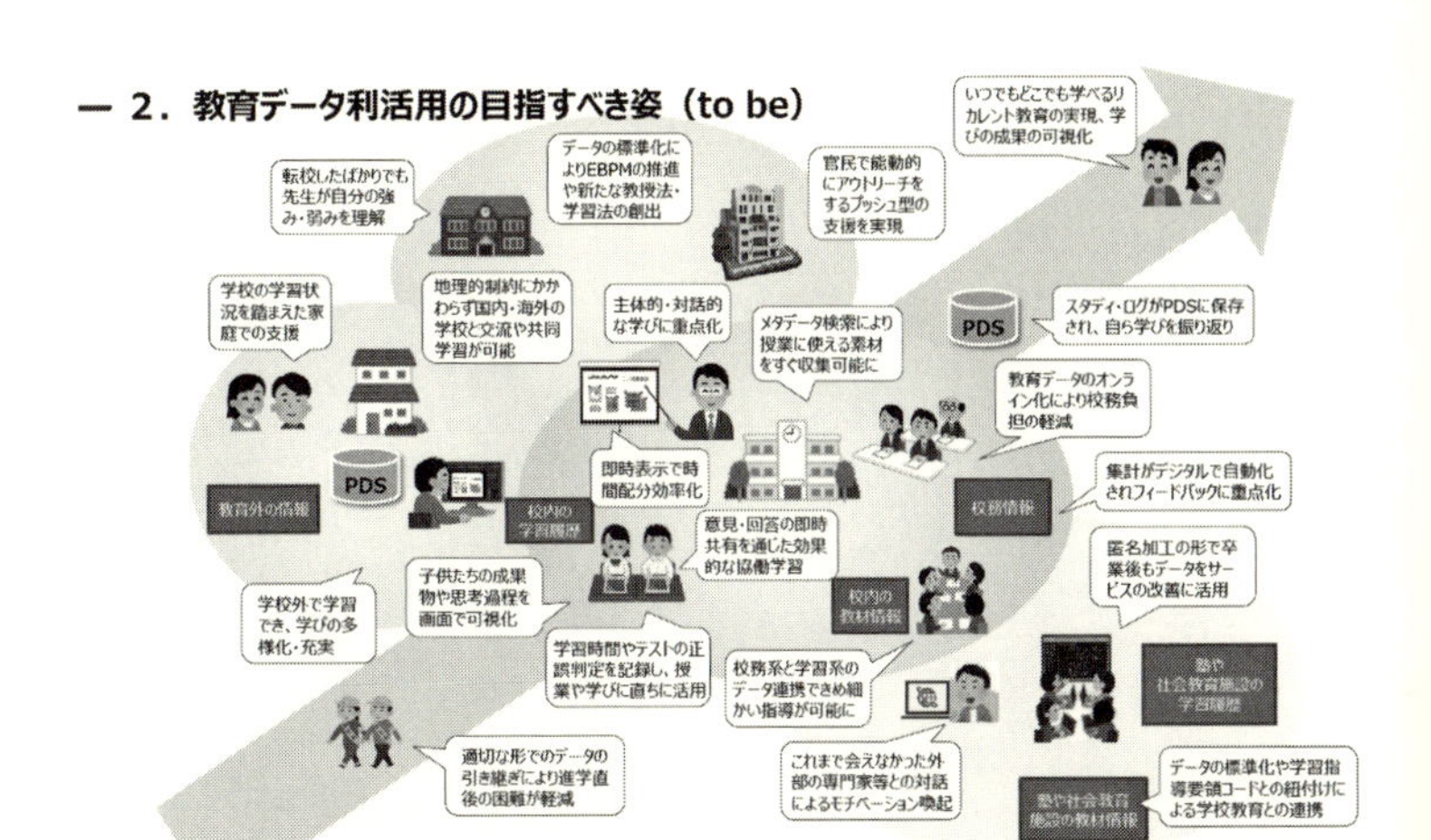

図表　デジタル教育プラットフォームのメリット
（出典：「教育データ利活用ロードマップ」8頁）

とが可能である。そのため、大量かつ多様な教育データを収集し、ＡＩ等を用いて解析することで、学習に関するパターンや相関関係を発見しうる。そして、それらのパターンや相関関係を、各児童生徒の教育データに適用すれば、各自の能力や特性に適合した教育を行うことができるというわけである。

第二に、福祉機能の充実である。従来は各機関で分散的に管理されていた「貧困」や「虐待」に関わる様々なデータ（出席状況、学力・体力、家庭環境、生活保護、納税等）を教育委員会等に一元化して分析すれば、これまで見逃されてきた要支援事例に対応することができると考えられている。

第三に、教員の負担軽減である。授業動画の配信やＡＩ型ドリルでの自習など、デジタル教育プラットフォーム上で知識伝達系の教育・学習活動が行われるようになると、教員の業務量が削減される。これにより、多忙化している教員の労働環境が改善するとともに、教員が学校空間ならではの協働的な学びに労力を割けるようになり、教育内容が充実するものと期待されている。[15]

第四に、教育政策におけるＥＢＰＭ（Evidence Based Policy Making）の促進である。従来の学校教育では、十分な量・種類のデータを適切なかたちで収集してこなかったがために、教育政策のあり方は政策立案者の個人的経験や主観的意見に左右されがちであった。[16] それに対して、デジタル教育プラットフォーム上で大量かつ多様な教育データを収集し、ＡＩ等を活用しながら分析を行えば、いかなる教育がどのような成果に結びつくかといったエビデンスを得ることができ、教育におけるＥＢＰＭが促進されると考えられている。

（２）学校空間の代替

また、デジタル教育プラットフォームは、学校空間を補完するだけでなく、それに代替するものともなりうる（コロナ禍に伴う一斉休校中にオンライン教育が行われたことはその一例である）。というのも、デジタル教育プラットフォームは、場所・時間の双方において学校空間を超越しており、学校内のみならず自宅等でも活用できるうえ、学齢期のみならず生涯をとおして活用しうる。そのため、学校空間が苦手な子どもや社会に出た大人なども、学校の代わりにデジタル教育プラットフォームで教育を受けることができる、というわけである。

「教育データ利活用ロードマップ」も、デジタル教育プラットフォームが導入され、「教育ＤＸ」が実現した世界について、「どこからでも」学べる、「誰とでも」学べる、「いつでも」学べる、「自分らしく」学べるという理想像を描いている。[17] また、特に不登校等への対応については、「『誰一人取り残されない』の観点等を踏まえ、学校に行きたくても行けない子供達へのデジタルを活用した支援の在り方について検討を深める」と明記しており、その一例として、「不登校児童生徒が……自宅においてICT等を活用して行った学習活動について、一定の要件を満たすときは校長は指導要録上『出席扱い』にできる」旨の文部科学省通知を掲げている。[18] このように、デジタル教育プラットフォームを活用し、学校に通えない子どもたちに学校教育を提供することは、いわば「学校に通わずに教育を受ける権利」を実現するものといえるだろう。[19]

国連子どもの権利委員会が2021年に示した一般的意見も、不登校になっていたり、遠隔地に暮らしていたり、恵まれない環境や脆弱な状況に置かれていたりする子どもたちにとっては、EdTechを活用した遠隔学習等が重要となる旨を指摘し、すべての子どもたちが遠隔学習にアクセスできるよう、適正なインフラを確保すべきだと述べている。[20][21]

3 デジタル教育プラットフォームとプライバシー権

(1) 日常的な個人情報収集とプロファイリング

前述のとおり、デジタル教育プラットフォームは、学校空間の限界を克服し、学校教育のあり方を大きく変える可能性を有している。もっとも、強力なツールは重大なリスクを伴うのが常であり、デジタル教育プラットフォームもその例外ではない。デジタル教育プラットフォームには様々な法的リスクを指摘しうるが、ここでは、特に重要なプライバシー権（憲法13条）に関する問題に絞って論じることとしたい[22]。

およそデジタルプラットフォームはプライバシー権に関するリスクを抱えているが、特にデジタル教育プラットフォームについては、深刻な構造的問題を指摘することができる。それは、判断能力が未熟であり、そのプライバシー権が特に保護されるべきであるはずの子どもたちが、機微性の高い情報を含む大量かつ多様な個人情報を日常的に収集されるうえ、それらの情報をプロファイリングされ、内心等のセンシティブ情報を推測され続ける、という問題である。

たとえば、大阪府箕面市が運用している「子ども成長見守りシステム」では、従来分散的に管理されてきた「子どもの貧困」に関わる諸情報（学力・体力調査結果、生活状況調査結果、日常の行動・衣服などの状況、学校検診・乳幼児健診の結果、虐待に関する通報・対応状況、生活保護の受給状況、児童扶養手当の受給状況、保育料算定時の所得状況、給食費の滞納状況、就学援助の受給状況等）を、教育委員会内に設置した「子ども成長見守り室」のデータベースに一元化したうえ、システム上のアルゴリズムにより生活困窮判定、学力判定、非認知能力等判定を行い、それら3つの要素をかけ合わせて「子どもの状態の総合判定」を行っている[23]。また、滋賀県東近江市では、文部科学省の「次世代の学校・教育現場を見据えた先端技術・教育データの利活用推進事業」として、「ＧＩＧＡ端末に搭載のカメラをセンサーとして利用し、児童生徒の感情データ（脈波・瞳孔の状態・加速度など、科学的に心理状態を反映すると証明されている情報）を取得・分析することで、授業中における集中度や興味度などを教員にわかりやすく提示し、教員の継続的な授業改善を支援」するという事業を行っている。[24]

このようなセンシティブ情報を推測するプロファイリングは、その結果が真実に合致していた場合には、センシティブ情報を「取得」するのと同様の結果を招き、真実に合致していなかった場合には、誤った「個人像」に基づいて教育を行うという結果を生じさせてしまう。また、とりわけ子どものプロファイリングは、「行動予測やナッジによって選択肢や選択を事前に決定しうるため、幼少期、青年期、そして場合によっては成人期における潜在的な自己発達を制限する」おそれがある。[25] さらに、AIによる監視は、教師による監視よりも長期的であり、自動的に分析され、他者と共有され、様々な用途に用いられうることから、「観察・分析されているのではないか」という感覚により行動を変化させられる「パノプティコン的効果（panoptic effects）」を生んでしまうとの指摘もある。[26]

そのため、世界的に、子どもに対するプロファイリングは厳格に規制される傾向にある。たとえば、EUの個人データ保護法であるGDPRでは、プロファイリングが明示的に規制されているうえ（22条）、子どもは個人データの処理に関するリスク等を十分に認識できないかもしれないため、その個人データについて特別の保護を享受すべきであり、特に「パーソナリティまたは個人プロファイルの作成の目的」で子どもの個人データを使用することに対しては特別の保護が適用されなければならない、と定められている（前文38項）。[27] また、教育機関における「感情分析」は厳重に規制される傾向にあり、たとえば2024年5月に成立したEUの「AI法」では、教育機関において自然人の感情を推測するAIシステムの使用は、「許容しえないリスク」を抱えているため「禁止」すべきだとされている。[28]

さらに、指紋、声紋、静脈、容貌（顔特徴量）などの「生体情報」は、個人を特定する力が強いことや、自らの意思や力で変更することが困難であることなどから、氏名や住所などの「単純情報」よりも慎重に取り扱われるべきだと考えられている。たとえば、EUのGDPRや欧州評議会が定めた個人データ保護条約である「条約108号プラス」では、自然人を一意に識別するための生体データは、その処理を厳格に規制すべき「特別な種類の個人データ」とされている。また、条約108号プラスのガイドラインは、生体データを教育現場における日常的処理の対象とすべきではないと明記するとともに、子どもの行動に影響を及ぼしたり、子どもの行動をモニタリングしたりするために、一定の身体データや行動データを処理する場合は、対象者を一意に識別することが目的でなくとも、生体データとして扱われるべきであるとしている。[29]

それに対して、日本の個人情報保護法は、プロファイリングを明示的に規制していないうえ、子どものプライバシー権に対する特別の保護を定めておらず、[30]生体情報を「要配慮個人情報」（同法2条3項）に含めてもいない。そうした法制度のもとで、日本の教育機関は、子どもに対するプロファイリングを、極めてリスクの高い生体情報を用いた感情分析まで含めて、積極的かつ大規模に行おうとしている。

（２） 同意させられる子どもたち

もちろん、日本の教育現場でも子どものプライバシー権が意識されていないわけではない。子どもの個人情報を収集・分析する場合には、子どもや保護者から同意をとることが多く、個人情報保護法で要求されていない場合でも、念のために同意をとるという運用が少なくないようである[31]。

たしかに、本人の同意をとることは、プライバシー権を保護するための有効な手段の一つである。しかし、こと教育データ利活用については、形式的に本人の同意をとったからといって、プライバシー権侵害のリスクが低減するとは限らない。というのも、子どもは一般に判断能力が未成熟であるため、自らの個人情報がどのように扱われ、いかなる結果につながりうるかを理解することが困難である。また、保護者は一般に判断能力が成熟しているものの、子どもと利害が対立する場合もあり、保護者の意見に従うことが子どもの最善の利益に結びつくとは限らない[32]。さらに、子ども側と学校側との力関係は非対等であり、同意しなければ十分な教育を提供してもらえないのではないかという考えから、同意せざるをえない場合もありうる[33]。これらの理由から、教育データ利活用の場面においては、同意の有効性が欠けやすいのである。

この点、ＥＵのＧＤＰＲは、データ主体の同意について、「自由に与えられ、特定され、事前に説明を受けたうえでの、不明瞭ではない、データ主体の意思の表示を意味し、それによって、データ主体が、その陳述または明確な積極的行為により、自身に関連する個人データの処理の同意を表明するもの」という詳細な定義規定をおいたうえ（４条⑾）、同意の要件として、管理者がデータ主体の同意を証明できるようにすることや、データ主体が自己の同意をいつでも容易に撤回する権利を有することなどを定めている（7条）。また、GDPR上の同意に関する欧州データ保護会議（European Data Protection Board）のガイドライン[34]は、同意の定義に含まれる各要件について詳細な解釈を示している。たとえば、「自由に与えられた」という要件については、「力の不均衡」、「条件性」、「粒度」、「不利益」という要素に分析したうえ、「力の不均衡」という要素に関しては、公立学校が生徒用の印刷雑誌に生徒の写真を利用するため同意を求めるという事例を挙げ、生徒が教育その他のサービスを拒否されず、また不利益を被ることなしに写真利用を拒否できる場合に限って、同意が有効になりうる旨を説いている。

これに対して、日本の個人情報保護法は、同意に関する規律が薄く、その定義や要件を特に定めていない。そのためか、日本の教育現場では、とにかく形式的に本人の同意をとりさえすれば、それでプライバシー権の問題は解消するかのような誤解が広まっているようであり、子どもたちが「同意させられる」という状況が生じている。

さらに、デジタル教育プラットフォームの利用契約では、子どもや保護者ではなく、学校設置者たる教育委員会や学校法人が契約当事者となることも少なくない。たとえば、様々なEdTechのハブとなる学習eポータルにおいて、教育データをいかなる目的でどこまで取り扱うかは契約内容次第であるところ[35]、その契約当事者とされているのは教育委員会や学校法人である。また、デジタル教育プラットフォーム事業者と契約を締結した教育委員会や学校法人は、子どもたちの個人情報を、本人の同意を要しない「委託」という形式で事業者に渡すことが一般的である[36]。この場合、子どもたちは、自己情報の取扱いにほとんど関与することができず、教育委員会や学校法人が契約内容の決定や委託先への監督(個人情報保護法25条、66条)[37]等を通して個人情報を適正に保護してくれることを期待するしかなくなる。

おわりに

これまでみてきたように、デジタル教育プラットフォームには、学校空間の限界を克服し、学校教育を大きく改善させる可能性もあれば、子どもたちのプライバシー権を侵害するなどの重大な危険性もある。したがって、「デジタル教育プラットフォームは人類の味方か」と問われれば、「味方にも敵にもなりうる」と回答せざるをえない。この全く面白みのない回答は、しかし、次の重要な問いへとつながる。すなわち、味方にも敵にもなりうるとしたら、味方にするためにはどうすればよいのか。

そのヒントは、メカゴジラにある。メカゴジラは自然に生まれた怪獣ではない。ロボット怪獣であるメカゴジラには、製造者がいて、製造目的があり、設計図が存在する。だから、メカゴジラが人類の味方になるか敵になるかは、誰がいかなる目的でどのように設計するか次第である。実際、1974年に初登場したメカゴジラは、ブラックホール第三惑星人が地球を侵略するために製造した「人類の敵」であったのに対し、1993年に復活したメカゴジラは、人類がゴジラを倒すために製造した「人類の味方」であった。

それと同様に、デジタル教育プラットフォームが教育を受ける権利に資する「味方」となるか、プライバシー権等を侵害する「敵」となるかは、設計の仕方、すなわち「デザイン」次第であると考えられる（このような「プライバシー・バイ・デザイン」に関する規定として、GDPR25条参照）。ごく単純にいうならば、人権侵害のリスクを低減しうる「立憲的デザイン」を施すことができれば、デジタル教育プラットフォームは「人類の味方」になるはずである。すでに定着したデジタルプラットフォームには、デザインの主要部分が確立しているうえ、その事業者が国家を凌駕するほどの巨大な権力をもつために法規制が難しいものも少なくないが[38]、デジタル教育プラットフォームは、他の様々なプラットフォームのうえに多層的に構築されるという特徴を有しており[39]、クラウド等の基底部分はGAFAMに代表される巨大なグローバル企業が提供するとしても[40]、具体的な教育サービスを内容とする中核部分は、スタートアップを含む国内の中小企業が担っていることも多い。また、デジタル教育プラットフォームはいまだ発展途上であり、そのデザインは可変的といえる。したがって、少なくとも現時点では、デジタル教育プラットフォームの「立憲的デザイン」には大きな可能性がある。

それでは、具体的にどのようなデザインを施すべきか。これは事業者、工学者、情報学者、教育学者、法学者、教師等が協働し、児童生徒や保護者等の意見を十分に尊重しながら取り組むべき課題であるが、ここでは専ら憲法学の観点から、プライバシー権との関係に限って大まかな試論を示したい。まず、デザインを外側から拘束する立法論としては、子どものプライバシー権に対する特別の保護を規定するとともに、プロファイリングを正面から規制し、特に子どものプロファイリングについては厳格な要件を課す。とりわけ感情分析のような著しくリスクの高いプロファイリングについては、子ども本人が同意するか否かにかかわらず「禁止」するか、少なくとも極めて厳重な規制に服させる。また、デジタル教育プラットフォームの運用制度としては、子どもや保護者の同意をとる際には、その任意性を確保しうるよう、いかなる個人情報をどのように取り扱うのか、その取扱いにどのようなメリットとリスクがあるのかを極力分かりやすく説明するとともに、同意を拒んでも特段の不利益を受けないよう、個人情報を収集・分析しないかたちでの代替的な教育の機会を確保する。さらに、デジタル教育プラットフォームそれ自体のデザインとしては、判断能力が未成熟な子どもの同意を偏重せず、むしろ同意を求める必要がないほどの安全設計を志向すべきであろう。

【注】

1 1974年版のメカゴジラと1993年版のメカゴジラ（後者は「ガルーダ」という兵器と合体して「スーパーメカゴジラ」となる）を両方展示している「円谷英二ミュージアム」のウェブサイト〈https://s-tette.jp/museum/information/entry/006989.html〉にも、わざわざ次のように記されている。「お客様からメカゴジラとスーパーメカゴジラの違いについてよく聞かれるのですが、『メカゴジラ』はブラックホール第三惑星人が地球侵略のために造った人類の敵で、『スーパーメカゴジラ』はゴジラを倒す目的で国連G対策センター（人類）によって造られた人類の味方です」。

2 本シリーズでは、国家を「リヴァイアサン」、デジタルプラットフォームを「ビヒモス」に喩えることが多い（最初にこの喩えを用いたのは、山本龍彦「近代主権国家とデジタル・プラットフォーム――リヴァイアサン対ビヒモス」山元一編『憲法の基礎理論』（信山社、2022年）147-181頁である）。そのようななか、本稿があえて「メカゴジラ」という別の怪獣を登場させたのには、主に二つの理由がある。第一に、本シリーズでビヒモスに喩えられているのは、いわゆるGAFAMを典型とするデジタルプラットフォーム「事業者」であるのに対して、本稿ではデジタル教育プラットフォームという「空間」それ自体に着目する。第二に、空間ではなく主体に着目するとしても、地方自治原則のもとで教育行政を担う各地方公共団体の教育委員会は、リヴァイアサンと呼ぶほど強大な公権力ではないし、デジタル教育プラットフォーム事業者の大半を占める国内の中小企業も、ビヒモスと呼ぶほど強大な社会的権力ではない。

3　Mark West, *An ed-tech Tragedy?: Educational Technologies and School Closures in the time of COVID-19*, UNESCO, 2023, p.463. また、やや文脈が異なるものの、日本政府が用いている「学校プラットフォーム」という概念を考察したものとして、山野則子『学校プラットフォーム――教育・福祉、そして地域の協働で子どもの貧困に立ち向かう』（有斐閣、2018年）参照。

4　West, *supra* note 3, p.459. なお、同報告書が「EdTech」ではなく「ed-tech」と表記しているのは、「ハイフンによって教育とテクノロジーのあいだにある程度の分離が保たれる」うえ、「小文字は、この用語に特別な地位や尊敬される地位が注入されていないことを保証する」という意図による（p.32）。

5　Koumbou Boly Barry, *Impact of the digitalization of education on the right to education: Report of the Special Rapporteur on the right to education*, United Nations, 2022, p.14.

6　中央教育審議会『「令和の日本型学校」の構築を目指して～全ての子供たちの可能性を引き出す、個別最適な学びと、協働的な学びの実現～（答申）』（2021年1月26日）7頁。

7　中央教育審議会・前掲注6、5頁。

8　このような日本型学校教育が形成された歴史的経緯については、柳治男『〈学級〉の歴史学――自明視された空間を疑う』（講談社、2005年）第5章参照。

9　堀口悟郎「教育を受ける権利への影響――憲法は『学校に通う権利』と『学校に通わずに教育を受ける権利』を保障しているか」大林啓吾編『コロナの憲法学』（弘文堂、2021年）195–196頁など。

10　柳・前掲注8、13頁。

11　柳・前掲注8、18頁。

12　中央教育審議会・前掲注6、8頁。

13　デジタル庁＝総務省＝文部科学省＝経済産業省「教育データ利活用ロードマップ」（2022年1月7日）46頁。

14　学習分析の平易な解説書として、古川雅子ほか『学びの羅針盤――ラーニングアナリティクス』（丸善出版、2020年）参照。

15　浅野大介『教育ＤＸで「未来の教室」をつくろう——ＧＩＧＡスクール構想で「学校」は生まれ変われるか』（学陽書房、２０２１年）20–21頁参照。

16　この問題点は、以前から教育経済学や教育社会学において指摘されてきた。たとえば、中室牧子『「学力」の経済学』（ディスカヴァー・トゥエンティワン、２０１５年）参照。

17　デジタル庁ほか・前掲注13、47頁。

18　文部科学省初等中等教育局長「不登校児童生徒への支援の在り方について（通知）」（２０１９年10月25日）。

19　デジタル庁ほか・前掲注13、48頁。

20　堀口・前掲注9、１９６–１９７頁参照。

21　United Nations Committee on the Rights of the Child, General Comment No. 25 (2021) on Children's Rights in Relation to the Digital Environment, 2021, p.17.

22　他の問題点については、さしあたり、堀口悟郎「ＡＩと教育制度」山本龍彦編『ＡＩと憲法』（日本経済新聞出版社、２０１８年）２５３–２８３頁、同「ＥｄＴｅｃｈと憲法」日本教育法学会年報52号（２０２３年）90–98頁参照。

23　「政府の行政改革」ウェブサイト〈https://www.gyoukaku.go.jp/review/aki/R03/img/5_6sankou_minou.pdf〉。このケースは、教育に直接関係しないデータも扱っているため、「子どもデータ」の利活用と捉えた方がよいかもしれない。こども家庭庁「こどもデータ連携ガイドライン（素案）」（２０２４年３月）参照。

24　テクノホライゾン株式会社「文部科学省の『次世代の学校・教育現場を見据えた先端技術・教育データの利活用推進事業』採択のお知らせ」（２０２３年１月17日）。

25　Joseph A. Cannataci, *Artificial Intelligence and Privacy, and Children's Privacy: Report of the Special Rapporteur on the Right to Privacy*, United Nations, 2021, p.14.

26　Wayne Holmes et al., *Artificial Intelligence and Education: A Critical View through the Lens of Human Rights, Democracy and the Rule of Law*, Council of Europe, 2022, p.55. また、子どもの「思想形成の自由」に対する影響も指摘されている。森口千弘「教育データの利活用をめぐる憲法上の問題——とくに内心の自由の観点から」月刊自治研７７０号（２０２３年）53頁参照。

27　ＧＤＰＲのもとで学習分析を行うための要件を考察したものとして、Thashmee Karunaratne, For Learning Analytics to Be Sustainable under GDPR: Consequences and Way Forward, *Sustainability*, Vol.13 No.20, 2021, pp.1-19.

28 EUの個人データ保護法やAI法については、さしあたり、山本龍彦ほか編『個人データ保護のグローバル・マップ——憲法と立法過程・深層からみるプライバシーのゆくえ』（弘文堂、2024年）第9章第1節〔堀口悟郎〕参照。

29 Council of Europe, Children's Data Protection in an Educational Setting Guidelines, 2020, pp. 35-36. なお、Holmes et al., *supra* note 26, pp.35-36は、個人データ保護法が個人識別目的に焦点を当てて生体データを定義する傾向にあり、個人の行動に影響を与えることを目的としたデータ処理に対応していないことを問題視し、とりわけ成長発達の途上にある子どもの行動に影響を与えるために生体データが使用される場合には、認知や脳の発達に重大な影響を及ぼすことが懸念される、と指摘している。

30 ただし、子どものプライバシー権に対する特別の法的保護が欠けているのは日本だけではなく、むしろ多くの国が同様の状況である。Right to Education Initiative, *Paper commissioned for the 2023 Global Education Monitoring Report: Technology in Education*, UNESCO, 2023, pp.19-20.

31 同意の主体は原則として子ども本人であるが、「同意したことによって生ずる結果について、未成年者……が判断できる能力を有していないなどの場合には、親権者や法定代理人等から同意を得る必要がある」（個人情報保護委員会「個人情報の保護に関する法律についてのガイドライン（通則編）」〔2023年改正版〕28頁）。個人情報保護委員会ウェブサイト〈https://www.ppc.go.jp/all_faq_index/faq1-q1-62/〉によれば、「法定代理人等から同意を得る必要がある子どもの具体的な年齢は、対象となる個人情報の項目や事業の性質等によって、個別具体的に判断されるべき」であるが、「一般的には一二歳から一五歳までの年齢以下」がそれにあたるという。

32 Cannataci, *supra* note 25, p.19.

33 Borhene Chakroun et al., *Minding the Data: Protecting Learners' Privacy and Security*, UNESCO, 2022, p.16.

34 European Data Protection Board, Guidelines 05/2020 on Consent under Regulation 2016/679, Version 1.1, 13 May 2020.

35 ICT CONNECT 21「学習eポータル標準モデル Ver. 4.00」（2024年3月29日）95頁。

36 デジタル庁ほか・前掲注13、37頁。

37 個人情報保護法66条が行政機関等に義務づけている安全管理措置には、委託先への監督が含まれる（個人情報保護委員会「個人情報の保護に関する法律についてのガイドライン（行政機関等編）」〔2023年〕24頁）。

38 この問題については、何よりも、山本・前掲注2参照。

39 Mathias Decuypere et al., Introduction: Critical Studies of Digital Education Platforms, *Critical Studies in Education*, Vol. 62 No.1,

2021, pp.4-5.

40 たとえばAmazon Web Service（ＡＷＳ）は、そのプラットフォーム事業を通じ、企業が教育機関に提供できる機能やサービスを限定しており、ＥｄＴｅｃｈ業界を「統治」しているとも指摘されている。Ben Williamson et al, Amazon and the New Global Connective Architectures of Education Governance, *Harvard Educational Review*, Vol. 92 No. 2, 2022, p.245.

第4章
国家はDPFをどう統御しうるか
——新たな労働と法のありかたを求めて

I　労働を規律する法体系の歴史と未来
――プラットフォームエコノミーを越えて

水林　翔

戦後日本の労働法制の中核となってきた労働基準法は、労働者を「職業の種類を問わず、事業又は事務所（以下「事業」という。）に使用される者で、賃金を支払われる者をいう」と定義した。ある者が「労働者」に含まれるかどうかは、①「使用」＝使用者の指揮監督を受けて働いているかどうか、②「賃金」＝労働の対価として報酬が支払われているか否か、によって決定される[1]。このように、戦後の労働法制は主として使用者の指揮監督の下で労働する「労働者」、すなわち雇用されて労働する者を対象とし、その保護と自律の確保を目的として整備されてきた[2]。

これに対して近年、プラットフォームエコノミー[3]の伸長とそれに伴うギグワークの隆盛が社会現象とも言いうる規模で進行している。この現象は法的に見ればこれまでの労働法・社会法が前提としてきた雇用関係とは異なる〝個人事業主化〟[4]の拡大をもたらし、それゆえ労働者保護のありようを巡って大きな問題を生じさせてもいる。なお、プラットフォームエコノミーにもいくつかの類型[5]があり、フードデリバリーに代表されるギグワークに加え、より専門的な業務もその対象となっている。

こうした「雇用によらない働き方」に従事する者には労働法による保護が及ばない。そこで生じる紛争やトラブルをいかに解決するかは世界各国で焦眉の課題となっており、各々の歴史的背景及び法制度に応じて多様な対応がとられている。[6]例えば、従来フランスでは労働法と社会保障法の適用範囲は指揮命令・監督・制裁からなる人的従属性を中核とする「労働契約」概念によって画定されてきた。これに対してUber等のギグワーカーたちが労働者に含まれるかどうかが争われた2020年の判決等においてはプラットフォーム就業者の労働者性が認められた。加えて法整備も近年活発に行われており、独立自営の労働者に対するプラットフォームの責任を規定する法（2016年労働改革法あるいは労働大臣の名からエル・コムリ法と呼ばれる）などがその例である。EU全体でも、プラットフォーム就業者の労働条件改善を目的として2021年に指令案が提出されている。そこでは労働者が被用者か自営業者かの適切な判断を行うことやプラットフォームへの法規制の実効性強化といった諸点が謳われている。

しかし目を日本に転じてみると、我が国においてはプラットフォーム就業者をどのように位置づけるかという点において大きく遅れを取っていると評される状況であり、[7]法的な対応が大きな課題となっている。

ところでこの「雇用によらない働き方」はプラットフォームエコノミーに限らずより一般化してゆく可能性がある。というのも有力企業において従来の雇用契約に代えて被用者の個人事業主化を推進する動きがみられるからである。代表例の一つがタニタであり、インタビューにおいて谷田千里社長は「『働かされている感』から社員を解き放つにはどうしたらいいだろうか——。そう考えて発想したのが、被雇用者ではなく、自分自身が経営者として自己裁量の権限を創出する機会をつくるという狙いでした」と語っている。[8] ここに登場している労働者像は、かつて我が国でピーター・ドラッカーの著作が流行した際にも広く流布した〝労働者は自己をマネジメントする自律的な主体たるべき〟というレトリックの典型的な例でもある。[9]

こうした傾向が今後加速してゆくとすれば、従属労働に対する労働者の保護というこれまでの労働法の体系だけでは対処不能な領域が拡大してゆくことになる。それゆえ現下の状況は労働を巡る法体系の再編ないし再構築を迫るものであると言えようが、そうした課題を検討するためには労働を巡る法の歴史的変容を知ることが有益であるように思われる。そこで本稿では、世界で初めて近代的な民法典を整備したフランスを参照しながら、近代化以降の労働形態の変遷を概観することで、現在の労働を取り巻く状況を歴史のなかに位置づけるとともに、今後の展望について簡単な考察を加えたい。

1　フランス民法典における労働

（1）　労務の賃貸借

フランス民法典はフランス革命期以来検討された複数の草案を経て１８０４年に成立した。フランスの近代化を語るうえで欠くことが出来ないのは、革命期になされた封建制度に由来する特権及びギルド（同業者組合）の清算である。当時のフランスでは個人を拘束するさまざまな集団から個人をいかに解放するかが重要な課題であり、労働の面では、中世において職業選択の自由を強度に制約していたギルドを禁じることで個々人の労働の自由を確立してゆくことが目指された。

そうした経緯を経て１８０４年に制定されたフランス民法典において労働はどのように規律されていたのであろうか。フランス民法典は、労働に関係する規定として**労務の賃貸借 louage d'ouvrage** という概念を用いた。１７１０条はその定義として「労務の賃貸借は、当事者間で合意した価額によって、一方当事者が他方当事者のためになにがしかを行うことを約す契約である」と規定する。労務の賃貸借には下位カテゴリーとしてさらに①他者の役務に従事する労働者の賃貸借、②請負契約をなす労務の請負人の賃貸借、など3種類が含まれる（１７７９条）。

まず①のタイプであるが、これにはいわゆる家事使用人と一般的な雇用関係にある労働者とが含まれる。起草過程での議論が示すように[10]、本条文の眼目の一つは家事使用人を旧来の奴隷的使役から解放し、個人の自由を実現することにあった。また後者のタイプは他者に雇用されて労働する者であり、その契約期間には日雇いから月単位、年単位の契約などバリエーションがあり、また職種については穀物等の収穫やブドウの収穫に従事する者、土工や石工に大工、工場労働者、さらに銀行や商店の店員、工場の職工長などが含まれるという[11]。当時の著名な民法学者によれば、これらの職種は基本的に地位が不安定であり、かつ労働条件も劣悪であった。また時間給等で労働するゆえに仕事の結果に対する責任を負わず、それゆえ自身の労働の結果について極めて無関心とされる。そのために民法典の起草者たちは彼らを他の労働形態に比して低い地位に置いた[12]。なおこうしたいわゆる被用者としての労働形態は、後述する請負形態との対比で**役務の賃貸借 louage de service** とも呼ばれる。

これに対し1779条3項で規定される狭義の労務の賃貸借たる請負契約（②のタイプ）において、契約の目的は「あらかじめ確定され合意されたところの成果」であり、労働そのものではない[13]。なお、作品や建築物全体について請け負う場合、あるいはその一部のみを請け負う場合など、その約される成果の大小には変化がある。

この労働形態のメリットについて「請負契約で労働する者があらゆる地方、あらゆる業態で日々増える傾向にある。その理由はとても単純である。いかなる業態の職業もこの労働形態ほどには競争や進歩を促すことにおいて優れていないからだ。有能で勤勉な労働者はより少ない従属のなかでその労働から最大の利潤を得ることによって、他方で企業もより監視を少なくしながらより多くの生産を手にすることで、双方が利を手にすることができる」[14]と指摘する当時の文献がある。ここから推察されるように、請負労働は労働者の熟練技能を前提としていた。

以上、民法典の労働に関する特徴としては、①労働に関する規定は全体としては労務の賃貸借という用語で規定される、②そのなかに大きく2種類、すなわち家事使用人や契約期間に限りのある労働者らに関する雇用（役務の賃貸借）と、請負（狭義の労務の賃貸借）がある、③資本に対する労働者の保護という視点は基本的に存在しない、といった点が指摘できる。

現在のわれわれが慣れ親しんでいる一般的な雇用関係は役務の賃貸借に、また個人事業主は狭義の労務の賃貸借に合致するが、本稿の関心からは当時の社会・経済的状況の下でどちらがより本来的な労働形態として想定されていたかという点が重要である。

（2） 19世紀フランスの社会・経済的状況

この問いに答えるために、まずは18世紀以降のフランスの社会経済的状況について簡単に見ておこう。18世紀当時のフランスはなお農業国家であったが、農業生産と工業生産を比較すると工業生産の伸長が目立つ時期であった。もっとも19世紀中葉まではフランスの産業構造がドラスティックに変容することはなかった。輸送システムは19世紀半ば以降に鉄道網が徐々に整備されてゆくまでは基本的に18世紀のままであり、地域ごとの閉ざされた経済圏が長く維持された。産業別にみても中心的な産業であったのはなお農業であり、人口比で6割以上の国民が直接農業に従事していた。こうしたフランスの状況を歴史家ジェラール・ノワリエルは統計的な面からも明らかにしており[15]、19世紀のフランスにおいても都市に集住する賃金労働者階級の形成は十分に進まなかったと述べている。

経済構造は労働形態にも反映される。18世紀フランスにおける工業生産の発展は基本的には伝統的な生産形態・技術の枠内、すなわち都市に居住する商人が組織する問屋制家内工業システムのもとでの農村工業の拡大としてあらわれた。[16]問屋制家内工業とは特権都市の商人が農村の家内生産者に対して原料を供給し、工賃を支払い、生産を行わせる形態を指す。なお都市においても工業ギルドを商人ギルドが支配することで同様に生産過程の支配が見られ、[17]代表的な例としてはリヨンの絹織物産業がある。そこでは問屋織元である親方商人が親方労働者に対して原料を前貸し、親方労働者はそれを自己が雇用する職人や自身の妻子とともに加工し工賃の支払いを受けていた。すなわち親方労働者は下請生産者として労働に従事していたのであり、これは先の民法典における狭義の労務の賃貸借に該当する。また19世紀に入ると次第に大工場が登場してゆくようになるが、そこでも熟練労働を要する工程を中心に請負労働が重要な位置を占めていた。[18]

こうした歴史を踏まえ、当時のフランスにおける請負という労働形態の重要性を指摘する論考を著している研究者にアラン・コトロ[19]がいる。コトロは、民法典の制定当時から現在の雇用関係に相当する役務の賃貸借が労働の主たるありかたとして理解されていた、とする学説を批判し、むしろ当時の労働者の状況を見れば「本質的に、大工場から小さな工場までほとんどの労働者が固有の意味の「労務の賃貸借」の法体系のもとにあるのであり、「役務の賃貸借」ではない。換言すれば当時の労働者のほとんどが関係するのは「請負」について規定する民法典の中の13の条文（1787～1799条）であり、家事使用人等に関する条文ではない」と指摘する。[20]

先述の通り民法典において広義の労務の賃貸借には3つの下位カテゴリーが設けられたが、コトロによれば、それは「真の労務の賃貸借」たる請負と、そこからの逸脱形態としての役務の賃貸借（家事使用人等）という関係性であった。したがって民法典において「真の労働者」として位置付けられたのは注文主の指揮監督から独立して労働を行う請負形態の労働者であり、反対に家事使用人といった形態は本来的には旧体制における支配従属関係を想起させるものであった。

もっとも、当時の請負労働者は自己の裁量によって労働時間等を決定できたため、労働の規律という点ではしばしば使用者にとっては悩みの種となっていたともいわれる。そして、産業資本主義が発展してゆく19世紀後半以降は、大規模事業場における労働者の規律化という要請から雇用契約が主流となる。

2　労働法制の再構築にむけて

(1)　整理

改めて整理すれば近代法の成立当初においては、前資本主義経済的状況を反映し、請負（狭義の労務の賃貸借）が主たる労働形態として位置付けられていた。すなわち（一定の制約はありつつも）労働者が自己の熟練技能にもとづいて仕事の遂行等に裁量を持つ独立労働者という側面を有していたのであり、それは勃興しつつあった工場労働の相当範囲においても同様であった。これは現代のわれわれになじみ深い雇用にもとづく使用従属関係とは大きく異なるものであった。なお、法的にみればこうした労働形態は民法典によって規整され、対等な当事者同士による契約として表現される。

しかし19世紀後半以降の産業資本主義の発展のなかで労働のありようは決定的な変化を見せてゆくこととなる。産業資本の発展に伴い大規模化してゆく労働の場でより一層労働者の規律化が追求されてゆく中で、次第に雇用が労働関係の典型例となってゆく。フランスで労働契約とは使用者に対する労働者の従属によって特徴づけられるものという理解が浸透してゆくとともに、労働者の自律性の確保のために私法の一般法たる民法とは異なる独自の法分野として労働・社会法制が徐々に成立していったのはまさにこの時期だった[21]。

こうした歴史を踏まえて近年の労働者の個人事業主化という趨勢を歴史的に位置づけるとすれば、

① 独立性の高い労働形態の再前景化、換言すれば役務の賃貸借から（あるいはこれに加えて）労務の賃貸借へ
② 法的観点からは、労働法によって規律される雇用関係から私法の一般法たる民法によって規律される対等な主体による契約関係へ

という2点が重要であろう。

もっとも、かつてと現在との間には大きな相違も存在する。まず現在の独立性の高い労働形態は必ずしも熟練技能によって基礎づけられるのではない。フードデリバリーに代表されるギグワークはもちろ

んのこと、一部企業が新卒を業務委託契約で〝採用〟していることがその証左である。また資本主義がもたらす社会問題への対応から生まれた現代的な労働法制において使用者には大きな責任・負担が課されることを前提に、そうした労働者の能力開発にかかるコストを回避し使用者の責任や負担を潜脱する意図のもとに個人事業主化が推進されている点も重要である。

(2) 労働者像

こうした個人事業主化の背景には、冒頭でも触れたように特定の労働者像の興隆がある。かつてフォーディズムの下で労働者に求められたのは、細分化された分業システムの一部分として自身に割り当てられたタスクを着実に遂行することであった。そこでは労働者の裁量や自由意志といった面は重視されず、むしろ使用者側の指揮命令に忠実に従うことが重視された。しかしフランスの労働法学者アラン・シュピオが述べるように、20世紀中葉以降あるべき労働者像を巡る言説が変容してゆく。労働者は単に使用者の指揮命令に忠実に服するのではなく自己を経営する主体として自律的に労働すべき、という言説がそれである。鍵となるのは、労働者は自身の〝自由〟の行使として主体的に労働に取り組むべきという主張である。

こうした言説は従来の労働法制に対する批判を内包する。というのも、労働者が生産性を高めて労働するためには労働法等による労働者保護(使用者にとっての制約)は却って逆効果であり、自己の労働の結果(およびその背景となる職業能力の向上等)に労働者自身が責任を持つことこそが重要だからである。

そのためには労働という領域においても市場原理が貫徹すべきであり、各労働者は自身の市場価値を最大化するための努力を求められることとなる。

それゆえ、労働者がなす努力は（実際には市場原理に駆り立てられてのものであるにもかかわらず）あくまでも自律的な主体による自由の行使として表象される。[22] これは裏を返せば、市場価値が十分ではないとして労働の場から放逐された労働者に対しては、自己の自由の行使の帰結である以上、自己責任としてその結果を甘受せよという論理が働くことを意味する。

近代当初における労働者のギルドからの解放が個人の自由という実質的価値を目的としたのに対し、現代の「自由」な働き方が様々な保護を剝奪された労働者の状況を糊塗するために喧伝されているのは歴史の皮肉であるが、こうした趨勢を踏まえ改めて多様な労働を規律する、あるべき法制度が問われることとなろう。

（3）展望

それではどのような構想がありうるか。筆者は労働者の保護を主眼とする労働法制には今後も重要な意義が認められるべきと考えるが、しかし同時により広範な労働形態を包摂しうる法体系の構築が必須であるように思われる。というのもいわゆる日本型雇用という語で表現されてきた我が国の労働慣行及びこれに即応して成立してきた法制度では現下の状況に対応することが難しいと考えるからである。

この日本の労働・社会保障法制の特徴について宮本太郎は以下のように整理している。[23]

① 社会保障への支出が小さいこと

② 社会保障は（主に男性に対する）雇用によって代替されたこと（大企業による長期雇用慣行に加え、公共事業による土建業の下支え、中小企業保護政策など行政による雇用の維持創出）

③ 社会保障は現役世代よりも高齢者向けであったこと

④ 家計補助者たる妻には税制上所得上限が課され非正規雇用の低賃金労働市場が形成されたこと

長らく日本では本来公権力が担うべき社会保障機能を、私企業を中心とした雇用が代替してきた。すなわち（主に男性）労働者には新卒一括採用に始まる長期安定雇用及びそれに伴う生活の安定が用意されたために、社会保障はリタイア世代を主たる対象とすることが出来た。それゆえ現役世代に対する手当はあくまでも例外状態としての失業や疾病等に対する保険に限られ、転職や職業訓練・学びなおしといった点は十分にフォーカスされてこなかった。このように現役世代を主たる対象とする労働法制とリタイア世代を主な守備範囲とする社会保障法制の分離が日本の社会法制の大きな特徴であった。

しかし、そうしたシステムを可能にしてきた経済・産業構造自体が大きく揺らいでいる。サービス業がより一層の伸長を見せるなかで、[24] これまでの日本の雇用を特徴づけてきた（男性中心の）長期雇用慣行が崩れ、非正規雇用が政策的に拡大され、この低賃金労働市場に稼ぎ主が参入することで格差が拡大した。これは従来の〝雇用による社会保障の代替〟という前提が失われることを意味しており、それによって社会保障システムの弱さが浮き彫りになっている。近年のプラットフォームエコノミーの伸長や本稿で検討した個人事業主化の潮流はこうした流れをさらにドラスティックに推し進めることで、社会を一層不安定化させる危険性がある。

こうした状況を踏まえれば今後は、労働法制それ自体の改革に加え、労働法制と社会保障法制との有機的な接合を可能とするような抜本的な法体系の再構築が求められるように思われる。

前者については、現在の労働法制の下では十分な保障を受けることが出来ない労働者をいかに保護するかという点が模索される必要があろう。すなわち非正規雇用については安定雇用への移行の道筋が模索される必要があり、またギグワーカー等のプラットフォーム就業者については労基法が保護する労働者概念を拡張するなどの対応が必要となろう[25]。

また後者については、雇用によらない働き方の拡大に加え、社会の変化が加速度的に進む中で業界・業種の衰勢が短期間で起こることで職業遂行に必要な〝能力〟が短期間で刷新されてゆくことに鑑みれば、キャリアのなかでこれまでとは異なる職に就くことを可能とするための制度、すなわち職業訓練や学びなおしによる転〝職〟を含めたキャリア形成を可能にする支援制度の整備、また求職期間における賃金保障の仕組み構築など、労働とリンクした現役世代の支援を社会保障制度として整備することが必要となろう[26]。

なおこうした支援のありかたを考える際にはフランス由来の〝社会的包摂〟という概念を参照することが有用である。この概念は、人が直面する様々な困難を「貧困」という状態すなわち静態的に捉えるのではなく、そこに至る多様な〝排除〟の過程を重視し、社会的な紐帯の回復・創出によって人々を再び社会へと包摂することを企図して生み出された。[27] 本稿で検討した個人事業主化する労働者もまた、安定的な雇用や労働者コミュニティから切り離され、金銭的・人的に孤立することによって市場原理により一層順応しなければならない境遇に置かれると共に職業的不安定さに曝されるという意味で〝排除〟に直面する人々と言いうる。それゆえ、排除に抗し、労働する者が必要とする社会との多様な紐帯を維持・創出可能な新たな法制度を構築することが求められている。

【注】

1 石田信平＝竹内（奥野）寿＝橋本陽子＝水町勇一郎『デジタルプラットフォームと労働法―労働者概念の生成と展開』（東京大学出版会、2022年）第1章（水町執筆分）参照。
2 西谷敏『労働法　第3版』（日本評論社、2020年）6頁。
3 シェアリングエコノミーではなくプラットフォームエコノミーと呼ぶべきとの指摘について、川上資人「ICTと雇用に拠らない働き方・労働者性の動揺」日本労働社会学会年報29号（2018年）46頁。
4 Alain Supiot, *Au-delà de l'emploi-Transformations du travail et devenir du droit du travail en Europe*, Flammarion, 2016, p.19 et suiv.
5 沼田雅之「プラットフォームエコノミーが現代企業に与えるインパクトと社会法上の課題」日本労働法学会誌135号（2022年）6-9頁。
6 石田ほか、前掲書所収の各国についての章を参照されたい。
7 石田ほか、前掲書、270頁（水町執筆分）。
8 「タニタ「個人事業主化」当初8人、5年目で31人に」https://www.nikkei.com/article/DGXMZO75686850T10C21A9000000/

（最終確認日2023年11月17日）、「電通、社員230人を個人事業主に　新規事業創出ねらう」https://www.nikkei.com/article/DGXMZO66103760R11C20A1916M00/（最終確認日2023年11月17日）。

伝統的な自営業者が減少する中、こうした「雇用的自営」形態の人口は徐々に増加しているとのデータがある。https://www.cao.go.jp/zei-cho/content/20150902_27zen18kai6.pdf（最終確認日2023年11月17日）

9　Alain Supiot, *La Gouvernance par les nombres*, Fayard, 2015, p.217 et suiv.

10　P. Antoine Fenet, *Recueil complet des travaux préparatoires du Code civil*, Tome 14, Au Dépot, p.339.

11　Troplong, *Le droit civil expliqué suivant l'ordre des articles du Code*, Tome 18, 3e éd, Charles Hingray, 1859, p.278. Duranton, *Cours de droit français suivant le Code civil*. Tome 17, 4e éd, G. Thorel, 1844, p.228.

12　Troplong, *op.cit.*, p.279.

13　Troplong, *op.cit.*, p.363.

14　Etienne Mollot, *Le contrat de louage d'ouvrage et d'industrie, expliqué aux ouvriers et à ceux qui les emploient, selon les lois, règlements et usages, et la jurisprudence des conseils de prud'hommes*, Napoléon Chaix et Cie., 1846, p.29.

15　Gérard Noiriel, *Les Ouvriers Dans La Société Française*, Points, 2016.

16　柴田三千雄ほか編『世界歴史体系　フランス史2』（山川出版社、1996年）58頁。

17　柴田ほか前掲書30頁。

18　清水克洋「1830年代フランス綿工業における工場体制と産業構造」経済論叢127巻6号（1981年）、藤村大時郎「産業革命期フランス製鉄業における工場労働者の形成：フランス中部の一工場を中心にして」経済論究35巻（1975年）。

19　Alain Cottereau, « Droit et bon droit. Un droit des ouvriers instauré, puis évincé par le droit du travail (France, XIXe siècle) », *Annales*, 2002.

20　Cottereau, *op.cit.*, p.1525.

21　フランスにおいては1884年の労働組合の合法化、1898年労災補償法の整備、さらに年金や保険の制度化など、19世紀末から20世紀初頭にかけて重要な労働・社会保障法制が相次いで登場する。またそうした法制度の背後にはデュルケームらが提唱した社会連帯主義という思想潮流があった。

22　拙稿「自由を通じた支配：自己規律する主体の形成と現代社会」『流経法學』22巻1号（2022年）。

23 宮本太郎『生活保障　排除しない社会へ』（岩波新書、2009年）第2章。

24 山下充＝小川慎一「産業構造の変化と働き方」日本労働研究雑誌743号（2022年）。

25 荒木尚志「プラットフォームワーカーの法的保護の総論的考察」ジュリスト1572号（2022年）参照。荒木は、とりうる複数の方向性を示したうえで、必要に応じてギグワーカー等各種の労働者に対する特別な法的保護をなすべきとの立場を示している。

26 アラン・シュピオは従来の賃労働関係における労働者の保護を維持しつつも、多様な労働形態や雇用の流動性に対応すべく、雇用と社会保障を一元化し、かつ多様な労働形態を包括的に扱う法制度の整備の必要性を指摘している。Supiot, *Au-delà de l'emploi*, p.81.et suiv.

また同様の観点から宮本は、労働と社会保障を一体的に把握しうる4種の労働市場へのアプローチを説いている。それが①参加支援（生涯教育、高等教育、職業訓練）、②働く見返り強化、③労働の時間短縮、一時休職、④持続可能な雇用創出である。宮本、前掲書、143-168頁。但し、こうした支援が求職者を（低賃金かつ不安定な）有償労働へ駆り立てるものとならないように注意が必要である。

27 社会的排除・包摂に関する概説書として岩田正美『社会的排除　参加の欠如・不確かな帰属』（有斐閣、2008年）参照。

Ⅱ　プラットフォーム資本主義による社会対話の逆転

イザベル・ドガレイユ／柴田洋二郎　訳[1]

デジタル雇用プラットフォームが、どの国でも引き起こしている立法上の反応や社会的抵抗をバネに立ち直り、適応する能力には驚きがやまない。[2]倫理やモラルがまったく欠けており、また自分に都合の悪くなる法規範を免れることだけを目的に突き動かされるデジタル雇用プラットフォームは、巧言に磨きをかけ、フランスやヨーロッパで最も巧みにのびのびと、雇用に対するパラドックスを演じ、実践している。雇用に関して、デジタル雇用プラットフォームは、唯一にして同一の目標を世界中で追求しているのである。すなわちそれは、何としても〔プラットフォーム労働者を〕被用者という地位で雇用することを避け、アルゴリズムによるコントロールのもとで全方位的に自営業者性を発揮させることである。アメリカでは、デジタル雇用プラットフォームは、2019年のカリフォルニア州法に反対する住民投票に参加することで自営業者性を獲得するに至った。スペインでは、国外に出なかったデジタル雇用プラットフォームは、使用者の役割を担う第三者企業の力を借りて、配達員に被用者という地位での雇用を推定する法律を適用されるのを回避する方法や、法律を適用しない方法をみつけた。フランスでは、憲章（charte）の策定という方法を導入するLOM法〔移動基本方針法〕により自営業者性の推定を強化することが失敗に終わった後、モビリティプラットフォーム〔脚注24参照〕は、自らの社会的関係を規制するために社会対話（dialogue social）という考えに与するようになった。規制の真のつくり手として、モビリティプラットフォームは、必要性とご都合主義またはそのいずれかにより、一方当事者のみで策定できる自主的規範（憲章）を断念し、当事者双方で策定する自主的規範（労働協約）に拠ることを決意した。こうして制定されたプラットフォームの産業部門別の社会対話は、プラットフォームが自らにかかる規範に関する戦略を状況の変化に適合させ、そして特に社会民主主義的なベクトルの一つである団体交渉を自らのメリットに変える能力のほどを示している。

プラットフォームは抵抗をバネに立ち直ったが、これはパラドックスを生じさせずにはなされなかった。ＯＩＴ〔国際労働機関。以下、ＩＬＯ〕は、「労使で協議して」労働立法の適用範囲を定期的に見直し、その時々の実態に対応するものとなるよう加盟国に勧告しているが[3]、フランスはスペインとは異なり[4]、プラットフォームの雇用関係にかかる法的地位について一度も労使の協議と団体交渉またはそのいずれかをしようとしなかった。社会的協議の代わりに、政府は専門家に頼ることにした。組合組織はもっぱらこの枠組みのなかで意見を求められたのであり、対話や社会的協議とはまったく別の話であったし、団体交渉とは一層無関係であった。モビリティプラットフォームを利用する自営業者は、労働法の適用対象者から除外されて運輸法典（code des transports）に組み込まれたにもかかわらず、集団的権利を享受している。その権利には、競争法を侵害する恐れがあり、大いに物議を醸している団体交渉権が含まれる。

フランスで労働者とプラットフォームとの間の関係を規制するために社会対話を利用しようとする考えは、労使の側から出たものではなく、〔デジタル労働プラットフォームの規制に関する2020年の〕Frouin報告書と〔この報告書後に、デジタルプラットフォームと労働者の社会対話の規制方法に関する提案を行うことを委ねられた〕Mettlingミッションに基づいて国の側から出たものである。この社会対話には、被用者のみに認められている情報提供を受ける権利や協議を行う権利は含まれず、自営業者とプラットフォームとの関係を規制するために産業部門別の労働協約について集団的に交渉する権利だけが含まれている。プラットフォームを利用する自営業者の団体交渉権を認めることは、フランスにヨーロッパ連合〔以下、EU〕同様、競争法にかかる新しい制限を導入することを意味した（1）。こうした社会対話の立法化と設置は、2021年4月21日のオルドナンス（大統領令）と2022年4月7日のオルドナンスの二段階で強行された。これら2つのオルドナンスは、規制のために集団的自治を設けることを目的とするにもかかわらず、議会での議論や社会的協議を経ずに採択された。そのため、すでに好ましくない結果を生み出している場違いな規制となっている（2）。

ており（（2））、それは国際法に沿ったものである（（1））。

1　団体交渉権にかかる競争法の効果の制限

競争法の効力を維持したまま、EU諸機関は自営業者の団体交渉権を広く認めるアプローチを採用しており（（2））、それは国際法に沿ったものである（（1））。

（1）国際法における団体交渉権の普遍性

ＩＬＯの基準も、ヨーロッパ評議会の基準と同様、法的地位にかかわらずすべての労働者に団体交渉を含む集団的権利を認めている。ＩＬＯ監督機関は、ＩＬＯ第98号条約の適用範囲について何度も立場を明らかにするよう求められてきた。〔そのなかで次のように判断している。〕「自営業者は、結社の権利の論理的帰結として、自らの利益を促進し擁護するため、自らの名において自らの組織を通じて、自らのために団体交渉を行う権利を有する」。[5] 結社の自由委員会（comité Liberté syndicale）は、「政府に、自営業者が、団体交渉によることも含め、その利益を促進し擁護するため自らの団結権を十分に享受できることを保証するために必要な措置を講じること、および、必要に応じて、自営業者に対する特別な団体交渉の仕組みを確立するため、関係者と協議して団体交渉に影響を及ぼす自営業者の特性を決定すること」を要請した。[6] ＩＬＯ100周年記念宣言は、労働者を法的に保護する手段として雇用関係に言及しており、（雇用形態にかかわらず）すべての労働者が（団体交渉権を含む）基本的権利の尊重、（法定または交渉による）妥当な最低賃金、労働時間の上限規制、労働安全衛生を享受すべきであると述べている。

２０１８年12月12日に下された決定において、〔ヨーロッパ評議会の〕ヨーロッパ社会権委員会は、一方で、「すべての自営業者に関わる団体交渉を絶対的に禁止することは行き過ぎである、なぜなら、そのような措置はヨーロッパ社会憲章６条§2〔訳注＝同条は、団体交渉権の実質的な行使について定めている〕の目的や合目的性に反するからである」と判断した[7]。他方で、同委員会は、次のように、団体交渉権の拡張を正当化する理由を示した。被用者か自営業者かの区別では十分ではなく、「決定的な基準はむしろ、労務の提供者と使用者との間に力の不均衡があるかどうかである。労務の提供者が、契約条件の内容について実質的な影響力を有しない場合、この者は団体交渉によりこうした不均衡を改善する機会を与えられなければならない」〔傍点は筆者〕。ヨーロッパ評議会の定める不均衡の状況は、単独の自営業者に関する労働協約に対するEU競争法の適用について定めるEUガイドラインにも示されている。

（2）自営業者の団体交渉権にかかるEUの前進

ＥＵ法において、自由競争はＴＦＵＥ〔ＥＵ運営条約〕１０１条により保護されている〔訳注＝同条は、ＥＵ市場内の競争を制限する事業者間の合意を禁止している〕。このルールは、使用者団体と労働組合との間で締結された労働協約の形をとる合意には、それに競争を制限する効果が内在しているとしても、適用されない。それは、「雇用および労働にかかる諸条件の改善のための措置を模索するなかで労使がＴＦＵＥ１０１条の適用を受けるとすれば、ＥＵの追求する社会政策の目的が著しく損なわれる」[8]からである。しかし、２０１４年12月４日のＦＮＶ判決において、ＣＪＵＥ〔ＥＵ裁判所〕は、「労働者の組織がそれに加入する自営的な労務の提供者の名において、またその者のために締結した協約は、労使間の団体交渉の成果を構成するものではなく、その性質のため、ＴＦＵＥ１０１条§１の適用範囲から除外することはできない」[9]と判断した。しかしながら、同判決は、このルールは、偽装自営業者（faux indépendants）、すなわち被用者と同等の状況にある労務の提供者のために締結された協約には適用されないことを強調している。[10]換言すれば、自営業者は、この者の契約の法的性質以上に、契約の相手方と法的従属関係にない場合に限り、ＥＵ法の意味で真正な事業者ということになる。[11]

２０１７年のＥＵ議会の決議[12]の延長線上で、ヨーロッパ委員会は２０２２年9月1日、他人を雇用していない自営業者の労働条件に関する労働協約に対するＥＵ競争法の適用について定めるガイドラインを採択して一歩前進した。[13]このガイドラインはソフトローにあたる。このガイドラインは、ＥＵ法に対するヨーロッパ委員会の関与を構成するにすぎない。このガイドラインは、たとえ各国の競争当局に対して用いられる可能性があるにせよ、当該当局の主権的行動をまったく妨げない。このガイドラインは、性質および目的から労働条件に関する労働協約を事物的な適用範囲とし、他人を雇用していないまたは単独の自営業者を人的な適用範囲とする。このガイドラインは何か新たなことをいうものではない。このガイドラインは、前述した偽装自営業者または被用者と同様の状況にある自営業者に関するＣＪＵＥの判例が指摘した諸要素をあらためて取り上げるものである。このガイドラインは、プラットフォーム労働者を含む幅広い自営業者を対象とする。

ガイドラインは、単独の自営業者を以下のように定義している。「労働契約を締結しておらずまたは雇用関係になく、かつ労務の提供にあたり主として自己の個人的労働力に依拠する者。他人を雇用していない自営業者は、労務を提供するために、一定の財または資産を用いることができる」〔傍点は筆者〕。続けて、ガイドラインは、様々な単独の自営業者像を示している。1．偽装自営業者であるか否かにかかわらず、被用者と同等の状況にある単独の自営業者。ヨーロッパ委員会からすれば、経済的に従属する自営業者ということである。2．被用者と「肩を並べて」同一または同様の業務に従事する単独の自営業者。3．デジタル労働プラットフォームを通じて就労する単独の自営業者。4．前記のケースのいずれにも当たらないが、「自営業者を明らかに不均衡な交渉力に置くような一定の経済力をもっている」[14]契約の相手方に対峙している単独の自営業者。最後に、ガイドラインは、国内法またはEU法に基づいて自営業者により締結された「社会的目的」〔訳注＝経済的ではない目的、という意味〕を追求する労働協約もTFUE101条の適用範囲から除外している。そのようなケースのうち、交渉の明らかな不均衡が存在するケースは、2018年12月12日の社会権に関するCEDS〔ヨーロッパ社会権委員会〕の決定の根差すものに近く、一般的かつ理論的な基盤として機能するかもしれない。フランスでも、立法者が、労働法典中に、プラットフォームにより自営業者が労働に従事する条件が定められ、かつその価格も定められている自営業者に適用される一編（titre）を設けたことをみると、暗にこうしたヨーロッパの思想に組み込まれているといえよう。

さらに、ガイドラインは、この新しい団体交渉を形作る要素とその結果を提示している。第一に、これら自営業者の労働協約は、労働者に関しては労使で交渉することができるが、それだけでなく非営利団体（associations）により交渉することができ、さらに、他人を雇用していない自営業者グループによっても直接交渉することができる。このように組合員ではない集団に団体交渉権を付与していることは、EU加盟諸国における被用者の団体交渉において支配的な、組合による独占と決別するものである。フランスの立法者のとった方向性もこれである。第二に、これら自営業者の労働協約は、被用者または自営業者の組織により締結された既存の労働協約を含めることができる。第三に、これらの労働協約は労働条件を対象とするため、様々な条件を対象とすることができる。たとえば、報酬、労働時間、ヴァカンス、休暇、就業場所、安全衛生、社会保障。網羅的に列挙したものではないが、限界はある。すなわち、労働条件の改善を超えるような労働協約は、競争法に触れるということである。この限界はおそらく解釈や議論の対象となるだろう。

さらに、EUのガイドラインは、団体交渉の方法と結果を既存の労働協約制度に組み入れるか、または独自の対話をゼロから設けることを提案している。フランス政府がとったのは、このうち後者である。

2 モビリティプラットフォームを利用する自営業者に対する特別な社会対話制度の創設

フランスの立法者が自営業者に団体交渉権を認めるのは初めてではない[15]。しかしながら、モビリティプラットフォームを利用する自営業者に関しては、フランスの立法者は、独自の機関である雇用プラットフォーム社会関係庁（ARPE）[16]を備えた自律的な社会対話制度をゼロから設けることでさらに踏み込んだ。この自律的な社会対話制度の法的構成は、団体交渉にかかる一般法にならった点[17]とそれとは異なる点とが含まれている。一般法と異なる点は、当事者（（1））と目的（（2））とに関わる。

（1） 団体交渉の当事者という点での違い

立法者は、おそらく2つの理由で、労働協約にかかる交渉とその締結について、組合による独占の原則と大きく決別した。一つめの理由は、団体的な行動の際に生まれた自発的な集団という形で、その後プラットフォーム労働者の利益を擁護する団体という形で、新しい当事者が出現したことにある。[18] 二つめの理由は、この新しい当事者が労働共同体にとって実質的で真正な正統性と職業活動に従事する条件にかかる専門知識とを備えたため、あっという間に、無視できない社会的当事者としての規模と立場を獲得したことである。[19] そうしたことは、2018年4月に設立されたCLAP（パリ自律的配達員団体）の配達員についていえる。[20]〔プラットフォームとプラットフォーム労働者との関係を〕雇用関係に性質決定し直すことを主張するこれらの集団や団体とは対極にあるのが、2009年に設立されたFNAE（小規模個人事業主（auto-entrepreneurs et micro entrepreneurs）全国連盟）であり、FNAEの目的は、小規模個人事業主という地位に関する体制の擁護と改善に向けられている。[21]

新しいカテゴリーの自営業者の発展に直面した組合の行動は断片的で、また伝統的に自営的労働またはフリーランスによる労働が多く存在する非常に特殊ないくつかの部門（運輸、メディア、通信、興行）に限られたままである。地位、伝統、戦略を考えると、労働組合のなかでさえ自営業者の利益を擁護することは自明ではない[22]。フランスでは、CFDT〔フランス民主労働同盟〕は、自営業者ユニオン(Union indépendants.〔訳注=自営業者を代表する労働組合〕)を新設して自営業者の組合の組織化を外部化することにした。このユニオンは、被用者を雇用せず、専門職同業団体により管理される以外の職業に従事し[23]、当該活動により所得の50%以上を得ている補足的な自営的活動を行っているすべての労働者を対象とする。逆に、他の職業組合同盟であるCGT〔労働総同盟〕、CGT-FO〔労働総同盟—労働者の力〕、SUD〔連帯統一民主労働組合〕、CNT〔全国労働組合総連合〕は、徐々にプラットフォーム労働者を自分たちの組織に統合した。プラットフォーム側は、使用者団体の外で組織化され、一部は2019年10月に設けられた自営プラットフォーム団体(API)に加わった。

したがって、職業組合および〔非営利団体契約に関する〕1901年法に基づいて設立された団体は、「〔プラットフォームを利用する自営業の〕労働者を代表することおよびこれらの労働者に適用される協約の交渉を行うことが団体の目的に含まれることを条件として」、モビリティプラットフォーム[24]を利用する自営業者の代表者選挙に立候補することができる。この規範に関する違いは、伝統的で団体交渉の実施に精通した当事者と、おそらく同業組合主義的な姿勢につながっているカテゴリー別の関わり方、さらには地域的な関わり方をする新しい当事者との間で構築すべき関係に影響を及ぼさずにはいないだろう[25]。これは、拡大した、全職業および産業間またはそのいずれかの連帯のおかげで組織が構築され、強化された雇用労働の世界とはまったく逆である。いずれにせよ、自営業者の団体交渉の領域に非営利団体が登場したことは、団体交渉の意味と範囲を変えることになるだろう。

（2） 団体交渉の目的という点での違い

フランスの立法者がしたことは、2つの点で協約法の目的――社会的公序の考え方に位置づけられ、労働条件を改善することだけでなく、Marc Rigaux が社会的競争と呼んだ労働者間の競争を均すこと[26]――にそぐわない。

フランスの立法者は、プラットフォームを利用する自営業者の権利義務を創出する役割を社会対話の当事者に委ねた。しかし、そのような自営業者を労働法の適用範囲から除外することで、立法者はセーフティーネットも、最低限も、公序もなく、補充的法規のなかで参照や基準とすることさえもなしに社会対話の途を開いている。このことから、立法者が追求しているのは、団体交渉の歴史的な機能である労働条件の改善ではなく、おそらくモビリティという活動部門を特徴づけてきた社会的・法的紛争を減らそうとする政治的意思であり、国が規制機能に関与しないことでもあると考えられる。強制力を有する法的最低限がなければ、社会対話は、協約の締結に必要な過半数を有する非組合員の代表団に対して、プラットフォーム組織に有利な力関係にさらされる[27]。団体交渉は、労働契約の当事者間の不平等を改善する手段なのに、プラットフォームの社会対話については正反対である。そもそも、FNAEとAPIが配達員のために締結し[28]、ARPEの認可を受けた協約は、1か月間で時間当たりの平均最低活動所得が11・75ユーロ／時で、待機時間も労働者の負担する費用も含まれていない。この協約は、まさしくプラットフォームの利益のために社会対話が濫用されていることを示している[29]。

立法者は、1955年から拡張されている運輸部門の労働協約の存在を無視することで、もう一つちぐはぐな点を生じさせた[30]。この部門別協約は、1998年以降[31]、都市部の宅配を適用範囲に含めている。2005年12月13日の「宅配業者」にかかる補則94号は、労働時間、報酬、職業訓練、補足的社会的保護にかかる諸規定をまとめたものである。労使間の事前の社会的協議を行わずに、オルドナンスにより、モビリティプラットフォームに固有の交渉レベルを創りだすというフランスの立法者のイニシアティヴは、控えめにいっても場違いで、かつフランスでは前例がない。こうして、プラットフォーム以外の企業の労働者は、法律および運輸部門の労働協約に基づく一連の保護を受けることができるのに対し、プラットフォーム労働者は、ARPEにより認可された締結協約のみを享受する。プラットフォーム以外の企業は、どうしてこうした競争に対抗できよう？　団体交渉権をプラットフォームの利益になるように用いることで、フランスの立法者は、プラットフォームを利用する自営業者と企業の被用者を競争させ、悪貨は良貨を駆逐するというグレシャムの法則が広く適用される途を開くことになる。

結び——労働者のための社会対話か、プラットフォームのための社会対話か？

結局、フランスにおける社会対話の最初の結果は、少なくとも初期の評価をすることができる所得に関する協約について、独自の、場違いな、「羅針盤のない[32]」［訳注＝方針のない、という意味］社会対話のシナリオが失敗したことを示している。プラットフォームにより交渉なしで取り付けられた協約は、運転手や配達員の所得を少しも改善せず、さらにはその協約は報酬の引下げを生じさせるプラットフォームの価格決定方法の変更につながってしまった！[33]〔Uber の不正を暴く機密資料である〕Uber ファイルが示しているように、プラットフォームは、ヨーロッパ、特にフランスで政府を虜にした後、組合組織の心をつかもうとした。プラットフォームは、すでに２０２１年５月26日にイギリスでＧＭＢ〔全国都市一般労働組合〕と、国際的には２０２２年２月にＩＴＦ〔国際運輸労連〕と、２０２２年10月21日にベルギーでＦＧＴＢ〔ベルギー一般労働組合連合〕と、そしてオーストラリアで２０２２年６月28日に運輸労働者組合（ＴＷＵ）と協約を締結している。[34] 対話を実践していると見せかける（dialogue washing）こうしたプラットフォームの台頭戦略について良くも悪くも何がいえるだろうか？

【注】

1 文中における（ ）内はアルファベットの頭文字による略語の和訳として、または文意を明らかにするために、〔 〕内は訳注として、それぞれ訳者が補足した。

2 アメリカ、スペインおよび他の諸国におけるデジタル雇用プラットフォームの状況を参照されたい。

3 OIT, *Promouvoir l'emploi et le travail décent dans un monde en mutation*, Etude, CIT 109ème session, 2020 の第2章は、雇用関係勧告（第198号）の現状を示す労働関係に関わる。

4 2021年3月11日の協約は、商品配達に関するプラットフォーム労働者について労働契約を法的に推定することを定める2021年5月11日のデクレ法律〔訳注＝法律と同一の効力をもつ政令〕のもととなっている。

5 BIT, « La liberté syndicale – Compilation des décisions du comité de la liberté syndicale », 6ème éd. Genève, 2018, 354ème rapport, cas n°1668, §679. 参照。

6 576ème rapport, cas n°2729, §888. 参照。

7 Décision n°123/2016 du 12 décembre 2018, *Irish Congress of Trade Unions*. Liaisons sociales Europe, n°463, 27 décembre 2018.

8 CJUE, 21 septembre 1999, Albany, C-67/96.

9 CJUE FNV c Pays Bas, aff.C-413/13 du 4 décembre 2014, §30.

10 Ibid

11 Ibid, §37. S. Robin-Olivier, « Une convention collective fixant le prix des prestations de travailleurs indépendants n'est pas nécessairement soumise au droit de la concurrence », *Revue Trimestrielle de Droit européen*, 2015, p.443.

12 オンラインプラットフォームおよびデジタル単一市場に関する2017年6月15日のヨーロッパ議会決議（2016/2276(INI)), P8_TA（2017）0272.

13 Communication de la Commission, JOUE 18 mars 2022, C 123/1.

14 こうした経済力は、年間売上高が2百万ユーロを超えるか、または従業員数10名以上である場合に推定される。

15 たとえば、被用者ではない支店長（労働法典L. 7322-3条）、実演家（artistes-interprètes）（知的財産法典L. 212-14条）、一般保険代理業者（1996年4月16日の法律）。

16 労働担当大臣および運輸担当大臣の下に置かれる公的機関で、社会対話の組織化、〔労働者の代表者としての〕委任を受けた労働者の保護、部門別協約の認可、部門別労働協約の実施に関する紛争時の調停にかかる一連の職務を与えられている。

17 一般の労働法にならって、社会対話の当事者は電子投票による1回投票により4年ごと全国選挙を行って選出される。各労働者は活動しているプラットフォームの数にかかわらず、部門ごとに1票を有している。投票は頭文字による略号を用いて行われる。つまり、投票は組合組織に対して行われ、その後、組合組織はその代表者を指名する。支持を得られたかどうかの基準〔訳注＝交渉に代表者を参加させることのできる基準〕は一般法と同じ基準である（投票総数の8%）。労働者の代表者との契約を破棄する際の保護に関して、プラットフォームは当該代表者との契約を解約することにつきARPEに許可を求めなければならず、その決定は行政裁判所に対する提訴の対象となる。オルドナンスは選挙権の適切な条件を定める（選挙前の6か月間に少なくとも3か月間、プラットフォームで月に5回以上の労務を提供していること。労働者の代表者は、任期中および任期終了後6か月間、保護の対象となる）。同じく一般の労働法にならって、立法者は以下のテーマの一つ以上について毎年交渉する義務を設けた。すなわち、（1）労務の提供価格を含む所得、（2）活動に従事する条件。（3）職業上のリスクの予防および第三者に生じさせる損害。（4）職業上の技能の発展およびキャリアパスの安定化。(5) その他のテーマが選択的に加えられる（補足的社会的保護、プラットフォームによる労働の監督、取引関係の破棄）。

18 L. Rioux, « Etat des lieux, lutte et syndicalisation des travailleurs des plates-formes de livraison », *Droit ouvrier*, 2022, n°890, p.414.

19 A. Trenta, « Militer dans l'économie des plateformes. Rapport à l'action collective et au syndicalisme de livreurs engagés », *La revue de l'Ires*, n°106 ; 2022/1, p.95.

20 I. Daugareilh, Formes de mobilisation collective et économie de plateformes, sp.p.246 et s. [https://halshs.archives-ouvertes.fr/halshs-03615403] 参照。

21 Ibid, sp.p.300 et s.

22 A. Jan, « Des salariés comme les autres ? La CGT au défi de la syndicalisation des autoentrepreneurs des plateformes de livraison de repas », *La revue de l'Ires*, n°106 ; 2022/1, p.63.

23 いわば偶発的な個人事業主であり、スラッシャー（slasheur.［訳注＝「デザイナー／ライター／フォトグラファー」のように、肩書にスラッシュ（／）が入るような複数の仕事をしている人］）という言葉を思い起こさせる。つまり、複数の活動をしているだけでなく、複数の地位にあり、いわゆる知識労働、特にコミュニケーション、メディア、文化、デザイン、グラフィックによくみられる。さらに、ユニオンは、CFDTのようにユニオンの理事会に代表を出しているCFDTの3C連合（Fédération Communication Conseil Culture：通信・コンサルタント・文化産業連合）に所属している。ベルギーでCFDTに近い労働組合同盟であるCSC（キリスト教労働組合連合）により同時に行われたのは、同様の取組みである。I. Daugareilh, Formes de mobilisation collective, op.cit. sp. p.309 et s. 参照。

24 商品配達および旅客運送にかかるプラットフォームである。

25 ARPEとともに非常に強力にプラットフォームが関与したにもかかわらず、選挙の投票率は極めて低調だった。具体的には、投票率は、投票可能なVTC（運転手付自動車（配車サービス））の労働者および配達員12万人のうち、配達員1・83%、VTC運転手3・91%だった。

26 M. Rigaux, *Droit du travail ou droit de la concurrence sociale ? Essai sur un droit de la dignité de l'homme au travail (re)mis en cause*, ed. Bruylant, 2009.

27 配達員の団体についてはFNAEが、VTC運転手についてはAVF（フランスVTC協会）があてはまる。

28 自営業者ユニオンは、配達員940名とのオンライン協議で52・2%が反対を表明したため、この協約に署名しなかった。出典：Le Monde, Jeudi 11 mai 2023, p.17.

29 2023年5月1日の時点で、被用者の時間当たりの手取りSMIC〔最低賃金〕は9・11ユーロである。自営業の配達員の手取り所得は7・90ユーロ／時である（定率22%の社会保障負担を控除後のもの）。待機時間を含む活動時間全体で計算し直せば、数値はさらに低くなるだろう。これに、道具や衣服の購入・維持にかかる費用を加える必要がある。走行距離や所要時間にかかわらず7・65ユーロとされているVTC運転手の最低運賃にかかる協約についても同様である。

30 1955年2月1日のアレテ、JO 26 février 1955.

31 M. Dressen, A. Mias, « Action publique et institution d'une branche professionnelle. Le cas de la course urbaine », *Travail et emploi*, n°114, 2008, p.7

32 G. Loiseau « Travailleurs des plateformes de mobilité : où va-t-on ? » *JCP S*, 25 mai 2021, n°1129. の表現による。

33 J. Thomas « Livreurs, VTC ... Le dialogue social tourne court », Le Monde 6 novembre 2023, p.15.

34 A. Dufresne, « La stratégie politique d'Uber : le lobbying et le dialogue social », La Revue du salariat, 2022.

［付記］本翻訳は、JSPS科研費JP21K01185の助成による研究成果の一部である。

Ⅲ　プラットフォーム就業者の保護と社会保障
――フランス社会保障制度の発展過程と近年の立法政策から

柴田洋二郎

プラットフォーム（ＰＦ）事業者が提供するアプリを使用して仕事を受注する働き方が発展し、ＰＦを通じて仕事を行う労働者（プラットフォーム就業者（ＰＦ就業者））も増加している。ＰＦ就業者のなかには、業務委託契約等に基づいて個人事業主（自営業者）として就労する者も少なくない。

しかし、自営業者に対する社会保障は、被用者と比べ、カバーするリスクの範囲や給付内容等が十分でない[1]。とりわけ社会保険では、人的対象について、労働保険（労災保険および雇用保険）は雇用を前提としているため、そもそも自営業者が受給者・被保険者となっていない。また、社会保険の柱である医療と年金では、負担の面で、被用者は保険料を使用者と折半できるのに対し（健康保険、厚生年金）、自営業者は保険料全額を自ら負担する（国民健康保険、国民年金第一号被保険者）。給付の面では、自営業者には傷病や出産を理由とする休業に対して義務的補償がなく（国民健康保険では、傷病手当金は任意給付であり、出産手当金は定められていない）、厚生年金は被用者だけに支給される。さらに、負担と給付の双方に関わって、被用者の被扶養配偶者には、保険料を負担せずに給付を受けられる仕組み（被扶養者、国民年金第三号被保険者）があるが、自営業者にはない。

では、自営業者に被用者と同じ社会保障を適用すればいいかというと、そう単純ではない。なぜなら、それによりPFの負担が大きくなれば、PFを介したビジネスや働き方――社会・経済・環境に好影響を与えうる――の発展が阻害されかねず、働く者からすれば被用者でないゆえの時間・場所の拘束が少ない働き方を選択する機会が失われるからである。

そこで、本稿では、日本と同様にPFを用いた労働やビジネスが著しい発展をみているフランスにおける社会保障政策をもとに、PF就業者の保護を検討する際の視点を提示する。

なぜフランスか？

フランスの社会保障[2]制度を検討の対象とするのは2つの理由による。

一つは制度の構造（とそれに伴う問題点）の類似性である。日仏とも、被用者を対象とする社会保険制度を中核として社会保障制度を構築してきた。そのうえで、自営業者の制度を併存させて社会保険の人的対象を拡大してきた点も共通する。その結果、フランスでも、被用者と自営業者でカバーされるリスクや給付内容の違い（表参照）が、PFを用いた労働から生じる社会保障上の問題の中心となる[3]。

保護の種類	自営業者	被用者
医療費	同一の給付	
就労停止	直近3暦年の平均職業所得の1/730の休業補償手当 待期期間7日（2018年以降は、7日以上の就労停止または入院に限り支給され、待期期間3日） 稼得が年額3806.80ユーロ未満の小規模個人事業主（micro-entrepreneur）には休業補償手当はない	賃金日額50%の休業補償手当 待期期間3日
出産休暇	女性被用者と同じ期間 8週間以上の休暇を条件として補償	補償手当付で16週
補足医療保険	強制加入の保障はない	使用者は、雇用するすべての被用者に補足医療保険を提供する義務がある 使用者が保険料の50%以上を負担
家族給付	同一の給付	
基礎老齢年金の保険料納付期間（四半期単位）の獲得	低所得の自営業者について、基礎老齢年金の最低保険料（2019年で年額827ユーロ）により、3・四半期を獲得 小規模個人事業主は最低額の売上がなければならない	賃金支払期ごと、時間あたり最低賃金（SMIC）の150倍を基礎とする保険料納付で1・四半期を獲得
労働災害／職業病	強制加入の保障はない	社会保障の労働災害・職業病部門
失業／活動の喪失	自営業者手当	失業保険

表　フランスにおける被用者と自営業者の社会保障の違い（2020年5月時点）

（出典：M. Forissier (*et al.*), « Travailleurs des plateformes: au-delà de la question du statut, quelles protections? », Rapport d'information, commission des affaires sociales, Sénat, n° 452, 20 mai 2020, p.30. を一部修正。）

もう一つは、改革のアプローチの違いと迅速性である。日本では「被用者」と「そうでない者」という二元性を維持したまま改革が行われており、ＰＦ就業者に関わる社会保障制度の改革も現時点では少ない。これに対し、フランスでは、医療や年金について、自営業者の制度の給付水準等を被用者の制度にそろえる動きや、自営業者の制度を被用者の制度に統合する改革がみられてきた。また、２０１６年以降、労働保険についても、自営業者を保護したり、ＰＦ就業者を独自に保護する改革が行われている。

これらにより、フランスの制度は日本との比較になじみやすく、かつ有益な示唆をもたらしうると考えた。以下では、自営業者にかかるフランスの社会保障制度の展開を追い（１）、この者の労災保険と失業保険にかかる２０１６年以降の改革をみる（２）。そのうえで、日本への示唆を述べる（3）。

1　フランスの社会保障制度における自営業者

フランス社会保障制度の形成・発展の過程を、自営業者にかかる改革を視野に入れつつ経時的にまとめると、以下のようになる。

（1）1945年の社会保障制度創設——一般化の挫折と多元的制度の成立

フランスでは1945年に社会保障制度が体系的に整備された。このとき、一般制度（régime général）という単一の制度により、すべてのフランス人を適用対象とする一般化（généralisation. わが国の皆保険化）が掲げられたが、各社会層からの抵抗で挫折した。自営業者も、一般制度の保険料が高すぎることや、中流階級である自分たちが労働者階級と同じ制度に統合されることへの心理的な嫌悪等を理由に、一般制度に組み込まれるのを拒否した。[4] そのため、1948年に早くも職人、商工業自営業者、自由業（医師、弁護士、会計士等）等にそれぞれ独立した老齢年金組織が設立され、これらは「自治制度（régimes autonomes）」と総称された。つまり、体系的な制度創設の直後から、被用者の制度と自営業者の制度が併存することになった。[5]

（2） 社会保障制度の発展——栄光の30年（Trente Glorieuses）

その後、「栄光の30年」と呼ばれる高度経済成長期（1945-1975年）のなかで、被用者の制度と自営業者の制度の違いが縮小していった。たとえば、1960年代には自営業者を対象とする医療保険制度が設けられた。また、1970年代には、諸制度の給付水準を一般制度にあわせる動き（格差解消〔harmonisation〕）[6]や、社会保障財政の悪化に対して個別の制度を越えた財源の移転を行う政策（財政調整〔compensation〕）がとられた。同じ時期に、独自の歴史的経緯をもつ家族手当は、「就労」が受給要件から削除され、また、フランスに適法に居住する外国人も受給対象となり、「単一の制度による一般化」が達成された。

（3） 医療保険現物給付の一般化[7]——1990年代後半以降の改革

医療保険の現物給付（医療サービス）はニーズ（療養の必要性）に応じて行われ、（稼働）所得に応じて行われるのではない。こうして、現物給付の人的対象を、職業に従事する者にとどめず「すべての国民」に拡大する改革が行われた。1999年7月27日の法律（n°99-641）は、職域保険の併存という既存の医療保険の構造を維持しつつ、いずれの職域保険にも加入できない者はフランスでの居住を条件に一般制度に加入させる制度を設けた（普遍的医療保障〔CMU〕）。CMUにより、すべての者が医療保険に加入することとなり（一般化の実現）、また、職業に関わりなく等しい現物給付が受けられるようになった。

さらに、2016年社会保障財政法（n°2015-1702）は、CMUを廃止し、普遍的医療保護（PUMa）を設けた。これにより、フランスで就労しているか、安定的かつ適法に居住する者はすべて、医療サービス費の保障を受けることとなり、医療の保障と職業との結びつきが希薄になった。また、未成年者を除き被扶養者を廃止し、成年は固有の権利（droit propre）として現物給付の受給権を有することになった。

（4）組織面における自治制度の一般制度への統合[8]——2000年代以降の改革

自治制度は、給付面で格差解消（前述（2））を行いながら、組織面では制度を増加してきた。そのなかで諸制度の自立を維持してきたために、管理運営組織が分散し、複雑化していることが問題となった。この問題に対応するため、2005年に自営業者社会制度（RSI）が設けられ、職人、商工業自営業者、非被用非農業者の社会保険制度は統合された（ただし、自由業の老齢年金制度は除く）。そして、RSIは保険料および社会保障関連の拠出金の徴収を行い、自営業者の社会保障にかかる統一的な窓口とされた。

しかし、RSIの管理運営には様々な問題が生じ、特に保険料の徴収組織（URSSAF）のシステムとの接続障害による保険料納付処理の機能不全のため、多額の保険料が回収できなかったことが決め手[9]となり、RSIを廃止し、組織的に一般制度に統合することになった。

2018年社会保障財政法（n°2017-1836）は、移行期間をおいて、RSIの権限を一般制度に移管することとした。なお、RSIの対象だった者に対する給付や保険料は今のところ据え置かれており、RS

Ⅰの一般制度への統合は組織面にとどまっている（自営業者と、一般制度の主たる被保険者である被用者の給付や保険料を同一にするものではない）。

2　自営業者の労災保険と失業保険にかかる2016年以降の改革

以上のように、フランスでは、家族手当、医療、年金、管理運営組織において、被用者と自営業者の社会保障制度は接近しつつある。他方で、労働災害と職業の非自発的喪失（被用者でいう失業）に対する保護が大きな違いとして残された。[10] フランスでは、２０１６年以降、これらについて自営業者やＰＦ就業者を保護する立法がみられている。

（1）エル・コムリ法（労働改革法）

２０１６年８月８日の法律（n°2016-1088：改革を推進した当時の労働担当大臣の名前を冠して、エル・コムリ法〔El Khomri 法〕と呼ばれる。また、労働改革法と呼ばれることもある）は、労働をデジタル化に適合させることを目的とした条文をおいており、ＰＦを介した労働に関する規定もおかれている。

①　ＰＦの社会的責任

エル・コムリ法60条（↓労働法典Ｌ．７３４１-１条以下）は、電子的ＰＦ[11]を利用して職業に従事する自営業者（ＰＦ就業者）に対して、ＰＦが「提供されるサービス給付または販売物の特徴とその価格とを決定している場合」には、「プラットフォームの社会的責任」(responsabilité sociale des plateformes)として、労働災害、職業能力の発展、集団的権利について責任を負うことを定め、PF就業者を保護している。

労働災害について、PF就業者が、労災リスクをカバーする保険契約を締結した場合または社会保障法典に定める任意加入の労災保険(労災時の療養費の償還、恒久的労働不能時の補償手当、被災者死亡時における被扶養者への定期金)に加入した場合、一定の上限額の範囲でPFがその保険料を負担する責任を負う。ただし、PFが社会保障法典に定める任意加入の労災保険以上の保障を行う団体保険を提供し、その保険料をPFが負担する場合には、この責任を免れる。もっとも、当該PFを利用して一定額以上の売上をあげているPF就業者のみが対象となる。

② PFの社会的責任に対する評価

PFの社会的責任は、「法的」責任と異なりPFに罰則付きの義務を課していないため、責任が不十分であるとして、その実効性が疑問視されている。[12]

実際、労働災害について、PF就業者は、保険契約の締結または任意保険への加入と、PFに対する保険料の償還請求(労働法典D. 7342-5条)という自発的な行動が必要となる。したがって、PFにただちに保険料負担義務を課すものではなく、PFにPF就業者を労災保険に加入させる義務を負わせるものでもない。[13] また、そもそも当該PFで一定額以上の売上をあげていないPF就業者は対象とされていない。

これに対して、労働契約関係にない(被用者にあたらない)としても、PFが「就業者の活動から経済的利益を得ている」ことに着目し、PFによる保険料負担を義務づけるべき主張がなされている[14]（報償責任）。実際、フランスでは、芸術家・作家が被保険者となる社会保険制度が存在し、この制度の財源は被保険者の保険料に加えて、作品の取次業者や配給者も――労働契約関係にないにもかかわらず――負担する（社会保障法典L．382-4条）。この負担の根拠は、「他者の活動から経済的利益を得ている」ことである。[15]しかも、負担額は、芸術家・作家の所得ではなく、取次業者や配給者が作品を商用して得た売上に基づいて計算される。以上からすれば、PF就業者の労災補償について、（PF就業者の売上ではなく）PFの売上を人的対象の基準とし、PFが（またはPFも）財源を負担すべきという主張もあながち荒唐無稽ではない。

もっとも、Uber や Deliveroo（いずれも代表的な電子的PF）は大手民間保険会社の Axa と提携し、PF就業者である運転手や配達員に無料で保険を提供している。[16]提供し始めたのはエル・コムリ法以降であることから、労働災害に対するPFの社会的責任への対応として、PFが主体的にPF就業者の保護に動いているのがわかる。

しかし、その内容は不十分である。Uber の保険契約をみてみよう。[17]この契約は、社会保障法典の労働災害概念を基準にしておらず、カバーされるリスクを独自に定義している。すなわち、運送開始から目的地到着をアプリに通知して15分後までの外的理由により生じた身体的侵害と定める。このことは、傷病の理由は労働災害性の判断に影響を及ぼさないとする社会保障法典L．411-1条と対照をなす。実際、Uber の契約では、全面的または部分的に病理的理由に基づく出来事（伝染病等）や脳血管疾患は明文で除外されている（つまり、交通事故のみをカバーするものと解される）。敷衍すれば、過酷な労働（強度のストレス、長時間労働等）により基礎疾患が増悪して生じた傷病にも給付は認められず（部分的に病理的理由に基づくため）、これは、災害の理由が全面的に労働とは関わりないことが立証されない限り、業務に起因すると推定する社会保障判例[18]とも異なる。

（2）職業の未来法——自営業者手当

2018年9月5日の職業の未来を選択する自由のための法律（n°2018-771：職業の未来法）は、職業能力の発展に向けて労働者を支援する仕組みやサポート体制等に関わる法律で、失業保険の改革も行われた。

職業の未来法51条（→労働法典L. 5424-24条以下）は、労働条件を自身のみまたは発注者との契約により定める自営業者に対する失業手当を設けた（自営業者手当〔allocation des travailleurs indépendants〕）。この手当は、2022年2月14日の法律（n°2022-172）による支給要件の修正を経て、現在、①従前の自営業期間、②事業状況[19]、③自営業による所得[20]、④求職中であること、⑤職業活動以外の所得、の要件を満たす場合に、一日あたり定額26・30ユーロ（月額およそ800ユーロ）が、最長で182日支給される（労働法典D. 5424-74条以下。これに対して、被用者に対する失業手当の額は所得比例であり、2023年6月で受給額の平均は月額1295ユーロである。[21]また、給付期間は、経済情勢と年齢に応じて異なるが、最長で36か月〔経済が悪化している状況で、55歳以上の場合〕である）。

（3） 移動基本方針法

２０１９年12月24日の移動の基本方針（orientation des mobilités）に関する法律（n°2019-1428：移動基本方針法）で、ＰＦの社会的責任が再度議論となった。同法は移動の最適化を目的とし、移動の地域格差（交通手段の欠如）の縮小や環境に配慮した移動（大気汚染対策等）に関する政策と並んで、移動や配達に関わるＰＦの社会的責任が強化されている。

① 移動に関わるＰＦの社会的責任の強化

移動基本方針法44条（→労働法典L．７３４２-８条以下）は、ＰＦが任意で憲章（charte）を策定することにより、①運転手付自動車（配車サービス）と、②二輪または三輪による商品配達という移動が関わる２つの活動のＰＦ就業者にさらなる社会保障上の権利を提供している。

憲章には、ＰＦの社会的責任の条件や方法、ＰＦとＰＦ就業者の権利義務が定められ、憲章に盛り込むべき内容の一つに補足的社会保障が含まれている（労働法典L．７３４２-９条8°）。補足的社会保障は、義務的な社会保障を上乗せする任意的な社会保障で、フランスでは、特に医療保険で重要な役割を果たしている。ＰＦは、憲章を行政当局に提出し、行政当局は、憲章の内容の適合性を評価し認可（homologation）を行う。ＰＦは認可が得られた憲章をサイト上に公表し、ＰＦ就業者との契約や利用規約に添付できる。この仕組みは、「事業者による就業者との対話および市場による評価・評判を通した社会的保護・改善を図るという新しい市場誘導型の規制」となる点が重要な意義であると指摘されている。[22]

② 法案との違い

もっとも、この憲章は、法案時から次の2点で重要な変更がされている。

第一に、法案では、補足的社会保障は、必ず含めなければならない項目とされていた。しかし、最終的には、「場合によっては、補足的社会的保護の保障」を定めるとされ、必須の項目ではなくなっている。そして、補足的社会保障にかかる条項が憲章になくても、認可には影響を及ぼさない[23]（①）。

第二に、法案では、認可を受けた憲章の策定とその遵守により、PFとPF就業者とのサービス提供契約を労働契約に性質決定し直すことはできないとされていた（つまり、PF就業者は自営業者とされる）。これは、憲章を策定したPFを、労働契約への再性質決定の「リスク」から守るものとされていた[24]。使用者としての責任を免れさせることと引き換えに、PFに、PF就業者の（補足的）社会保障を強化させようとしたのである[25]。しかし、法律の合憲性審査機関である憲法院は、2019年12月20日の判決（n°2019-794 DC）で、この規定を違憲と判断した（②）。

以上のように、憲章にPF就業者の補足的社会保障に関する規定を挿入するかは、PFの裁量に委ねられ（①）、また、憲章の策定を奨励するための見返りは憲法院により削除された（②）。そのため、PF就業者への補足的社会保障の提供は不確実なものとなっている。

3　おわりに——今後に向けた論点の整理

本稿では、フランスの社会保障制度を自営業者に着目して概観した。以下では、フランスの状況を整理したうえで（(1)）、わが国におけるＰＦ就業者の社会保障上の保護を検討する際のポイントを示すこととする（(2)）。

(1)　フランスの状況の整理

フランスでは、１９４５年に社会保障制度が整備された際に、すべての者を単一の制度の適用対象にしようとした（一般化）。しかし、年金や医療については、自営業者独自の自治制度が創設され、被用者の制度（一般制度）と併存することになった。それでも、その後は格差解消や財政調整を通じて、一般制度との給付水準の差を埋める努力が行われた。また、家族手当は１９７０年代に、医療保険現物給付は１９９９年の法律で一般化を達成した。管理運営面では、自治制度は２００５年にＲＳＩとして統合され、２０１８年には一部を除いて一般制度に統合された。

２０１６年以降は、自営業者やＰＦ就業者の労働災害と失業に対する保護に動きがみられた。エル・コムリ法は、ＰＦの社会的責任として、ＰＦ就業者の労災保護を定めている。職業の未来法は、自営業者手当を創設して失業保険の人的対象を自営業者まで拡大した。そして、移動基本方針法は、憲章の策定を通じて、移動に関わるＰＦ就業者に補足的社会保障を享受させようとする。

以上から、フランスでは、被用者と自営業者の社会保障上の権利の差を縮小しようとする方向性がみられており、この権利の付与と雇用とのつながりはある程度切り離されるようになっているということができる。[26]

もっとも、近年の自営業者やPF就業者に対する改革には、2つの重要な特徴がみられている。第一に、私保険の活用である。エル・コムリ法に基づく労災保護は、公的社会保障制度とは異なる私保険にPFを関与させる（財源負担、自発的な提供）にすぎない（移動基本方針法による補足的社会保障も私保険の活用といえよう）。第二に、同様のリスクに対して、必ずしも同様の保障が行われているわけではないことである。第一に指摘した私保険の活用によるPF就業者の労災保護は、被用者の労災保護と比べて保険事故の範囲が限定されている。また、職業の未来法で設けられた自営業者手当は定額給付であるのに対し、被用者の失業手当は所得比例給付である。

(2) PF就業者の社会保障上の保護を検討する際のポイント

以上から重要と思われるのは――とはいえ当然ともいえるが――、PF就業者に対する社会保障を一括りに論じるのではなく、「誰に」「何を」「どのように」保障するのかに留意しながら社会保障のあり方を検討することである。そして、この3つは互いに関連している。

「誰に」対する保障かを考えると、フランスでは、PF就業者を社会保障（のある部門）の人的対象に含めるときに、以下のいずれかの形がとられている。[27] ①非就労者を含むすべての者（一般化。わが国の皆保険化)、②被用者と自営業者を包含するすべての就業者(職業の未来法)、③被用者と(自営業者のなかの)PF就業者の一部(エル・コムリ法、移動基本方針法)である。③は、提供するサービスや物の価格がPFにより一方的に決定されているというPFの経済的権限にも着目して、PF就業者が画定されている。PF就業者が、経済的に優位する者の影響下で職業に従事していることが社会保障の権利を生じさせるともいいうる。[28]

この人的対象の違いは、「何を」保障するのか――カバーされるリスクと職業活動との関連――によって異なりうる。すなわち、医療の保障や家族の経済的支援のように、職業活動と切り離されたリスクの保障はすべての者が対象となり(①)、同一の給付が行われている。他方で、職業活動と関わるリスクの保障について、職業自体の喪失には広く就業者(②)を、職業活動中の傷病には一部のPF就業者(③)に、それぞれ被用者類似の保護を行うことが模索されている。

人的対象に含めるとしても、「どのように」保障を行うかは別途検討を要する。フランスの状況からは、少なくとも3つの観点から考えることができる。まず、ⓐ制度の種類は、社会保険(公保険)によるか、民間保険(私保険)によるかである。いずれによるかで加入の強制性が異なる。また、社会保険を選択した場合でも一元的な制度でなければ、そして、民間保険を選択した場合にはなおさら、保険事故の範囲や保障水準が不均質なものとなりうる。次に、ⓑ財源は、租税によるか、保険料によるかである(両者の混合もありうる)。また、保険料の算定方式は、社会保険では所得比例となることもあるのに対し、民間保険ではリスクに比例して設定されることが一般的である。さらに、保険料負担の担い手も検討の余地がある。フランスには、就業者の職業活動から利益を得ている者は、就業者の社会保障負担に関与すべきとする主張もみられた（前述2（1）②）。[29] そして、財源は、ⓒ給付方式とも関連する。すなわち、一般に、定額給付は税財源になじみやすく、所得比例給付は所得比例財源（保険料）になじみやすい。[30] もっとも、同様の保険事故にもかかわらず、対象者（たとえば、被用者か自営業者か）により給付方式が異なると問題[31]を生じさせうることに留意すべきであろう。

【注】

1　人的対象に関わるこれまでの社会保障改革では、非正規労働者が問題とされ、一定の非正規労働者に、正規労働者と同様の社会保険制度を適用する動きがみられてきた。しかし、PF就業者は、そもそも「労働者」（被用者）にあたるかが問題となる。なお、働き方の実態に照らして被用者と判断されるPF就業者には、被用者と同様の社会保険制度が適用される。

2　フランスで「社会保障」（sécurité sociale）と呼ばれているのは、①社会保険（医療・出産・障害・死亡・老齢年金・遺族の各制度）、②労災補償、③家族手当である。失業保険や公的扶助を含むより広い意味（わが国の社会保障に相当する）の場合には、「社会的保護」（protection sociale）と呼ばれる。本稿では両者を区別せず社会保障と呼ぶ。

3　C. LARRAZET, « Régime des plateformes numériques, du non-salariat au projet de charte sociale », *Droit social*, février 2019, p.171. ; L.-C. VIOSSAT, « Les enjeux clés de la protection sociale des travailleurs de plateformes », *regards en3s*, n°55, p.93.

4　P. LAROQUE, « De l'assurance sociale à la sécurité sociale », *Revue internationale de travail*, vol.57, n°6, p.635. 等を参照。

5　このほか、1945年以前から固有の社会保険を有していた一定の職域（鉄道、鉱山、海運等）の労働者が加入する「特別制度（régimes spéciaux）」と、農業の特殊性が考慮された「農業制度（régimes agricoles）」が認められた。

6　たとえば、1972年7月3日の法律（n°72-554）により、職人・商人の老齢基礎年金給付は一般制度と画一化された。

また、医療保険では、自治制度で医療サービス費の償還率が低かったのを一般制度に近づける措置がとられた。

7　以下、柴田洋二郎「フランス医療保障制度における事業主の役割」健保連海外医療保障１２８号（２０２１年）19頁を参照。

8　以下、M. BORGETTO (*et al.*), *Droit de la sécurité sociale*, Dalloz, 20e éd., 2023, pp.1097 et s. を参照。

9　加藤智章「働き方に中立的な社会保険制度について」道幸哲也ほか編著『社会法のなかの自立と連帯』（旬報社、２０２２年）４０９頁。

10　C. LARRAZET, *op. cit.* note3, p.172.; L.-C. VIOSSAT, *op. cit.* note3, pp.93 et s.

11　租税一般法典２４２条 bis を参照して、「電子的方法で、財の販売、サービスの供給、または財もしくはサービスの交換もしくは共有のために人々の遠隔のマッチングを行う企業」と定義されている。

12　I. DESBARATS, « Quel statut social pour les travailleurs des plateformes numériques? La RSE en renfort de la loi », *Droit social*, novembre 2017, p.979.

13　そのため、ＰＦがＰＦ就業者に対し、労災保険に加入しないよう圧力をかける可能性がある（J. DIRRINGER, « L'avenir du droit de la protection sociale dans un monde ubérisé », *Revue française des affaires sociale*, n°2, 2018, pp.42 et s.）。

14　以下、C. LARRAZET, *op. cit.* note3, p.172. ; R. MARIÉ, « La sécurité sociale des travailleurs indépendants: évolutions et perspectives », *Revue de droit sanitaire et social*, n°2 / 2020, p.377. を参照。

15　C. LARRAZET, *ibid.*, pp.171 et s.

16　Uber の保険契約は、https://uber.app.box.com/s/rcghmolgdqhryr8my54fzwzeeyg5t5sc で、Deliveroo の保険契約は、https://riders.deliveroo.fr/fr/indemnite-maladie で確認できる。

17　以下、M. DEL SOL, « La protection sociale complémentaire des travailleurs de plateforme au risque du marché », *Droit social*, juillet-août 2021, p.596. を参照。なお、同論文が参照する契約は２０２１年１月版であるのに対し、現在は２０２３年４月版となっているが、本稿に示す点に変更はない。

18　Cass. civ. 2e, 28 janvier 2021, n°19-25.722.

19　①裁判上、更生や清算の手続をとっているか、②当該活動の経済的存続性の欠如による完全かつ確定的な活動の停止。

20　過去二年間のうち一年間で１万ユーロ以上。

21　フランス雇用サービス担当機関（France Travail. フランスの公共職業安定所）ＨＰ参照（https://statistiques.pole-emploi.

org/indem/indempub/221752)。

22 石田信平ほか『デジタルプラットフォームと労働法——労働者概念の生成と展開』（東京大学出版会、２０２２年）92頁〔水町勇一郎執筆〕。

23 Rapport du projet TransSEN, *Transformations sociales et Economie Numérique*, septembre 2021, p.71.（par M. Del Sol）

24 *ÉTUDE D'IMPACT : PROJET DE LOI d'orientation des mobilités*, novembre 2018, p.196.

25 M. Del Sol, *op. cit.* note17, pp.594 et s.

26 I. Desbarats, *op. cit.* note12, p.983.

27 労働関係の多様化・流動化を指摘し、社会法上の諸権利の人的対象を労働（雇用ではない）との関係から整理する、A. Supiot（dir.）, *Au-delà de l'emploi. Transformation du travail et devenir du droit du travail en Europe*, Flammarion, 1999, pp.88 et s も参照。

28 J. Dirringer, *op. cit.* note13, pp.42 et s.

29 わが国の労災保険特別加入制度では自営業者が保険料を全額負担するのに対し、ＰＦの社会的責任では、ＰＦがＰＦ就業者の労災保険料を負担する場合があることも示唆的である。

30 ＰＦ就業者は一般的に所得が低いことから、所得比例給付では十分な保障とならないため、「定額給付＋税財源」の組み合わせに関心を寄せるとの指摘がある（A. Gauron, « La protection sociale à l'heure du numérique: l'enjeu de l'affiliation et des cotisations patronales », *Revue française des affaires sociale*, n°2, 2018, pp.89 et s.）。

31 フランスの失業保険は、使用者負担保険料と比例税率の租税を財源として、被用者には所得比例給付、自営業者には定額給付を支給する。しかし、被用者負担保険料がなく、比例税率の租税を財源としながら、所得比例給付を行うのは財源と給付との整合性から問題があるといえる。

〔付記〕本稿は、ＪＳＰＳ科研費 JP21K01185 の助成による研究成果の一部である。

神崎宣次（かんざき のぶつぐ）
南山大学国際教養学部教授。専攻：倫理学。担当：第3章Ⅰ。

岸本充生（きしもと あつお）
大阪大学社会技術共創研究センター長・教授。専攻：リスク学。担当：第3章Ⅰ。

後藤崇志（ごとう たかゆき）
大阪大学大学院人間科学研究科准教授。専攻：教育心理学。担当：第3章Ⅰ。

佐藤仁（さとう ひとし）
福岡大学人文学部教授。専攻：比較教育学。担当：第3章Ⅰ。

塩瀬隆之（しおせ たかゆき）
京都大学総合博物館准教授。専攻：コミュニケーションデザイン、インクルーシブデザイン。担当：第3章Ⅰ。

髙橋哲（たかはし さとし）
大阪大学大学院人間科学研究科准教授。専攻：教育法学。担当：第3章Ⅰ。

藤村祐子（ふじむら ゆうこ）
滋賀大学教育学部准教授。専攻：教育制度論。担当：第3章Ⅰ。

水町衣里（みずまち えり）
大阪大学社会技術共創研究センター准教授。専攻：科学コミュニケーション。担当：第3章Ⅰ。

村上正行（むらかみ まさゆき）
大阪大学全学教育推進機構教授。専攻：教育工学・大学教育学。担当：第3章Ⅰ。

若林魁人（わかばやし かいと）
大阪大学社会技術共創研究センター特任研究員。専攻:科学コミュニケーション。担当:第3章Ⅰ。

エリック・ブリュイヤール（Eric BRUILLARD）
パリ＝シテ大学教授。専攻：教育学。担当：第3章Ⅱ、第3章コラム。

ジョエル・ボワッシエール（Joël BOISSIERE）
テリトワール銀行「Enfance Protegée」プロジェクトリーダー。担当：第3章Ⅱ。

イザベル・ドガレイユ（Isabelle DAUGAREILH）
ボルドー大学比較労働法・社会保障法研究所（COMPTRASEC）主任研究員。専攻：労働法学・国際労働法学・社会保障法学。担当：第4章Ⅱ。

執筆者紹介

編集代表

磯部哲（いそべ てつ）
慶應義塾大学大学院法務研究科教授、東京科学大学客員教授。専攻：行政法学・医事法学。担当：提言、第2章Ⅳ。

編者

河嶋春菜（かわしま はるな）
東北福祉大学総合福祉学部准教授。専攻：憲法学・医事法学。担当：提言、第2章Ⅲ監訳者、第2章Ⅴ。

柴田洋二郎（しばた ようじろう）
中京大学法学部教授。専攻：社会保障法学・労働法学。担当：提言、第4章Ⅱ訳者、第4章Ⅲ。

堀口悟郎（ほりぐち ごろう）
岡山大学学術研究院社会文化科学学域（法学系）教授。専攻：憲法学・教育法学。担当：提言、第3章Ⅰ、第3章Ⅱ訳者、第3章コラム訳者、第3章Ⅲ。

水林翔（みずばやし しょう）
明治大学専門職大学院法務研究科准教授。専攻：憲法学。担当：提言、第4章Ⅰ。

執筆者（掲載順）

鈴木舞（すずき まい）
東京電機大学未来科学部准教授。専攻：科学技術社会論、文化人類学。担当：第1章Ⅰ。

鳥谷真佐子（とりや まさこ）
慶應義塾大学グローバルリサーチインスティテュート特任教授、博士（医学）。専攻：システムデザイン・マネジメント学。担当：第1章Ⅱ。

宮田俊男（みやた としお）
早稲田大学理工学術院教授、医師。専攻：デジタル医学。担当：第2章Ⅰ。

飯田匡一（いいだ きょういち）
慶應義塾大学大学院法務研究科研究員、弁護士。専攻：情報法。担当：第2章Ⅱ。

ギヨーム・ルセ（Guillaume ROUSSET）
リヨン第3大学医事法研究所（CRDMS/IFROSS）准教授。専攻：医事法学。担当：第2章Ⅲ。

加納圭（かのう けい）
滋賀大学教育学部教授。専攻：科学コミュニケーション。担当：第3章Ⅰ。

怪獣化するプラットフォーム権力と法　第Ⅳ巻

プラットフォームと社会基盤

——How to engage the Monsters

2024年10月5日　初版第1刷発行

編集代表——磯部　哲
編　者——河嶋春菜、柴田洋二郎、堀口悟郎、水林翔
発行者——大野友寛
発行所——慶應義塾大学出版会株式会社
〒108-8346　東京都港区三田 2-19-30
ＴＥＬ〔編集部〕03-3451-0931
〔営業部〕03-3451-3584〈ご注文〉
〔　〃　〕03-3451-6926
ＦＡＸ〔営業部〕03-3451-3122
振替 00190-8-155497
https://www.keio-up.co.jp/
装　丁——鈴木衛
印刷・製本——萩原印刷株式会社
カバー印刷——株式会社太平印刷社

Printed in Japan ISBN978-4-7664-2981-7